채소의 인문학

채소의 인문학

나물민족이 이어온 삶 속의 채소, 역사 속의 채소

초판 1쇄 발행 ǀ 2017년 6월 15일
초판 5쇄 발행 ǀ 2024년 9월 25일

지은이 ǀ 정혜경
펴낸곳 ǀ 도서출판 따비
펴낸이 ǀ 박성경
편　집 ǀ 신수진
디자인 ǀ 이수정

출판등록 ǀ 2009년 5월 4일 제2010-000256호
주소 ǀ 서울시 마포구 월드컵로28길 6(성산동, 3층)
전화 ǀ 02-326-3897
팩스 ǀ 02-337-3897
메일 ǀ tabibooks@hotmail.com
인쇄 · 제본 ǀ 영신사

*잘못된 책은 바꾸어 드립니다.

ISBN 978-89-98439-35-4 03380

값 17,000원

이 저서는 2016년 대한민국 교육부와 한국연구재단의 지원을 받아 수행된
연구임(NRF2016S1A3A2924243)

채소의 인문학

나물민족이 이어온
삶 속의 채소,
역사 속의 채소

정혜경 지음

따비

눈개승마 장미과의 여러해살이풀. 중국 동북부, 일본, 러시아 동북부에 분포하고, 제주도를 제외한 전국 고산지대에 자란다. 두릅, 인삼, 고기 세 가지 맛이 나서 삼나물이라고도 불린다. 새순을 1~2분 데쳐서 초고추장에 찍어 먹는다.

미식과 건강 그리고 나물

최근 《미식 쇼쇼쇼》라는 책을 재미있게 읽었다. 제목 그대로 미식으로 쇼를 하는 우리 시대를 비웃는(?) 책이라고도 할 수 있다. 지금 우리나라에서도 미식 열풍이 뜨겁다. 미식을 넘어 미식 쇼를 하고, 먹방과 쿡방이 대세가 된 시대다. 그런데 이미 서구 사회에서는 미식이 유행하다 못해 하나의 풍조가 되었고, 이에 대한 비판과 풍자도 자연스럽게 이루어진다. 미식은 현대인의 스트레스를 해소하고 팍팍한 삶에서 윤활유 역할을 한다. 그런데 미식 추구를 넘어 잘못된 음식 관련 정보가 넘쳐나 국민을 현혹하는 것을 보면 두렵다. 잘못된 식생활은 무엇보다 우리 몸에 흔적을 남기고 건강 문제로 직결되기 때문이다.

제대로 된 미식과 건강이라는 측면에서 볼 때 가장 중요한 것은 무엇일까? 기본을 세우기 위해서는 먼저, 어떤 먹거리가 있는지 제대로 알아볼 필요가 있다. 나는 그동안 한식을 알리기 위한 공부와 글쓰기를 해왔다. 한식과 밥, 장과 막걸리에 관한 책들을 써왔다. 특히, 《밥의 인문학》(2015)을 펴낸 이후 많은 사람이 우리 음식의 주인공인 밥의 역사와 문화를 생각해보는 계기가 되었다고 말해줘 고마웠다. 그런데 이것만으로는 부족했다. 나는 한식의 문화, 역사 그리고 건강을 공부하는 사람으로서, 한식의 기본에는 우리 민족이 오랜 세월 발전시켜온 채소와 나물이 있다고 믿기 때문이다. 무엇보다 한식은 채식에 기반을 둔 음식이고, 이 점을 빼고는 한식을 제대로 설명하기 어렵다. 한식의 건강성은 결국 채소에서 나온다. 그리고 미식과 건강을 위해서는 나물문화를 알아야 한다.

우리나라의 전통적인 먹거리체계에서 가장 중요한 것은 채소였다. 채소와 나물은 우리 민족의 생명줄이었다. 조선시대 왕들은 백성을 먹여 살리기 위한 구황작물로 채소를 바라보았다. 그래서 이를 백성에게 소개하기 위한 구황서도 많이 편찬했다. 21세기를 살아가는 우리는 어떠한가? 현대 역시 상황은 크게 달라지지 않았다. 현재 미국에서 현대인의 만성 퇴행성 질환의 예방과 치료를 위해 찾고 있는 생리활성 물질의 대부분은 '파이토뉴트리언트'라는 새 이름을 얻게 된 식물영양소다. 실제 미국 정부가 제시하는 식사지침의 핵심은, 하루 식사의 절반을 채소와 과일로 채우라는 것이다. 과거에는 목숨줄을 잇기 위해 채소를 먹었고, 현대인은 건강을 위해 채소를 찾는다.

나는 건강과 미식의 핵심인 채소를 가장 매력적으로 조리해 먹은 사람들로 단연 우리 민족을 꼽는다. 내가 세계의 모든 채소요리를 아는 것은 아니지만, 이렇게 다양하게 채소를 조리해 먹은 민족의 유례를 찾기는 어렵다. 2013년 유네스코 인류무형문화유산으로 이름을 올린 우리의 김장도, 사실은 배추 등의 채소를 가장 뛰어나게 조리한 작품이다. 가히 채소민족이라 이름 불러도 손색이 없다. 그런데 1969년에는 97퍼센트 대 3퍼센트였던 식물성 식품과 동물성 식품의 섭취 비율이 지금은 70~80퍼센트 대 30~20퍼센트 정도가 되었다. 식물성 식품 섭취가 그렇게 적어진 것이다. 그리고 무엇보다 심각한 것은 우리 어린이들과 젊은 세대가 대부분 채소반찬을 싫어한다는 사실이다. '치맥'이 대세인 시대를 탓하는 것은 아니지만, 그래도 우리 채소와 나물음식의 위대한 문화적 가치를 제대로 알려야겠다는 생각을 늘 해왔다.

물론 채소·나물 요리책은 많이 나와 있다. 또한, 채소의 건강성과 효능에 관한 책도 많다. 그러나 우리 민족이 역사 속에서 채소를 어떻게 생각하고 생활 속에 먹어왔는지, 인문학적 시각에서 다룬 책은 보이지 않는다. 그래서 우리나라의 채소와 나물문화에 관한 종합적 인문서를 쓰게 되었다. 아는 만큼 보인다는 유명한 말이 있다. 이렇게 아름다운 우리 채소와 나물문화를 알면 결국 채소와 나물을 먹게 되지 않을까? 이런 소박한 생각으로 이 책을 썼다. 무엇보다, 젊은 친구들이 외면하는 우리 나물 문화가 새롭게 부상하리라는 기원을 담아 이 책을 썼다.

이 책은 총 5부로 이루어졌다. 1부에서는 선사시대, 삼국시대, 고려시대, 조선시대 그리고 근대와 일제강점기를 거쳐 현대에 이르기까지 우리 채소와 나물의 역사를 간략히 짚어보았다. 2부에서는 세계 최고의 나물민족이라고 자부하는 후예로서 우리가 즐겨 먹는 채소를 탐구했다. 우리 상용 채소 15가지를 중심으로 유래와 문화, 조리법 등을 살펴보았다. 3부에서는 우리가 세계적인 채소 소비국이 될 수 있었던 채소 조리법의 비밀을 찾아보았다. 우리가 채소를 조리할 때의 특징은 무엇인지, 고조리서와 외국 채소 조리법 등과 비교할 수 있도록 했다. 우리 대부분이 채소가 건강에 좋다는 사실은 인정하지만 왜 건강한지에 관한 과학적인 이해는 부족하다고 생각된다. 그래서 4부에서는 채식이 왜 건강한 식사법인지 과학적인 관점에서 따져보았다. 마지막으로, 앞으로 지구 먹거리 문제를 해결하기 위한 미래 대안음식으로 우리의 나물문화를 세우는 방법을 다루어보았다.

2008년 이후 한식세계화 정책이 시작되고 많은 사람의 관심이 한식에 집중되었다. 그러면서 여러 사람이 우리 한식 중에서 가장 경쟁력이 있고 세계적인 음식으로 나물문화를 주목하는 것을 수없이 보았다. 한편, 유네스코 인류무형문화유산으로 한식문화 중 나물문화를 등재해야 한다고 강력하게 주장하는 사람도 많다. 나는 역사와 정서, 문화를 아울러 깊이 있게 다루어야 우리 나물문화의 발전이 있으리라고 본다. 바로 이런 시각으로 이 책을 세상에 내놓는다.

이 책의 출판에는 감사해야 할 분들이 정말 많다. 내가 이 책을 쓸 수 있게 많은 자료를 남겨주신 선학先學들께 무엇보다 감사드린다. 그리고 그동안 함께 우리 한식을 공부해온 온지음 맛공방의 연구원들과 (주)샘표의 '우리맛연구회'에 고마움을 전한다. 이들과 함께한 치열한 우리 음식 연구가 없었다면, 이 책은 나오기 어려웠을 것이다. 또한, 《밥의 인문학》을 출판해주고 이 채소에 관한 책까지 출판을 맡아주신 따비의 박성경 대표와 신수진 편집장에게 깊이 감사드린다.

그리고 항상 책 쓰기를 격려하고 도와준 나의 딸 다연과 아들 정운에게 이 책으로나마 엄마의 부족한 사랑을 전한다. 무엇보다 우리 나물음식을 지금까지도 열심히 만들고 계신 이 땅의 어머니들에게 마땅히 감사해야 할 것이다.

아름다운 호서동산에서
정혜경

차례

지은이의 말 미식과 건강 그리고 나물 5
들어가는 글 나물이 지구의 미래다 14

1부 한국인에게 채소는 무엇인가

1장 · 채소와 나물의 역사 20

선사인은 도토리, 밤, 마를 먹었다 / 단군신화 속 마늘과 쑥
삼국시대에는 무와 마를 먹었다 / 통일신라시대, 채소가 다양해지다
고려시대, 다채로운 채소문화 / 조선시대의 채소 팔도지리지
일제강점기의 채소밥상 / 개화기 이후 서양 채소가 차지한 밥상
현대, 채소밥상의 사정

2장 · 채소를 사랑한 남자들 54

고려 말의 유학자들, 채마밭을 일구며 안식을 찾다
율곡 이이와 유학자의 음식관 / 허균과 〈도문대작〉, 그리고 방풍죽
성호 이익과 소박한 밥상 / 다산 정약용과 채소 가꾸기
추사 김정희가 사랑한 세모승

3장 · 그림 속의 채소 읽기 82

신사임당의 '초충도' 속 채소 이야기 / 심사정과 최북의 '서설홍청'
공재 윤두서의 채과도와 채애도 / 소치 허련의 채과도
채소 저장을 끝낸 풍경, 김득신의 '겨울 채비'

4장 · 문학과 대중매체 속 채소 이야기 98

음식문화박물지 《혼불》 / 《토지》로 보는 나물문화
소설 《미망》이 보여주는 개성 채소문화 / 만화 《식객》 속 남새와 푸새
〈대장금〉에 등장한 푸성귀밥상

2부 한국인의 상용 채소 이야기

5장 · 우리가 나물민족이 된 까닭   150

채소, 소채, 야채 그리고 나물 / 채소가 전해진 길 / 채소의 분류

6장 · 따로 또 같이, 김치가 되는 채소들   158

한국인의 친구 배추 / 가을무, 인삼보다 낫다
마늘, 역겨운 냄새의 주범에서 최고의 건강식품으로
한국인의 매운맛, 고추

7장 · 외래 채소지만 괜찮아   175

서양 채소에서 한국인의 채소로, 양파
토마토가 빨갛게 익으면 의사 얼굴이 파래진다 / 줄그을 필요 없는 호박
맛깔나는 붉은색, 당근 / 인류를 기근에서 구한 감자

8장 · 계절의 맛, 계절을 가리지 않는 맛   194

봄나물의 제왕, 두릅 / 더운 여름철의 아삭한 위로, 오이
보양식보다 상추 / 가을철의 보약, 버섯
곡물에서 채소를 얻는 지혜, 콩나물과 숙주나물

3부 다양한 채소 조리의 세계

9장 · 다양한 채소 조리법   212

나물죽 / 채소국 / 채소찜 / 숙채 / 생채 / 채소전 / 채소볶음
채소구이 / 선 / 강회 / 잡채 / 튀각과 부각 / 장아찌

10장 · 한국인의 쌈문화   227

원나라에서 유행한 고려의 천금채 / 요리책에 등장한 쌈 먹는 법
쌈문화의 결정판, 구절판

11장 · 고조리서를 통해 본 채소 조리법의 세계   238

《제민요술》과 《거가필용》 속 채소 조리법
조선시대 고조리서의 채소음식 / 근대 조리서 속 채소음식

12장 · 세계의 채소음식   304

아시아의 채소음식 / 유럽의 채소음식

4부 식치, 채소로 병을 다스리다

13장 · 세계는 채소 전쟁 중   320

미국 식사지침은 하루 식사의 반을 채소와 과일로 채우기
한국인의 채소 섭취량은?

14장 · 채소가 건강에 좋은 이유   324

채소의 생리활성 물질, 파이토뉴트리언트 / 많이 먹으면 채소도 독이 된다

15장 · 한국인의 상용 채소가 건강한 이유   335

양념류의 건강 기능성 / 나물류의 건강 기능성 / 구황식품의 건강 기능성
고조리서와 의서에 제시된 채소의 건강 기능성

16장 · 장수인의 채소와 나물음식   356

장수인의 채소밥상 / 텃밭을 이용한 신선한 채소 위주의 식생활
지역 특산 식재료를 이용한 풍부한 양념류 / 장수 지역의 다양한 나물류
백용성 스님의 채소밥상

5부 나물, 지구의 미래 대안음식

17장 · 오늘날의 먹거리, 무엇이 문제인가   370

기아와 비만, 세계 먹거리는 초비상 / 안전한 먹거리에서 지속 가능한 먹거리로
2015 밀라노 푸드엑스포 현장에서 / 한국음식의 자연성

18장 · 채식에 기반한 한식의 지속 가능성   378

채식과 육식의 황금비율 8:2 / 미래의 대안음식, 나물의 지속 가능성
한국인의 문화유산, 나물문화의 가치

나가며 우리 동네 채소 할머니   385

출처 및 참고문헌   387

나물이 지구의 미래다

프랑스의 오트퀴진haute cuisine(고급요리)을 대표하는 요리사 알랭 뒤카스Alain Ducasse가 최근 파리 플라자 아테네 호텔에 있는 자신의 레스토랑 메뉴에서 육류요리를 없애겠다고 발표했다 (2016. 1). 또한, 미국의 요리사 장조지Jean-Georges Vongerichten도 세 번째로 문을 여는 레스토랑에서는 채식 메뉴에 집중하겠다고 발표했고, 노르딕퀴진의 선구자 르네 레드제피René Redzepi도 2017년 오픈하는 노마 레스토랑에서 봄과 여름에는 완전 채식 메뉴를 선보이겠다고 했다. 갈수록 심해지는 건강, 환경 문제에 책임을 지겠다는 스타 요리사의 획기적인 태도로 읽힌다. 또한 채소가 중요한 식재료로 등극하고 채소 조리법이 중요해졌음을 알 수 있다. 2016년 취임한 이탈리아 토리노의 시장 키아라 아펜디노Chiara Appendino는 심지어 토리노를 채식도시로 만들겠다고

까지 선언했다.

음식은 전세계인의 관심 대상이다. 음식은 건강과 연결되는 한편, 문화까지 담고 있기 때문일 것이다. 그런데 먹거리 세계화가 진행되면서 다국적 프랜차이즈 음식점의 햄버거나 피자 같은 패스트푸드를 전세계 모든 이가 즐기고, 이로 인해 각 민족의 고유 음식이 사라지는 상황이 되었다. 한국도 세계 먹거리시장에 편입된 지 오래고 우리 민족 고유의 전통음식이 사라지는 상황에 직면해 있다.

최근 폭증한 육식 그리고 가공식품과 패스트푸드의 범람은 세계인을 병들게 하고, 지구 환경까지 위협하고 있다. 반면, 채식에 근거한 한식은 만성질환 예방에 효과적이다. 최근에는 서양의 과학체계에서도 한식이 건강식으로 밝혀지고 있다. 한식은 자연을 사랑하고 자연을 우리의 일부로 생각한 한국인의 정신과 철학 속에서 잉태되었으니, 이는 당연지사다. 특히, 음식을 물질로 보지 않고 자연의 일부로 생각하며 과하지 않게 먹고 사랑했던 선조들의 검박한 음식철학이 한식에는 담겨 있다. 채식에 기반을 둔 한식은 자연으로부터 멀어지고 과도한 육식으로 병들어가는 세계인을 치유할 수 있는 음식이다.

한국 전통 음식문화에 관해서는 여러 측면에서 이야기할 수 있다. 그러나 그 중심은, 쌀을 중심으로 한 식사에서 출발하여 다양한 채소를 활용한 나물문화를 발전시켰고, 만주가 원산지인 콩을 이용한 장류 같은 발효음식을 만들었다는 것이다. 무엇보다 한국음식은 기본적으로 채식에 근거한다. 이는 국토 대부분이 산지인 한국의 지리적 조건과 통일신라시대 이후 불교를 중시한 전통이 결합한 결과다. 특히, 독특한 나물문화는 우리 민족만의 고유한 채소음식문화라고 볼 수 있다. 산과 들에서 나오는 온갖 종류의 채소를 이렇게 다양하게 요리하여 먹은 민족은 그리 많지 않다. 채소를 다양하게 활용할 뿐 아니라 채소를 가리키는 말도 다양하다. 사람이 가꾸어 기르거나 저절로 난 온갖 나물을 말하는 '푸성귀', 심어서 가꾸는 나물인 '채마' 또는 '남새'를 구분한다. 여기에 통상적으로 먹을 수 있는 채소 또는 이것을 조미하여 무친 반찬을 말하는 '나물'이 있다.

21세기의 한국은 전통문화와 현대문화가 사이좋게 공존하고 있는 사회다. 특히, 전통문화 중에서 음식문화가 비교적 많이 남아 있다. 여러 가지 이유가 있겠지만, 한식 자체의 건강성이나 문화적 특성이 가지는 영향도 크다고 보인다.

2015년, 세계인의 축제로 열린 밀라노 푸드 엑스포의 주제 중 하나는 지구의 먹거리 지속 가능성이었다. 이런 주제가 정해진 이유는 미래 먹거리체계가 지속 가능하지 않다는 데 있다. 현재 세계가 공통적으로 앓고 있는 기후 변화, 에너지 문제, 도시화, 기아 문제의 핵심에 바로 먹거리 문제가 있다. 채식 위주의 식생활은 바로 지구의 생명체를 살리는 식생활이다. 동일한 화석연료를 소모할 때 동물성 식품에 비해 훨씬 많은 양의 식물성 식품을 생산할 수 있으므로 굶주림 문제의 해결뿐 아니라 환경 보전에도 기여하기 때문이다.

현재 대다수 세계인은 육식으로 인한 만성질환으로 고통받고 있다. 채식에 기반한 나물문화는 서구식 식생활로 발생한 먹거리 위기를 헤쳐나갈 대안이 될 수 있다. 우리 민족이 오랜 세대를 전승해온 나물문화를 육식 과잉으로 고통받고 있는 지구의 대안 음식문화로 제시한다.

1부

한국인에게
채소는 무엇인가

한반도에 사람이 거주하기 시작한 구석기시대부터 우리 민족의 식
생활이 시작되었다. 구석기인은 주로 과일이나 나무뿌리 같은 자연
식물을 채집하고 또 동물을 사냥하여 이를 먹고 살았을 것이다. 그
러다가 곡물 농사를 시작하고 채소의 재배도 시작했다. 우리의 수
천 년 식생활 역사에서 채소는 곡식 못지않게 중요했다. 굶주림을
한자로 '기근飢饉'이라고 표현한다. '기飢'는 곡식이 여물지 않아 생기
는 굶주림을 뜻하고, '근饉'은 채소가 자라지 않아 생기는 굶주림을
뜻한다. 즉, 곡식이 부족해도 굶주렸고 채소가 부족해도 굶주렸다.
굶주림 문제가 거의 사라진 현대에도 채소를 뺀 밥상은 생각하기
어렵다.

지금도 텃밭을 직접 가꾸는 사람들이 많지만, 조선시대 선비들은
사는 곳 근처에 채소밭을 만들고 직접 가꾸어 일상의 반찬으로 삼
았다. 채소는 농가뿐 아니라 청빈한 사대부의 생계수단이기도 했
고 풍류의 대상이었으며 여가생활의 일부를 담당하기도 했다. 여기
서는 한국인에게 채소가 가지는 의미와 문화를 역사 속에서 살펴
본다.

1장

채소와 나물의 역사

선사인은 도토리, 밤, 마를 먹었다

선사인의 식생활에 관한 대중의 관심은 높지만 실상을 알기는 어렵다. 이 시대의 식생활 자료가 거의 남아 있지 않기 때문이다. 다만 그들은 자연식품을 주로 채취해 먹었으며, 곡물보다는 채소와 과일을 먹었을 것으로 추측된다. 불이 이용되고 뗀석기 등이 발굴된 것으로 보아, 후기 구석기시대에는 자연물을 채취해 조리하는 과정을 거친 것으로 추정된다. 신석기시대에 비로소 농경을 하고 채소를 재배하게 되었다.

선사인이 주로 어떤 채소를 먹었을지 추측해보자. 산야에 자생하는 식물 가운데 먹을 수 있는 것을 골라 채취했을 것이다.

야생 식물 중 알뿌리, 나무뿌리, 풀뿌리 등을 돌칼이나 돌도끼 등을 이용하여 채취해 먹었을 것이다. 봉산 지탑리 유적*에서 기장 또는 피로 보이는 탄화된 곡식의 낟알과 도토리가 나왔다. 이를 통해 당시에 야생 식물인 도토리와 곡류를 먹었음을 알 수 있다. 아마도 쉽게 딸 수 있는 도토리와 여러 열매류를 먹었을 것이다.

그리고 구근류인 마를 먹었을 것으로 추측한다. 이 시대에는 땅에 얕게 묻혀 있어 쉽게 파낼 수 있는 근류를 먹었을 것이다. '서薯'로 기록되어 있는 마는 이미 이 시기부터 중요한 구근채소였다. 이후 삼국시대에는 마를 캐는 소년인 백제 무왕을 소재로 한 서동요가 유명했고, 조선시대에 이르면 퇴계 이황의 《활인심방》에도 퇴계 선생이 즐기는 음식으로 마가 등장한다. 이후에는 마를 넣어 지은 떡인 '서여병'도 고조리서에 많이 등장한다.

한편, 선사시대에 도토리가 얼마나 중요한 작물이었는지는 최근 발굴한 유적에서도 알 수 있다. 2016년 3월 경남 김해의 택지개발지구에서 5,000년 전의 도토리와 가래(호두 비슷한 열매), 그리고 이 열매를 보관했던 시설이 발굴되었다. 도토리는 나무기둥에 매단 망태기에 담겨 있었던 것으로 추정된다. 도토리의 떫은맛을 없애려고 바닷물에 2~3일간 담그기 위한 시설이었다. 도

---

* 지탑리 유적은 황해북도 봉산군 지탑리에 있는 신석기시대 집자리 유적으로, 서흥천瑞興川 가의 대지 위에 있다. 연대는 집자리에서 출토된 유물 내용으로 보아 기원전 4000~3000년으로 추정된다.

토리를 망태기에 넣은 뒤 바닷물에 떠내려가지 않도록 나무 막대기를 연결해 설치했다. 그러니 우리 조상들은 5,000년 전부터 도토리의 떫은맛을 없애는 방법도 알았고, 일종의 저장 시설도 갖추고 살았던 셈이다.

외국에서는 도토리가 주로 짐승의 식량이다. 스페인에 갔더니 도토리는 하몽이라는 발효 생햄을 만드는 흑돼지의 사료였다. 최상품 하몽의 재료는 도토리만 먹여 키운다는 까만 발톱의 이베리아산 흑돼지다. 그런데 우리는 도토리로 도토리묵을 만들어 도토리묵김치말이, 도토리묵볶음을 하고, 도토리 전분으로 국수도 만들어 즐기고 있다. 도토리의 떫은맛을 내는 탄닌은 비만 방지에 좋은 항산화 성분이다. 그러니 도토리는 과연 누가 먹어야 할지 고민이다.

도토리와 더불어 이 시대에 중요했던 식량은 바로 밤이다. 서울 암사동, 경기도 광주 미사리, 황해북도 봉산에서 빗살무늬 토기와 함께, 탄화된 도토리와 밤이 발견되었다. 이로써 도토리뿐만 아니라 밤 역시 일찍부터 식량으로 사용되었음을 알 수 있다. 밤은 전세계에서 고르게 생산되지만 한국인에게 더욱 특별하다.

오래전부터 우리 밤은 유명했다. 약 1,700년 전인 진晉나라 때의 《삼국지三國志》위지동이전 마한조馬韓條에는 마한에서 굵기가 배만 한 밤이 난다고 기록되어 있고, 《후한서後漢書》에도 마한 사람들은 농사를 짓고 큰 밤을 생산하는데 굵기가 배만 하다고 기록되어 있다. 또 《수서隋書》에는 백제에서 큰 밤이 난다고 기록되어 있으며,《북사北史》*에도 역시 백제에서 큰 밤이 난다고 쓰여 있다. 이와 같이 밤은 이 땅에서 일찍부터 이용되었고 그 품질이 최고였던 모양이다.

밤은 지금도 관혼상제 상차림에 반드시 올라간다. 예부터 제상에 올리는 밤은 겉껍질을 벗긴 후 각이 지게 치는데, 주로 종손이 밤을 쳐서 높이 괴어 올린다. 또, 다남多男을 상징하여 혼례 때 필수로, 폐백을 올릴 때 아들을 많이 낳으라는 뜻에서 시부모가 며느리에게 밤을 던져주는 풍속이 바로 그 예다. 이처럼 우리 민족의 통과의례에 빠지지 않는 밤을 선사시대부터 먹어온 것이다.

단군신화 속 마늘과 쑥

우리 민족의 시작을 이야기할 때도 채소를 빼놓을 수 없다. 동남아 지역의 건국신화에는 벼와 쌀이, 남미의 창조신화에는 주요 작물인 옥수수가 농경 신으로 등장하는데, 우리의 건국신화에는 바로 쑥과 마늘이 등장한다. 우리가 익히 아는 단군신화의 가장 오래된 기록은 13세기 말 일연—然이 쓴《삼국유사》에 나온다. 천제天帝 환인의 아들인 환웅이 태백산 신단수 아래에 신시神市를 열고 여러 신과 세상을 다스렸는데, 이때 곰과 호

---

* 남북조 시대 북조 여섯 왕조(북위, 서위, 동위, 북주, 북제, 수)의 역사를 기록한 사서로, 당나라 이연수가 편찬했다.

랑이가 사람이 되고자 찾아왔다. 환웅은 100일간 햇빛을 보지 않고 쑥과 마늘만 먹으면 사람이 될 수 있다고 했다. 이에 호랑이는 참지 못하고, 참을성 많은 곰만이 삼칠일을 견뎌 사람이 되었다. 여인이 된 곰은 환웅과 결혼하여 아들을 낳으니, 그가 단군이다. 단군은 평양에 도읍하여 국호를 조선이라 하였는데, 바로 우리 민족 최초의 국가 고조선이다.

이렇듯 우리의 건국신화에 쑥과 마늘이라는 중요한 채소가 등장하는데, 이것으로도 이 시대에 쑥과 마늘이 있었음을 짐작할 수 있다. 그런데 여기에서의 마늘은 시기적으로 보아 달래나 명이나물(울릉도에서 주로 재배되며, 장아찌로 담가 먹는다. 산마늘이라고도 한다.)일 것이라 추측된다. 마늘 냄새가 나는 채소들이다. 현재의 마늘은 이후 중국으로부터 들어와 한자로 '대산大蒜'으로 쓰고, 그 이전에 산蒜으로 불리던 달래나 명이나물은 소산小蒜이라 불리게 되었다. 그러니 단군신화 속 마늘은 달래나 명이나물로 보아야 한다. 아무리 참을성 많은 곰이라도 생마늘을 100일간이나 먹기는 어렵지 않았을까?

아무튼 단군신화에서의 마늘은 신령스러운 약, 즉 영약을 상징한다. 예로부터 마늘은 쑥과 함께 나쁜 것을 물리치는 벽사辟邪의 역할을 한다고 믿었다. 마늘(마늘, 달래, 산마늘 가리지 않고)의 강한 냄새에 나쁜 귀신이나 액을 쫓는 힘이 들어 있다고 생각한 것이다. 우리 선조들은 캄캄한 밤에 길을 떠나며 마늘을 먹었는데, 밤길의 마늘 트림이 나쁜 귀신을 물리치고 호랑이도 도망가게 한다고 믿었기 때문이다.

한편, 단군신화에 등장하는 쑥도 상징적인 채소다. 우리 조상들은 쑥으로 단옷날 사람의 형상이나 호랑이의 형상을 만들어 걸어놓고 나쁜 기운을 쫓는 데 썼고, 이사하면 그 집의 나쁜 기운을 없애기 위해 쑥을 태우기도 했다. 또, 쑥은 동물적인 존재에 영성靈性을 부여하기 위해 사용되기도 했다. 그런데 우리가 이렇게 사용한 쑥을, 서양에서는 다른 용도와 의미로 사용한다. 실제로 쑥은 세계 각지에서 자라고 종류도 다양하다. 특히, 유럽과 러시아에서 자라는 '웜우드wormwood'라는 쑥은 독성이 강해 먹을 수 없고 간질이나 환각 작용을 일으킨다고 알려져 있다. 우리도 쑥을 넣어 애엽주라는 술을 빚기도 하는데, 프랑스나 독일에서 자생하는 쑥을 넣어 만드는 술인 압생트absinthe는 예술가들이 사랑한 술로 유명하다. 한편, 러시아에서 쑥은 망각의 채소로 알려져 있다. 우리 건국신화의 주인공인 쑥이 다른 나라에서는 전혀 다른 의미로 알려진 것이 흥미롭다.

삼국시대에는 무와 마를 먹었다

기원전 37년의 고구려 건국을 시작으로 백제, 신라가 정립된 삼국시대 초기에는 김해 지방의 가야와 더불어 각각 고유한 문화를 형성하였다. 삼국시대는 벼농사의 정착으로 식생활 안정을 이루었지만 계급사회가 고착되면서 식생활이 귀족식과 서민식으로 분리되었다. 여성이 조리의 담당자가 되면서 쌀밥이 귀족식으로 자리 잡았고, 밥을 먹기 위한 반찬으로 다양한 채소요리가 발달하였다. 채소는 삼국시대의 주요한 부식 재료가 되었고, 일찍부터 많은 채소를 식생활에 이용하기 시작하였다.

그 가운데 기록으로 알려진 채소는 무, 상추, 가지, 마늘, 아욱 등이다. 자료에 의하면, 고구려의 시조 주몽은 비류수에서 채소 잎이 떠내려오는 것을 보고 그 위에 사람이 사는 줄 알고 찾아 올라갔다고 한다. 또한, 삼국시대에 신라산 가지는 가지를 즐기는 중국에서도 유명했다. 송나라 때의 《본초연의本草衍義》(1116)에 따르면, 신라에서 나는 가지는 약간 자색이 나며 긴 타원형으로 맛은 달다고 했다. 또한, 아욱은 읍루挹婁에서 재배했다는 기록이 있는데, 읍루는 고구려의 이웃 나라이므로 고구려에서도 아욱을 먹었을 것으로 추측된다.

지금도 우리가 즐겨 먹는 무 역시 삼국시대부터 먹었다. 우리나라에서 언제부터 무를 재배했는지는 확실하지 않으나 7세기에 기록된 식품류에 그 이름이 보인다. 특히 무장아찌 등의 조리법은 일본에까지 전해졌다고 하니 널리 사용되었음을 알 수 있다. 무는 지중해 연안을 원산지로 보고 있으며 기원전 240년경에 서방으로부터 중국에 전래, 재배되었다고 알려져 있다. 그러니 우리나라에도 꽤 일찍부터 수입되어 우리 밥상에 자리 잡았을 것이다.

이 외에도 《삼국유사》에는 '서여薯蕷'라는 이름으로 마가 나온다. 마는 신석기시대부터 먹었으므로 이때에도 당연히 먹었을 것이다. 또한, 《삼국유사》에는 마에 관한 유명한 이야기가 전해진다. 바로 '서동요'다. 진위가 확실하지 않은 설화지만 재미있다.

백제 무왕은 신라의 선화공주를 얻기 위해 아이들에게 공주가 밤마다 서동을 만나고 다닌다는 뜻의 '서동요'를 부르게 하는, 현재로 치면 노이즈 마케팅을 했고, 결국 선화공주와 결혼까지 했다는 이야기다. 여기에 등장하는 '서동薯童'은 마나 산나물을 캐서 생활하는 소년이라는 뜻이다. 그러니 당시 마 캐는 것이 일상의 일이었고 그렇게 캔 마를 판매하기도 했다는 사실을 알 수 있다. 물론 이때의 마는 일부러 재배한 것이 아니라 산야에 자생하던 야생 식물이었을 것이다.

당시 신라의 세시명절 가운데 '수리'가 있었는데 이는 중국의 단오, 곧 음력 5월 5일에 해당한다. 5월 5일을 가장 볕이 강한 날로 알아 그날 쑥을 뜯어서 떡을 만들어 먹었는데, 그 떡 모양을 수레바퀴처럼 둥글게 만든다고 해서 '수리치떡'이라 불렀다.[1] 앞서 언급한 단군신화에 따르면 이 쑥은 단군의 어머니가 먹던 채소였으니, 신성시되는 식품이었음은 당연하다. 이렇게 쑥은 재액을 물리치는 힘이 있는 채소로 신성시되어 아마도 단옷날 쑥떡을 해 먹었을 것이다.

한편, 《송사宋史》에는 고려의 '쑥떡' 이야기가 나온다. 고려에서는 3월 삼짇날 이 쑥떡을 먹었는데, 이런 전통이 중국에는 없었다고 소개된다. 이로 보면, 쑥떡을 해 먹는 신라시대부터의 풍속은 우리나라에서 대대로 이어진 시절식 풍속임을 알 수 있다. 지금도 농촌에는 단옷날 이른 아침에 쑥을 뜯어다 묶어 문 옆에 세워두는 풍속이 있는데, 이는 신라 때부터의 전통이 이어진 것으로 보인다.

한편, 단군조선부터 고려까지의 역사를 기록한 조선 후기의 저서 《해동역사海東繹史》의 '채류菜類'[2] 부분에 상추에 관한 기록이 나온다. 《해동역사》의 저자 한치윤(1765~1814)이 중국의 고서 《천록지여天祿識餘》를 인용한 대목이다. "고구려에서 사신이 오면 수隋나라 사람들이 채소의 종자를 구하면서 대가를 몹시 후하게 주었으므로, 이 때문에 이름을 천금채千金菜라고 하였는데, 지금의 상추다." 그러나 이때 쌈은 꼭 상추에 한한 것은 아니라고 생각되며, 넓적하게 밥을 싸 먹을 수 있는 생채소를 다양하게 활용했을 것이다. 이후 쌈은 고려 말기 몽골인들이 배워가 그들이 시로 읊기까지 했다고 하니, 요즘으로 치면 수출 채소였던 셈이다.

통일신라시대, 채소가 다양해지다

통일신라시대가 되면 삼국시대부터 있었던 상추, 무, 마[薯蕷] 외에 오이[黃瓜]가 부식의 재료로 문헌에 등장한다. 《고려사》 열전 '최응崔凝조'에, 최응(898~932)의 어머니가 임신했을 때 집에 있는 오이덩굴에 갑자기 참외[甜瓜]가 맺었다는 이야기가 기록되어 있다.

9세기 통일신라 말기의 학자인 최치원(857~?)의 〈인삼삼근 천마일근人蔘三斤天麻一斤〉이라는 글이 있다. 최치원은 당나라에서 벼슬을 했으며, 이 글 또한 당의 황제에게 인삼과 천마를 바치며 올린 글이다. "해돋이에서 캐서 천지를 건너왔"다는 대목에서 한반도에서 캔 인삼과 천마임을 짐작할 수 있는데, 당시 한반도의 인삼과 천마가 황제에게 진상할 정도로 귀하게 여겨졌음을 알 수 있다. 한편, 이 인삼과 천마를 '늙은이의 미나리'로 비유하는 것이 눈에 띈다. 이는 원래 중국 전국시대 열어구列禦寇가 지은 것으로 알려진《열자列子》에 나오는 표현으로 자신의 선물이나 의견이 보잘것없다고 겸손하게 말하는 비유다.

그런데 미나리는 오이와 더불어 춘추시대 문헌《시경詩經》과 북위(386~534) 사람 가사협의 저서《제민요술》속에 이미 나온다. 따라서 한반도에서도 통일신라 이전에 이미 식용했을 가능성이 있다.

엎드려 생각건대, 묘성昴星이 광채를 드리우고, 이구尼丘가 상서를 내리어, 비로소 중화中和(중춘)의 절서[節]에 미치어 마침내 대경大慶의 날을 당하였으니, 우러러 높으신 은고를 입었으므로 낮은 예의이나마 올리는 바입니다.

전건前件의 약물藥物은 해돋이에서 캐서 천지天池를 건너왔으며, 비록 삼아三椏 오엽五葉(인삼의 형상)의 이름은 입증되나 특이한 질이 없어 부끄럽지만, 만수萬水 천산千山의 험한 길을 지내와도 남은 향기가 있어 귀하기에, 경미함을 헤아리지 아니하고 선뜻 받들어 올리며, 원하는 바는 바다 사람의 약을 혹시 들늙은이의 미나리野老之芹와 같이 보아주소사 하는 것입니다.

엎드려 바라건대, 특히 엄하신 꾸지람을 참으시고 굽어 정성의 간곡함을 용납해주시오며, 영수靈壽를 쌓아서 맨 나중에 늙으시고 선안仙顔을 보존하시어 날과 더불어 길이 새롭게 하소서. 축원하고 기

뼈하며 애닯은 심정을 이길 길 없습니다.[3]

고려시대, 다채로운 채소문화

고려시대는 불교를 국교로 삼으면서 살생을 금하고 어육을 피하고 소식素食(채식 위주의 소박한 식사)을 하게 되는데, 한국음식의 채식 전통은 이때부터 기틀을 다지게 된다. 채식 전통으로 인해 식생활의 범위가 좁아진 듯하지만, 고려는 외국과의 교류가 활발하였고 우리가 잘 알듯이 상류층에서는 식기로 고려청자기를 사용할 만큼 식문화가 발달하였다.

그런 만큼 고려시대에는 좀 더 다양한 채소류가 문헌에 등장한다. 고려 중기의 문인인 이규보가 쓴 〈가포육영家圃六詠〉은 그가 채마밭에 심은 여섯 가지 채소에 관하여 읊은 시다. 여섯 가지 채소 '육영六詠'은 지금도 우리에게 친숙한 오이, 가지, 무, 파, 아욱, 박이다. 시의 내용으로 미루어볼 때, 가지는 날로도 먹고 익혀서도 먹었으며, 박은 속은 파먹고 껍데기는 바가지를 만들었다. 또한, 파는 양념과 술안주로 쓰였다. 무는 소금에 절여 겨울 동안 저장해두고 먹는다고 했다.

조선 후기 실학자인 이익李瀷(1681~1763)이 쓴 《성호사설星湖僿說》 5권에도, 고려의 생채는 맛이 좋고 향기가 멀리 퍼진다는 이야기가 나오니, 고려인은 무생채나 오이생채 등을 해 먹었을 것으로 생각된다.

채소 말고도 고려인은 산과 들에 자생하는 많은 야생초를 캐 먹었다. 중국 송나라의 서긍徐兢이 쓴《선화봉사고려도경宣和奉使高麗圖經》에는, 고려의 더덕이 관에서 날마다 올리는 나물로, 형체가 크고 살이 부드럽고 맛이 있으며 약용으로 쓰는 것은 아니라고 했다. 또한, 고려 후기에 김극기金克己는 사계절 풍경을 노래한 한시 〈전가사시田家四時〉에서 "어린애는 나물과 고사리 찾아 바구니 들고 양지쪽 산골로 향하네"(동문선, 4권)라고 했는데, 당시 산나물, 고사리 등을 먹었음을 알 수 있다. 다음은 〈전가사시〉의 봄 편이다.

歲月風轉燭	세월은 바람 앞에 펄럭이는 촛불 같아
田家苦知促	농가에서 바쁜 것이 괴로워라
索綯如隔晨	새끼 꼬아 지붕 덮은 것 어제 같은데
春事起耕耨	어느새 봄이 되어 밭 갈기 시작하네
負耒歸東阜	따비를 메고 동쪽 들로 나가니
林間路詰曲	숲 사이 길은 꼬불꼬불 돌았네
野鳥記農候	들새는 농사철을 알려주는데
飛鳴催播穀	날고 울어 씨 뿌리기 재촉하네
饁婦繞田頭	밥 나르는 아낙네 밭 머리에 나오는데
芒鞋才受足	짚신은 헐어서 겨우 발에 걸렸구나
稚子尋筍蕨	어린애는 나물과 고사리 찾아
提筐向暄谷	바구니 들고 양지쪽 산골로 향하네
遲日杏花紅	해는 긴데 살구꽃은 붉었고
暖風舊葉綠	바람은 따뜻한데 창포 잎은 푸르렀네

甘雨亦如期　단비도 또한 시기 맞추어

夜來勻霢霂　간밤에는 흐뭇이 고루 적셨네

莫辭東作勤　봄농사일 괴롭다고 꺼리지 말라

勞力在吾力　노력하기는 오직 내 힘에 있네

또한 고려 중기의 문신 이인로李仁老(1152~1220)의 《파한집破閑集》에는 송이버섯을 가리키는 송지松芝라는 단어가 나온다. 즉, 고려 때에 버섯을 먹었다는 말이다. 이후 이색李穡(1328~1396)이 쓴 〈주필사민지후혜송이走筆謝閔祗候惠松茸〉라는 시에 '송이'가 나온다.[4] 송이는 본래 적송赤松의 뿌리에서 자라는데, 한반도에는 오래전부터 적송이 있었으므로 고려 이전부터 송이를 먹었던 것으로 볼 수 있다. 버섯에 관한 또 다른 기록으로, 오늘날 약으로 쓰이는 '영지靈芝'가 《고려사》에 나온다. 충숙왕 때 미륵사의 스님이 기이한 풀을 '영지'라고 하여 왕에게 바치므로, 왕이 귀중히 여겨 깊이 간직했다는 내용이다. 기록의 내용으로 미루어보면, 이때까지만 해도 영지의 진가가 알려지지 않은 채 기이한 풀 정도로 여겨진 듯하다.

이 밖에 삼국시대부터 이미 중국에까지 이름을 떨치고 있던 인삼이 고려시대에도 왕과 귀족들의 사랑을 받았다. 고려시대의 인삼에 대해 일부 학자들 사이에서 인공 재배설이 논의되고 있으나 확실치는 않다. 다만 고려의 인삼은 원나라에까지 그 약효가 알려져 있었다. 《고려사》 충렬왕 3년 4월의 기록에는, 원의 요구로 인해 마구잡이로 인삼을 채굴해 씨가 마를 것을 염려한 고려 조정에서 동북계 등 인삼 생산지에서 생산 시기에만 채굴해 바치게 해달라는 표문을 올린 기록이 있다.

서민들은 여전히 도토리를 먹었다. 《고려사》에는, 충선왕 때 흉년이 들자 왕이 백성을 생각해 반찬의 수를 줄이고 도토리를 맛보았다는 내용이 나온다. 이때 도토리는 구황식의 역할을 했다. 고려 후기에 편찬된 것으로 알려진 《향약구급방郷藥救急方》에서도 연근, 도라지, 토란, 아욱, 상추, 무, 배추, 우엉 같은 채소를 찾아볼 수 있다.

한편, 국가 제사인 원구제 친사 때의 제사상에는 미나리, 죽순, 무[菁] 등이 올랐는데, 고려 말 공양왕 2년에 정해진 제사상에도 채소가 포함되어 있다. 이를 통해, 당시 채소가 식품, 선물, 약재, 제수 등 다양한 용도로 쓰였음을 알 수 있다.

조선시대의 채소 팔도지리지

이제 한식문화가 완성된 조선시대로 넘어가보자. 한식은 조선 전기에 발달하기 시작했고 후기에 완성되었다. 조선시대 양반의 일상식은 쌀밥에 부식이 곁들여지는 형태였다. 부식으로는 국, 찌개, 김치와 나물, 구이 등을 먹었고, 자반이나 장아찌, 젓갈 등도 있었다. 이렇게 다양한 부식을 마련하기 위해 반가의 살림은 늘 분주했다. 채소를 재배해 먹었지만 밑반찬용으로 장아찌를 담그고, 채소가 나지 않는 때를 대비해 산과 들에서 뜯어온 나물을 말렸다. 가을에는 겨울을 대비해 김장을 하고 국과 나물찬의 기

[표 1.1] 조선시대 지역별로 산출된 채소의 종류[5]

지역 \ 구분	채소
함경도	석이버섯, 송이, 자초
평안도	자초, 쑥, 당귀, 석이, 송이, 석창포(石菖蒲), 산개(山芥), 참버섯
황해도	자초, 석이, 송이, 청각, 황각, 순채
강원도	자초, 송이, 순채, 석이, 하수오(何首烏), 당귀
경기도	산개, 송이, 신감채, 순채, 산겨자, 천초, 파, 자초
충청도	해송자(海松子), 송이, 자초, 석이, 신감채, 순채, 황각(黃角)
경상도	당귀, 표고, 송이, 해송자, 산수유(山茱萸), 오수유(吳茱萸), 입초, 청각, 자초, 석이
전라도	석이, 울금초(鬱金草), 순채, 가시연[芡], 석이, 송이, 황각, 표고, 자초
제주도	후박(厚朴), 진피(陳皮), 표고

자료: 동국여지승람

초 조미료인 장을 담그고, 장을 담그기 위해 메주를 쑤어 띄웠다.

고려시대부터 활용한 다양한 채소는 조선시대에도 중요한 부식의 역할을 담당했다. 조정은 각 지역의 산물을 상세히 기록했다. 세종 때는 각 지역의 특산물을 기록한 《신찬팔도지리지新撰八道地理志》(1432)가, 성종 때는 《동국여지승람東國輿地勝覽》(1481)이 편찬되었다. 이 책들은 조선 8도의 지리와 인문을 망라한 것으로, 고려 말기부터 조선 초기의 식품사전이라고 할 수 있다. 여기에 수록된 채소 종류를 정리하면 〈표 1.1〉과 같다.

이렇게 다양한 채소류 중에서 특히 버섯류가 눈에 띄는데, 고려 때 버섯의 식용법이 개발되어 조선시대에 와서 완전히 부식으로 자리를 굳히게 된 것으로 볼 수 있다. 특히 송이버섯, 표고버섯, 석이버섯 등을 많이 먹었다. 그러나 버섯이 자주 상에 오름에 따라 간혹 사람 몸에 해를 끼치는 독버섯이 문제가 되었던 듯, 조선 후기의 실학자 이덕무李德懋(1741~1793)가 쓴 《청장관전서靑莊館全書》에는 이를 방지하기 위한 다음과 같은 기록이 보인다.

버섯을 끓일 때에 등심초燈心草를 타거나 혹은 은잠銀簪을 담가보는데, 만약 등심과 잠의 빛이 검어지면 독이 있는 것이니, 버리고 먹지 말아야 한다.

조선시대의 채소 유입

조선시대에는 다른 나라로부터 다양한 채소가 유입되어 부식류가 더욱 발달하였다. 그중 하나가 조선시대에 처음으로 기록된 토마토다. 토마토는 이수광李睟光(1563~1628)이 쓴 《지봉유설芝峯類說》(1614)에 남만시南蠻柿라는 이름으로 나온다. 이름대로라면 '남쪽 오랑캐가 전한 감[柿]'이라는 뜻으로, 임진왜란 전후에 들어온 것으로 추측된다. 한편, 최남선은 이것이 임진왜란 중에 중국을 거쳐 들어왔다고 보았다. 어쨌든 우리나라에서 토마토가 식용으로 널리 쓰인 것은 17세기 이후다.

고추의 전래도 조선시대에 이루어졌다. 《지봉유설》은 고추를 '남만초南蠻椒'라고 기록하고 있다. 또한, 이규경李圭景(1788~?)의 《오주연문장전산고五洲衍文長箋散稿》에는 고추의 이름을 '번초番椒'라 하고 향명鄕名(시골 이름, 보통 사람들이 널리 부르는 이름)은 '약초'라 하였다. 이익은 《성호사설》에서 "왜인들은 번초라 하고 우리는 왜초倭椒라고 하는데, 맛이 몹시 맵기 때문에 채소만 먹는 야인들에게 가장 알맞다."라고 했다. 고추는 잘 알려진 대로 중앙아메리카가 원산지이고 유럽을 거쳐 아시아에는 16세기경에 전해졌다. 우리나라에도 이 무렵 들어왔다. 고추의 전래가 우리 식생활에 끼친 영향은 실로 컸다. 김치뿐만 아니라 고추장 같은 양념, 그 외 많은 반찬에서 고추를 볼 수 있을 정도로 우리 음식에서 뺄 수 없는 식재료다. 고추의 매운맛은 조선 중기 이후 우리 식생활을 바꾸었다.

이 밖에도 조선시대에는 호박, 고구마, 감자를 비롯해 옥수수, 낙화생(땅콩), 완두, 동부 등 다양한 외래 식품이 전래되어 우리의 식생활을 넓히는 계기가 된다.

조선시대 왕이 먹었던 채소

조선시대 최고의 음식은 아무래도 궁중음식일 것이다. 현대인도 궁중음식에 대한 기대가 크고 왕은 어떤 음식을 먹었는지 궁금해한다. 조선시대 궁중의 일상식은 오랫동안 바깥세상에 알려지지 않았다. 그러다 조선 왕조의 붕괴 이후 구한말의 일부 궁중 숙수들이 요정으로 흘러들어가 만든 음식이 궁중음식으로 알려졌다고 한다. 또한, 조선 왕조의 궁중식은 상궁이나 궁중숙수들의 입이나 손을 통해 정리된 것으로, 이는 주로 구한말 이후의 음식이다.

실제 조선시대 궁중음식은 주로 진연이나 진찬을 기록한 '의궤'를 통해 궁중 잔치음식에서 볼 수 있다. 그런데 잔치음식에서 채소는 중요한 음식 재료가 아니었다. 나물 정도가 상에 올라갔다. 아무래도 귀한 식재료인 동물성 식품이 주로 올라간 것으로 보인다. 궁중의 일상식으로도 채소를 많이 먹었을까? 왕실의 일상식을 볼 수 있는 기록은 1795년 정조가 아버지 사도세자와 어머니 혜경궁 홍씨의 환갑을 기념하여 총 8일간(음력 윤2월 9~16일) 화성에 행차한 의식을 기록한 〈원행을묘정리의궤〉의 수라상 차림을 통해 추측해볼 수 있다.

이 화성 행차 때 차려진 일상 수라상에 올라간 음식의 채소 식재료는 박고지[朴古之], 미나리[水芹], 도라지[桔梗], 무순[菁芽], 죽순[竹筍], 움파[葱芽], 오이[菁瓜], 물쑥[水艾], 거여목[苜蓿], 승검초[辛甘草], 녹두나물[綠豆長音], 동아[冬瓜], 겨자 순[芥子長音], 생강 순[生薑筍], 표고 총 15종이다. 대부분 익숙한 채소로, 특별한 채소나 나물이 등장하기보다 움파나 무순, 겨자 순이나 생강 순 등 싹나물이 많은 것이 눈에 띈다. 원행 당시의 계절이 봄이어서인 듯하다. 그 외 미나리, 도라지, 오이 등 지금과 비슷한 채소를 먹었다. 그리고 반수라상(아침, 저녁으로 올리는 밥이 놓인 수라)의 채소류 음식은 김치류로서 침채와 담침채로 구분해볼 수 있다. 침채[沈菜]는 소금물에 담근(절인) 채소를 가리킨다. 김치가 침채에서 왔다고 보기도 하지만 확실하지는 않다. 그런데 조선시대 김치는 고추가 들어가지 않은 것이 일반적이었고, 물이 자박한 형태가 많았다. 이를 '묽은 담(淡)' 자를 써서 담침채라 불렀다.

한편, 조선 후기부터 일제강점기에 이르는 시기의 조선 왕실의 음식 메뉴인 음식발기가 수백 통 남아 있다. 이를 살펴보면 주로 채소음식임을 알 수 있는데, 각색 나물을 반드시 올리고, 각색 장과류와 김치류가 빠지지 않았다. 그리고 각종 탕이나 찌개의 재료로도 채소를 많이 사용했다. 길경(도라지), 당귀, 서여(마), 죽순, 석이, 표고, 해태(김), 지초, 송화, 궐채(고사리), 수근(미나리) 등도 많이 이용된 채소류였다. 육식과 채식의 조화를 염두에 둔 상차림으로, 후식으로는 반드시 화채와 과일을 올렸다.

조선 왕이 하사한 채소

조선시대에 왕은 신하에게 선물을 많이 하사했다. 이 하사품의 종류는 매우 다양해, 왕실의 음식문화를 추정하는 실질적인 자료가 될 수 있다. 왕실에서 사대부가로 음식을 하사함으로써 왕실음식이 양반가에 많이 전수되기도 했다. 그런데 조선시대에 왕이 하사한 물품을 기록한 문서를 살펴보면, 그중에 채소류는 거의 없다. 이덕무의《청장관전서》에 하사받은 음식 품목의 종류가 자세히 기록돼 있는데, 여기서도 채소는 보이지 않는다. 윤선도, 윤두서를 배출한 해남윤씨 집안에 내려오는 고문서를 통해 왕실에서 하사한 음식과 17세기 음식을 엿볼 수 있는데,[6] 생선과 말린 어류, 견과류, 젓갈, 술 등 다양한 먹거리가 하사품으로 내려졌다. 역시 하사품의 종류로 채소는 많지 않았는데, 그중 눈에 띄는 것이 '향청鄕菁'과 '홍당청紅唐菁'이다.

향청은 윤선도가 봉림대군의 사부로 재직하던 1628~1632년(인조 6~10) 사이에 매년 1회에 15단씩 4회에 걸쳐 하사받았다고 기록돼 있다. 향청을 보낸 주체는 내농포內農圃로, 내농포는 환관들이 궁중에 들일 목적으로 채소를 재배하던 밭(이자 이를 관장하는 관청)이었다.* 향청은 무나 순무로 짐작되는데, 향청은 주로 10월에 내렸고 한 번에 15단씩 보낸 것으로 보아 아마 김장용 무였을 것이다.

또 다른 채소류 하사품인 홍당청은, 1629년 10월 2일 윤선도가 병이 났을 때 대군으로부터 세 단을 받은 것으로 기록돼 있다. 홍당청은 홍당무, 즉 외래 채소인 당근(16세기 조선 전래)으로 짐작되는데 아마도 귀한 채소라서 하사한 것으로 보인다.

거꾸로, 채소는 매우 중요한 식재료로서 왕에게 바쳐졌다는 기록이 있다. 세종은 대언들에게 "강무講武할 때의 주정晝停에 소채蔬菜를 많이 배설排設하곤 하나, 내가 다 먹지 않는다."(세종 13년 3월 8일)라고 말했는데, 음력 3월(5월)에 나온 다양한 봄나물이 왕에게 진상되었음을 알 수 있다. 역시 세종은 전 절제사 이징석李澄石, 징옥澄玉 형제가 부모 산소를 지키는 데 병이 들지 않도록, 경상도 감사에게 "연속하여 쌀과 소채와 술을 공급하라."(세종 20년 5월 29일)라고 지시했는데, 이를 보면 쌀과 함께 채소가 필수적인 식재료였음을 알 수 있다.

조선 후기, 채소가 상품화되다

조선 후기에는 상품 작물의 재배가 일반화되어 식생활에 영향

---

* 원래 조선시대 서울 성내에서는 농사가 금지되어 있었으나, 내농포는 궁중 납품이라는 특수한 목적으로 채소 재배가 허용되었다.

을 끼쳤다. 조선 왕조는 일찍부터 서울에서의 농경을 원칙적으로 금지했다. 그러나 이는 도성 안의 농경 금지로, 모든 작물의 재배가 금지된 것이 아니라 벼농사만 금지되었다. 그래서 성 안의 주민들은 집 빈터나 뒤뜰 및 중간 뜰에 텃밭을 가꾸어 마늘, 파, 상추, 무, 배추 등을 재배했고, 조선 후기에는 고추, 오이, 호박, 토마토 등도 재배했다.[7] 18세기 이후 도시가 발달하면서 근교에서는 도시 주민들에게 공급하기 위한 채소 재배가 성행했다. 미나리, 무, 배추, 오이, 호박, 파, 마늘이 상품 작물로 재배되어 도성 안에 공급되었고 채소와 더불어 과일도 상품으로 출하되었다.

당시의 상황에 대해 정약용은 《경세유표經世遺表》(1817)에서 이렇게 말했다. "서울 근교와 각 지방의 대도시 주변의 파밭, 마늘밭, 배추밭, 오이밭에서는 10무(4두락)의 땅으로 수만 전(수백 냥)의 수입을 올린다. 서북 지방의 담배밭, 관북 지방의 삼밭, 한산의 모시밭, 전주의 생강밭, 강진의 고구마밭, 황주의 지황밭에서는 논농사 최고 풍작 때의 수입과 비교하더라도 그 이익이 열 배나 된다. 근년 이래 인삼 또한 모두 밭에서 재배하는데 그 이익이 천만 전에 상당한다고 하니 이를 토지의 질로써 말할 수 없다." 《천일록千一錄》을 쓴 우하영禹夏永(1741~1812)도 "미나리 두 마지기를 심으면 벼 열 마지기 심어서 얻는 이익을 올리고 채소 두 마지기를 심으면 보리 열 마지기를 얻어 수확하는 이익을 올릴 수 있다."라고 지적했다.

채소는 조선 초기부터 거래의 대상이기는 했다. 세종 7년(1425)에 영돈녕부사 유정현이 경시 제조京市提調가 되어 저화楮貨를 쓰지 않는 자를 엄하게 단속하자, "땔나무를 져다 팔고 꼴을 팔아서 조석거리를 얻으려는 자"들이 매우 괴롭고 원통하게 여겼다고 한다. 당시 호조에서는 그 거래량을 "시중에서 생선이나 채소 등 늘 쓰는 잡물을 매매하는 자가 말과 되로 하루 종일 매매한다면 쌓이고 쌓여서 섬이 될 것"(세종실록)으로 추정하고 있었다. 그러나 특수한 경우를 제외하면, 일반 백성 사이의 거래는 물물교환 수준이었고 상업 거래가 발달했다고 볼 수는 없음을 저화(화폐) 이용의 저조함을 통해 알 수 있다. 그러던 것이 조선 후기에 이르러 보다 다양한 채소 및 과일을 재배하게 되고 상품의 유통도 활발해지면서 상품 작물의 재배가 일반화된 것이다. 상품 작물의 재배는 그 작물을 사고팔 수 있는 시장이 있어야 가능하기 때문이다.

한양의 채소시장

조선은 농업을 바탕으로 한 성리학적 이상 국가를 표방한 탓에 상업을 천시하고 농업을 중시했다. 그런데 조선 후기에 들어서면 인구가 급격히 증가하고 도시로 집중되면서 자급자족이 어려워졌다.

이때 한양에서 크게 성장한 것이, 조선 후기 신흥 상공업자들이 허가받지 않고 거래한 시장, 난전亂廛이었다. 난전은 식재료의 유통에서도 중요한 역할을 했는데, 현재 중구 봉래동의 칠패시장은 서해에서 들어오는 각종 어물과 미곡 등이 판매되는 시장이었다. 지금의 광장시장 근처는 동북 지역의 상품이 모이는 곳

그림 1 구한말 남대문의 청과시장(위)과 종로의 채소시장(아래)

1부 한국인에게 채소는 무엇인가

이라 함경도의 북어와 서울 근교에서 판매를 목적으로 재배된 배추가 주로 팔렸다. "동부의 채소, 칠패의 생선[東部菜, 七牌漁]"이라는 말이 있을 정도였다.

또한, 채소를 지게에 지고 다니면서 소리를 질러 손님을 모으던 남성 상인인 '매채한賣菜漢'이 있었다는 이야기가 홍석모洪錫謨(1781~1850)의 《동국세시기東國歲時記》(1849) 3월 항목에 나온다. 종다래끼에 채소를 담아 팔고 다니던 여성 채소장수도 있었다고 한다. 한양의 성문 밖에서 재배된 농산물은 성 안 시장으로 들어오면 큰돈이 되었다.

직접 길러 먹던 채소가, 조선 후기에 들어서면 한양을 중심으로 사 먹는 상품으로 바뀌고 채소시장이 활발해졌다. 이를 통해 부식의 종류가 다양해지고 새로운 양념류가 등장하면서 식생활은 좀 더 풍요로워졌다.

구황식은 채소와 나물

구황救荒이란 흉년이나 천재지변으로 굶게 된 백성들의 기근을 구하는 것을 말한다. 어느 시대엔들 기근이 없었을까마는 조선 후기는 특히 기근이 심각한 시대였다. "가난 구제는 나라도 못 한다."라는 속담에서 알 수 있듯이, 국가가 비축한 구황식품으로 굶주리는 이들을 모두 구하기는 어려운 일이었다. 전쟁을 잇따라 겪은 조선 후기에는 이런 구황식품의 개발이 정책적으로 한층 중요시되었다.

구황과 관련한 정책은 세종대에 기초가 마련되었다. 세종은 구황에 대한 노력이 각별해서, 비황備荒 시설에 힘썼을 뿐 아니라 상설기관으로 '구황청'을 두고 전문적으로 이를 담당케 했다. 또한《구황본초救荒本草》*를 펴내 대용 식품에 관한 사전 지도를 꾀하기도 했다. 이어 명종 9년(1554)에는 왕명으로《구황촬요救荒撮要》를 간행했다. 이런 노력은 조선 후기에 이르러 더욱 강화되었다. 현종 12년(1670)에 좌승지 이단하李端夏가 상소한 기록이 보이는데, 죽을 쑬 때 솔잎을 넣어 양을 5배로 늘렸다는 내용이다.

임진왜란 이후 개사년에 기민을 진휼하기 위하여 죽을 쑤어 먹일 때에 솔잎 10분分에다 쌀가루 1분을 섞어서 죽을 끓여 먹였다 합니다. 진휼죽의 재료로 1명에 보통 2홉의 쌀을 쓰는데, 2홉의 쌀을 이제 가루로 만들것 같으면 5홉이 될 수 있으니, 5홉이면 5명을 먹일 수 있습니다. 한 사람이 먹을 양을 5명에게 나누어 먹인다면 역시 큰 이득이 아니겠습니까? (연려실기술)

또한 숙종 32년(1706)에 큰 흉년이 닥쳤는데, 임금이 직접 도토리 20말을 진휼식량으로 내려보낸 바 있다. 이때 숙종은 흉년 구제에 도토리만 한 것이 없다고 말하기도 했다. 이 밖에 영조 2년(1725)에는 구황에 소금과 간장이 가장 긴요한 것이라며 구

---

* 1406년 중국 명나라 주숙朱橚이 식물을 대체 식품으로 이용하여 기근에 대처하는 방법을 논술한 의서다. 주숙은 명태조의 다섯 째 아들로 주정왕周定王에 봉해졌다. 세종은 이 책을 인쇄해 구황청 등에서 참고하도록 했다. 한편, 세종이 구황작물을 정리해《구황벽곡방救荒辟穀方》을 펴냈다고 하나 전해지지는 않는다.

황소救荒所에서 소금을 굽도록 조치한 바 있다.

구황 대책과 구황식품에 관한 연구는 18세기 말엽에 이르러서도 실학자들을 중심으로 활발히 진행되어 《산림경제山林經濟》와 《목민심서牧民心書》 등에 구체적으로 정리되기에 이르렀다. 《산림경제》 '구황조'에는 "심히 주려서 금방 죽어가는 사람에게 너무 배불리 먹이거나 뜨거운 것을 먹이면 틀림없이 죽을 것이므로, 이런 사람에게는 우선 장국물을 물에 타서 마시게 하고, 그다음에 묽은 죽을 차갑게 식혀서 마시게 하라."라는 대목이 있다. 이렇게 해도 부기가 가시지 않을 때에는 천금목피千金木皮를 끓여 즙을 내서 죽을 쑤어 먹이라고 하였다.

구황식품으로는 채소류가 대부분이었다. 솔잎, 송진松津, 잣[海松子], 느릅나무 껍질, 측백나무 잎, 도토리, 칡뿌리, 백복령白茯苓, 콩, 마, 메 뿌리, 둥굴레, 둑대 뿌리[黃精], 도라지꽃, 백합, 새박뿌리[何首烏根], 연근蓮根, 토란, 순무, 새삼씨[兎絲子], 냉이, 소롯밤, 고욤[小柹], 대추건시, 개암[榛子], 검은팥, 참깨, 흰참깨, 들깨[荏子], 팽나무 잎, 느티나무 잎, 쑥 등이 소개되어 있고 각각의 조리법과 먹는 법도 설명되어 있다.

또한, 《목민심서》 '진황육조'에는 "흉년에 굶주린 백성들이 나물로 양식을 대신하므로 염정鹽丁에게 미리 값을 치러서 장을 담가 넉넉히 준비하게 하는 것이 좋다."라고 돼 있다. 이는 나물을 양식으로 삼을 때 소금을 치지 않으면 먹기 힘들므로 소금 값이 배로 치솟는 데 대비하자는 방책이었다. 또, 다시마는 반드시 초가을에 새롭고 좋은 것을 구하여 저장하고, 마른 새우는 값이 싸기 때문에 많이 준비해두었다가 죽을 쑤어 먹는 것이 좋다고 했다. 이어 콩[黃豆], 대나무 열매, 바닷말, 도토리, 칡뿌리, 쑥 등을 구황식품으로 소개하고 있다.

《성호사설》에는 이런 기록도 보인다. "정선 지방 어느 골짜기에 이상한 흙[土異]이 있는데, 토인(토착민)들이 그 흙을 파다가 음식을 만들되, 쌀가루 한 말에 흙 다섯 되씩을 섞어 떡을 빚는다고 한다. 어떤 이가 가져와 나에게 보였는데 복령伏笭처럼 하얗고 매우 진기가 있었다. 씹어보니 조금 흙냄새는 났지만 음식을 만들 만한 것이었다." 심지어 흙을 구황식품으로 쓴 것이다. 또 이 책에는 꿩밥, 콩대죽, 메밀 껍질 등을 구황식으로 권하고 있다. "잔디 속에서 붉은 열매가 맺혀 있는 것을 보았다. 이는 속칭 꿩밥이라는 것인데, 역시 굶주림을 구제할 만하다. 요즈음 몇 해 동안에 흉년이 심해서 콩대를 가루로 만들어 죽을 쒀 먹기도 하고 혹은 모밀 껍질을 가루로 만들어 쌀에다 섞어서 구워 먹기도 한다."

실학자 이덕무도 《청장관전서》 '아정유고雅亭遺稿'에 흉년이 들어 먹을 것이 없을 때 쑥으로 빚은 보리떡, 나물죽, 콩나물로 지진 막장, 배에서 주워온 물고기 등을 먹었다는 자신의 경험을 기록하고 있다.

백성들이 흉년을 맞아 채소를 통해 스스로 기근을 극복했음을 보여주는 사례도 있다. 《세종실록》에는 세종 13년(10월 13일) 좌사간 김중곤 등의 상소가 기록되어 있다. "백성은 나라의 근본이니, 근본이 튼튼해야만 나라가 편안하게 되는 것입니다. …

금년의 흉년도 또한 전날과 같게 되므로, 채소와 상수리 열매를 준비하여 내년까지 이어나가고자 하는 사람이 이루 다 헤아릴 수 없사온데……"

이처럼, 대부분 구황식으로 쓰인 것은 야생의 산나물과 채소류다. 그러니 채소를 우리 민족의 생명줄이었다고 하는 것이다.

일제강점기의 채소밥상

일제강점기에 일본은 당시 자신들에게 부족하던 쌀을 조선에서 가져가기 위해 쌀 증산과 수탈 정책을 실시했다. 따라서 일제의 농업 정책은 곡물 위주로 이루어졌다. 채소 재배에는 큰 공을 들이지 않았다. 그렇지만 배추, 무, 갓, 미나리, 근대, 쑥갓, 아욱, 부추, 토란, 감자, 고구마, 오이, 호박 등 오늘날 우리가 주로 재배하는 채소는 이때에도 거의 재배되었다.

채소의 조리법도 현재와 거의 다름이 없었으니, 배추, 무, 미나리, 오이 등으로는 김치를 담가 먹고, 아욱, 근대, 토란 등으로는 국을, 시금치, 오이, 호박, 쑥갓 등으로는 나물을 만들어 먹었다. 또한, 일본으로의 강제적인 쌀 수출로 곡류가 많이 부족한 시대였던 만큼, 감자와 고구마가 곡류 대용식으로 서민 식생활을 영위하게 해주었다.

이 시대는 또 어느 때보다 산야초山野草를 많이 캐 먹어 그 종류가 무려 300여 종에 달했다. 부족한 식량을 대체하기 위해 야생 나물 채취가 많이 이루어진 것이다. 일제강점기 동안의 배고

품을 달래기 위해 고사리, 도토리, 다래, 소나무 껍질, 칡뿌리 등
이 중요한 식량 역할을 한 것으로 보인다.

이 밖에도 조선시대부터 중요한 식재료였던 석이, 능이, 표고,
송이 등 약 80여 종에 달하는 버섯류도 중요한 식량이었다. 이
들 버섯으로는 대개 국을 끓여 먹거나 볶아 먹고, 또한 저냐*를
부쳐 먹기도 했다.

개화기 이후 서양 채소가 차지한 밥상

최근 시장이나 슈퍼마켓에 가면 전통 채소류보다 외국 채소류
가 더 많이 팔리고 있다. 이런 서양 채소류는 언제부터 우리나
라에 전래되었을까? 개화기 이전 조선 후기에 들어온 채소류도
물론 있었으나, 20세기 초 개항 무렵부터 본격적으로 현재 우리
가 먹고 있는 채소류가 들어오기 시작했다.

개항 초기에는 보수적인 식습관 때문에 서양 과채류가 선뜻
받아들여지지 않았으나, 곧 이들에 어느 정도 익숙해졌다. 그러
나 서양 과채류는 귀한 데다 값 또한 매우 비싸 서민은 구경조
차 할 수 없었으므로, 주로 돈 많은 사람들의 과시용 채소로 활
용되었다. 그러던 것이 1970년대에 이르러 경제가 안정되고 식
습관이 서구식으로 변해가면서 서양 과채류가 일반인의 관심을
받았다. 이어 1980년대로 오면서 일반인의 서양 과채류 소비량

---

* 얇게 저민 고기나 생선 따위에 밀가루를 묻히고 달걀 옷을 입혀 기름에 지진 음식.

이 점차 늘어 오늘에 이르렀다.

개화기 이후 도입된 서양 과채류 중에는 현재까지 우리가 자주 먹는 채소가 많다. 서양의 것이라는 의미의 양(洋) 자가 들어간 양배추, 양파, 양상추 등을 비롯해, 외래어 이름을 그대로 사용하는 케일, 셀러리, 아스파라거스, 치커리 등이 모두 개화기 이후 20세기에 도입된 서양 과채류다. 이들은 처음에는 당시 유행하기 시작한 양식洋食과 일식日食 그리고 중국식中國食 등 주로 외국요리에 많이 쓰였다. 그러나 1980년대 이르러서는 일반 식탁에도 자주 오르게 되었고, 이에 따라 서양 채소류가 우리 식생활의 필수품이 되었다. 이처럼 일상 식생활에서 서양 채소류가 파급된 것은 서구식 식생활 방식이 일반화되었음을 말해준다.

현대, 채소밥상의 사정

현재 한국은 세계적으로 보아도 채소를 많이 섭취하는 나라

[표 1.2] **식품군별 섭취량의 연차적 추이(전국, 1인, 1일)**

식품군 \ 연도	1969	1975	1981	1990	1995	2001	2010	2012
식물성 식품(g)	1,024	850	874	850	871	1040	999	1130
동물성 식품(g)	32	72	98	198	230	257	276	306
식물성 식품 섭취 비율(%)	97.0	92.2	90.0	81.1	79.1	80.2	78.4	78.7
동물성 식품 섭취 비율(%)	3.0	7.8	10.0	18.9	20.9	19.8	21.6	21.3

자료: 보건복지부, 2012 국민영양조사결과보고서

[표 1.3] **1일 채소 섭취량(g/1인)**

채소 \ 연도	1985	1990	1995	2000	2005	2009	2013
총 채소 섭취량	270.10	363.34	439.94	454.18	398.7	407.83	401.26
무	63.40	73.07	57.88	66.84	47.29	45.60	46.31
배추	97.60	128.41	105.02	108.77	83.05	91.60	95.42
양배추	5.10	6.77	11.50	11.37	11.35	12.78	12.07
파	20.60	21.07	25.26	27.31	20.57	17.50	17.27
생강	0.70	1.62	2.28	0.75	1.60	0.74	0.79
양파	21.30	20.38	45.30	40.51	46.78	59.98	57.44
마늘	10.40	17.81	20.68	19.70	17.10	15.98	18.87
오이	4.60	11.23	16.09	20.54	18.47	15.92	11.77
호박	2.40	4.63	7.53	10.95	15.68	15.74	15.02
시금치	2.90	3.40	5.13	4.82	4.27	4.00	3.62
토마토	2.30	8.05	9.71	13.60	21.69	18.87	19.10
건고추	4.20	4.88	6.68	6.87	5.92	4.53	4.45
당근	4.00	4.25	7.61	7.10	8.05	7.36	7.45
상추	2.70	2.19	8.39	9.49	7.64	6.54	4.41
송이버섯	0.00	0.00	0.00	0.02	0.06	0.04	0.03
표고버섯	0.10	0.05	0.16	0.32	0.30	0.34	0.95
양송이버섯	3.60	0.66	1.15	1.68	1.62	0.79	0.69
느타리버섯	0.00	2.79	4.36	4.02	3.15	2.00	3.29
팽이버섯	0.00	0.00	0.19	1.08	1.78	2.10	1.17
기타 버섯	0.00	0.00	0.44	0.29	2.64	2.72	3.71
산나물	0.20	0.68	1.13	2.97	3.85	3.66	3.05
기타 채소	4.30	18.05	33.48	32.53	13.22	18.93	22.12
미나리	0.00	0.00	3.13	1.10	2.03	1.73	2.02

연도 채소	1985	1990	1995	2000	2005	2009	2013
가지	0.00	0.00	1.09	1.44	1.88	1.59	1.36
쑥갓	0.00	0.00	0.50	0.42	1.08	0.53	0.40
풋고추	0.00	0.00	5.59	8.25	10.15	9.95	7.57
셀러리	0.00	0.00	0.05	0.07	0.09	0.11	0.08
양상추	0.00	0.00	0.32	1.10	1.10	1.08	1.08
피망	0.00	0.00	0.07	0.66	0.73	0.34	0.01

자료: 농촌경제연구원, 식품수급표. 2014

[표 1.4] 국가별 연간 1인 채소 섭취량 (kg/1인)

연도	한국	북한	일본	중국	미국	프랑스	독일	호주	브라질	칠레
1974~76	382	277	303	170	270	291	174	179	68	187
79~81	532	283	309	180	273	302	195	183	77	280
84~86	492	316	307	210	286	324	229	209	79	230
89~91	495	462	196	223	296	330	240	216	87	243
95~97	512	338	297	386	307	325	224	225	95	274
2001~03	594	437	294	698	343	375	250	259	109	284
04~06	613	405	294	772	349	288	240	303	123	287
07~09	600	396	284	858	338	266	247	314	133	245
2010	538	382	271	897	323	281	247	307	145	191
2011	607	334	278	910	310	284	258	332	148	186

자료: 농촌경제연구원, 식품수급표. 2014

중 하나다. 그러나 한국인의 식생활은 경제 수준의 급격한 발달과 맞물려 식소비가 증대되고 질적인 면에서도 고급화, 다양화되었다. 이에 따라 식물성 식품의 섭취량은 줄어드는 반면, 육류를 비롯한 동물성 식품의 섭취량은 계속 증가하는 경향을 보이고 있다.

이런 변화 폭이 얼마나 큰지는 〈표 1.2〉가 잘 나타내준다. 1969년의 식물성 식품과 동물성 식품의 구성비는 97:3이었으나 2000년대 이후는 약 80:20을 유지하고 있다. 즉, 식물성 식품의 소비량은 줄어들고 동물성 식품 소비량이 증가하고 있다. 이는 식물성 식품 중 쌀 같은 곡류 섭취량이 주로 감소한 결과로 보이지만, 채소 섭취 수준도 좀 더 고민해야 할 시점이다.

이렇게 식물성 식품 섭취량은 줄고 있지만, 채소류 섭취량은 다른 양상을 보인다. 농촌경제연구원에서 발행하는 《식품수급표》에 나타난 1인당 1일 채소류 섭취량은 1985년에 270.1그램이다가 이후 꾸준히 증가하여 2013년에는 401.26그램으로, 채소류의 소비량이 다소 증가한 것으로 나타났다. 그런데 이런 결과는 실제 섭취량을 조사하는 국민건강영양조사(2012년)의 채소 섭취량 294그램과는 다소 차이를 보인다. 국가 차원에서 공급하는 양과 국민이 실제 섭취하는 양에서 차이를 보이는 것이다.

그럼, 이 채소 섭취량은 건강을 위해 충분한 양일까? 현재 세계보건기구WHO의 하루 채소·과일의 권장 섭취량은 400그램이다. 따라서 한국인이 채소를 충분히 섭취하고 있다고 보기는 어렵다. 게다가 김치류 섭취가 채소 섭취량의 40퍼센트를 차지하기 때문에 다양한 채소 섭취가 필요하다.

우리가 가장 많이 섭취하는 채소류에는 무엇이 있을까? 그동안 채소류 중 가장 많이 섭취한 식품은 역시 배추김치의 주재료가 되는 배추였고, 그다음이 무였다. 그런데 흥미롭게도 2009년이 되면 서양 채소인 양파의 소비량이 무를 앞질렀다. 다음으로는 역시 서양 채소라 볼 수 있는 토마토의 소비량도 크게 늘어났다. 즉, 채소류에서도 소비 패턴이 변화하고 있다(표 1.3 참조). 이는 우리 식생활 패턴의 변화와도 연관이 있다.

세계인의 채소 섭취량과 비교한 결과를 〈표 1.4〉로 알 수 있는데, 역시 채소민족답게 전세계적으로 보아도 단연 높은 채소 섭취량을 볼 수 있다. 비슷한 식생활 환경을 가진 북한의 경우는 나쁜 식량 사정의 영향 때문인지 채소 섭취량도 남한보다 크게 낮았다. 반면, 육식을 즐기는 대표적인 국가인 브라질의 채소류 섭취량은 매우 낮았으며 오스트레일리아나 칠레도 채소류 섭취량이 낮은 편에 속한다. 브라질과의 연간 채소 공급량 차이는 무려 5배에 달한다. 각 국가마다 식습관이 크게 다르다는 것을 채소 섭취량의 차이로도 확인할 수 있다. 이 자료가 정확하다고는 보기는 어렵지만 아직 한국의 채소 섭취량은 세계 수준에 비하면 상당히 높은 편이다.

2장
채소를 사랑한 남자들

유교사회였던 조선시대의 유학자들은 의외로 음식에 관심이 많았다. 실제 조리를 하지는 않았겠지만, 조리서를 저술한 남성 유학자도 있었다. 음식이 건강에 중요할 뿐 아니라 제사 등 의례에 필수적이라고 보았기 때문일 것이다. 특히 미식가로 일컬어지는 유학자도 꽤 있었고, 일부는 스스로 텃밭을 일구어 채소를 조달하기도 했다. 이들이 남긴 기록을 통해 조선시대 남성들의 채소 이야기를 해보려 한다.

고려 말의 유학자들, 채마밭을 일구며 안식을 찾다

고려 후기의 학자 이규보李奎報(1168~1241)는 대문인이기도

했다. 또한, 술을 즐기고 술에 어울리는 음식을 사랑한 것으로
도 유명하다. 이규보의 문집《동국이상국집》제4권에 〈가포육
영家圃六詠〉(집 채마밭에서 지은 여섯 수의 시)이라는 시가 실려
있다.

오이 / 과(瓜)

園瓜不灌亦繁生   텃밭에 오이는 애써 관리하지 않아도 번성하고
黃淡花間葉間靑   푸른 잎 사이사이에 노랑 꽃이 피어 있고
最愛蔓莖無脛走   덩굴줄기 마디마디 달려 사랑스럽고
勿論高下掛瑤瓶   위아래 할 것 없이 병처럼 달려 있다.

가지 / 가(茄)

浪紫浮紅奈老何   자색 바탕에 홍조를 지녔으니 어찌 늙었다 할
                 수 있는가
看花食實莫如茄   꽃과 과일을 같이 즐기기는 가지만 한 것이 어
                 디 있는가
滿畦靑卵兼頹卵   고랑 안으로 알들이 가득하니
生喫烹嘗種種嘉   생으로도 먹고 익혀서도 참으로 좋구나.

순무 / 청(菁)

得醬尤宜三夏食   무 장아찌는 여름 반찬에 좋고
漬鹽堪備九冬支   소금 절인 무는 겨울 내내 반찬이네.
根蟠地底差肥大   땅속의 뿌리는 날로 커지고

最好霜刀截似梨　서리 맞은 후에 수확하여 칼로 베어 맛보면 배
　　　　　　　　같은 맛이네.

파 / 총(蔥)

纖手森攢戢戢多　섬섬옥수 같은 많은 파잎들을
兒童吹却當簫笳　아이들은 잎으로 피리 소리 내는구나.
不唯酒席堪爲佑　술자리에 안주로 그만이고
芼切腥羹味更嘉　고깃국에 파가 들어가니 맛이 더해진다.

아욱 / 규(葵)

公儀拔去嫌爭利　권력다툼 싫어 관직 다 버리고
董子休窺爲讀書　자식에게 글 읽어라 훈도하네.
罷相閑居無事客　벼슬자리 내던지니 찾아오는 이 없고
何妨養得葉舒舒　한가한 잎마냥 내 몸을 수양하네.

박 / 호(瓠)

部成瓢汲氷漿冷　쪼개어 쓰면 바가지 되어 냉수를 떠내고
完作壺盛玉醑淸　통째로 쓰면 항아리 되어 좋은 술 담아두고
不用蓬心憂瓠落　찬 걱정 말게 박 떨어진다네.
先於差大亦宜烹　덜 익은 것은 삶아 먹어서 좋다네.

위 시는 이규보가 자신의 텃밭에서 가꾼 여섯 가지 채소, 즉
오이, 가지, 무, 파, 아욱, 박을 노래한 것이다. 배추가 빠져 있지

만, 이 여섯 가지는 지금도 가장 많이 먹는 채소이기도 하다. 이 시대는 배추 대신에 주로 무를 소금에 절여 겨울나기용 김장으로 썼던 것을 알 수 있다.

이규보는 원래 술과 고기를 좋아했으며, 시는 물론이고 거문고와 술을 좋아해 '시금주삼혹호詩琴酒三酷好 선생'이라는 별호를 스스로 붙이고 다닐 만큼 풍류를 사랑한 사람이었다. 그러던 그가 관직에 오르게 되자 하는 수 없이 그 좋아하던 쇠고기를 끊는 시까지 짓는다. 제목은 〈단우육斷牛肉〉, 곧 '쇠고기를 끊다.'라는 뜻이다. "내가 지난번에 오신五辛을 끊고서 이를 기념해 시 한 수를 지었던 적이 있다. 그때 쇠고기도 함께 끊었다고 했지만 마음만 그랬을 뿐이었다. 눈앞에 쇠고기가 보이면 바로 먹었으니 어찌 끊을 수가 있었겠는가."라고 하던 사람이다.

이렇게 고기를 좋아했던 이규보는 말년에 강화도에서 텃밭을 가꾸면서 살았다. 그리고 당시의 심정을 노래한 시를 남긴 것이다. 직접 여섯 가지 채소를 가꾸면서 이들의 장점과 그 한가로움을 노래하고 있다. 그는 아욱에 자신을 빗대 "권력다툼 싫어 관직 다 버리고…… 한가한 잎마냥 내 몸을 수양"한다고 표현했다. 결국 그의 한가로운 삶의 종착역은 채소 가꾸기였던 모양이다. 이규보는 한 시에 붙인 주석에, "우리 집의 흙은 본시 토박하기에 요새 딴 곳을 구했더니 조금은 기름졌다."라고 했는데, 채소 씨앗을 선물받은 감사한 마음을 시로 표현하고 있다.

園蔬播種賴君侯 채마밭에 뿌릴 씨를 군후께 얻었으니

閱得多般與意符　많은 종류 얻게 되어 나의 뜻과 정히 맞네
渴待葱畦抽弱手　파밭에 대공 솟기 애타게 기다리고
佇看苽架引長鬚　오이넌출도 가자架子에 곧 뻗으리니
從今勉作持鉏樂　이제부터 부지런히 호미 쥐기 즐길 거나
但恐行成食草愚　다만 풀을 먹는 어리석은 것이 될까 걱정일세
趁却繁滋堪佐酒　자라는 대로 안주 삼기 충족하고
邇來天許土如濡　요새로는 하늘도 도와 흙마저 기름지네

　지금도 살기가 팍팍해지면 귀촌하거나 집 주변에 텃밭이나마 가꾸면서 삶을 이어가는데, 고려시대에도 사정은 같았던 모양이다. 채소가 주는 평안함은 과거나 지금이나 마찬가지다.
　고려 말 학자로서 문장에 뛰어났던 가정 이곡李穀(1298~1351) 선생도 〈소포기小圃記〉라는 글을 남겼다. 이곡은 개경 복전방의 빌린 집 공터에 작은 채소밭을 가꾸었다. 이 글에 의하면, 채소를 심은 첫해에는 아침마다 캐 먹고 남는 것은 이웃에도 나누어주었는데, 이듬해는 가뭄과 장마로 수확이 반밖에 안 되었고, 그다음 해에는 가뭄과 늦은 비가 심해져 수확이 더 줄었다고 한다. 이렇듯 당시 도시에 살던 관리들이 집 공터에 채소를 가꾸고 수확한 것을 이웃과 나누어 먹는 것은 특별한 일이 아니었다. 《고려사》에는 이런 사실을 유추할 수 있는 사례가 더 있다. 고려 중기 국학학유를 지냈던 김수자金守雌는 벼슬을 버리고 전원에 들어가 살면서 채소를 가꾸어 팔아서 생계를 유지하며 아동을 가르치는 것을 즐거움으로 삼았다고 한다.

이곡 선생의 아들이자 고려 말의 성리학자인 목은 이색 선생
은 문집《목은시고牧隱詩藁》에 술, 차, 두부 등 음식에 관한 시를
여럿 남겼다. 애주가였던 그는 특히 증류주를 매우 사랑해 아래
와 같은 시(목은시고 33권)까지 지었다.

酒中英氣不依形	형체에 기대지 않게 하는 술 속의 영특한 기운
	이여
秋露溥溥入夜零	가을 이슬로 둥글게 맺혀 밤 되면 톰방거리는
	소리
可笑青州老從事	생각하면 우스워라 청주의 늙으신 종사님이
猶誇上應在天星	하늘의 별과 맞먹도록 뻐기게 해주시다니
淵明若見應深服	연명이 이 술 얻고 나면 깊이 고개 숙일 터
正則相逢肯獨醒	정칙이 맛을 보면 홀로 깨어 있으려 할지
強吸半杯熏到骨	반 잔 술 겨우 넘기자마자 훈기가 뼛속까지
豹皮茵上倚金屛	표범 가죽 보료 위에 금병풍 기댄 기분일세

목은 선생은 고려시대의 소박한 미식가로 늘 거론된다. 음식
중에서도 특히 두부를 사랑해서 많은 시를 남겼다. 그중 우리나
라의 두부에 대한 첫 기록을《목은시고》(33권)에서 찾아볼 수
있다. 〈대사가 두부를 구해 와서 먹여주다(大舍求豆腐來餉)〉라는
제목의 시다.

菜羹無味久	오랫동안 맛없는 채소국만 먹다 보니

豆腐截肪新	두부가 마치 금방 썰어낸 비계 같군.
便見宜疏齒	성긴 이로 먹기에는 두부가 그저 그만
眞堪養老身	늙은 몸을 참으로 보양할 수 있겠도다.
魚蓴思越客	오월吳越의 객은 농어와 순채를 생각하고
羊酪想胡人	오랑캐 사람들의 머릿속엔 양젖 치즈인데
我土斯爲美	이 땅에선 이것을 귀하게 여기나니
皇天善育民	황천이 생민을 잘 기른다 하리로다.

누군가가 특별히 구해준 두부가 노인이 먹기에도 부드럽고 그 맛은 썰어낸 비계같이 맛있다는 내용이다. 원래 두부는 부족한 단백질을 보충해주는 불가의 음식이었지만 사대부들에게서도 사랑받으면서 유가의 음식이 되었다. 사대부들은 두부를 오미 (다섯 가지 미덕)를 갖춘 음식이라고 칭송했다. 맛이 부드럽고 좋음이 일덕이요, 은은한 향이 이덕이요, 색과 광택이 아름다움이 삼덕이요, 모양이 반듯함이 사덕이요, 먹기에 간편함이 오덕이라는 것이다. 또한, 풍부한 단백질과 부드러움으로 콩에서 나온 우유(숙유菽乳) 혹은 무골육無骨肉, 즉 뼈 없는 고기라고도 했다.

목은 선생은 《목은시고》 제9권에서는 '두부와 토란을 섞은 반찬'을 이야기한다. 〈길창부원군吉昌府院君과 곡성시중曲城侍中이 나를 찾아와서, 내가 부름을 받고 한자리에 참여했다. 인하여 좋은 일을 기록하다〉라는 제목의 다음과 같은 시다.

　二老過從數　두 노인은 수시로 들러주는데

孤生病起初　나는 병석에서 이제 겨우 일어났네.

幸容陪杖屨　모시길 용납해줌은 다행이거니와

更喜接門閭　서로 이웃이 된 게 또한 기쁘네.

豆腐蹲鴟雜　두부 반찬에 토란을 곁들였고

香粳吠蛤餘　좋은 쌀은 개구리 울던 나머지로다.

乾羊斟美酒　말린 양고기에 좋은 술 따를제

秋色滿庭除　가을 경치는 뜨락에 가득하구나.

　목은 선생은 자신을 "미나리 먹고 햇볕 쬐던 늙은 시골 농부"라고 겸손하게 표현하기도 했다. 두부와 채소를 즐겨 먹고 술을 즐기며 인생을 관조하며 살았던 그를 진정한 미식가로 불러야 할 듯하다.

율곡 이이와 유학자의 음식관

　퇴계 이황(1501~1570) 선생과 율곡 이이(1536~1584) 선생은 우리나라 성리학의 대학자다. 퇴계 선생이 이理를 중시하는 이기이원론을 주창한 데 비해 율곡 선생은 기氣를 좀 더 강조한 기발이승일도설氣發理乘一途說을 제시했다. 즉, 율곡 선생이 조금 더 자연을 중시한 것으로 단순화할 수 있다. 그래서일까? 이분들의 사상을 제대로 연구한 것은 아니지만 두 분의 음식 취향에서 차이가 발견돼 흥미롭다.

　퇴계 선생이 저술한 건강서인 《활인심방》에는 보양保養음식으로 모두 여덟 가지가 나온다. 이는 측백나무탕, 서여주薯蕷酒(마로 담근 술), 지황주地黃酒(한약재 지황으로 담근 술), 무술주戊戌酒(찹쌀과 개고기로 담근 술), 유죽乳粥(우유를 넣고 끓인 죽), 녹각죽鹿角粥(사슴 뿔을 넣고 끓인 죽), 산서죽山薯粥(마로 끓인 죽), 산서면山薯麵(마로 만든 면)이다. 마로 만든 음식을 높이 쳤고 개고기로 만든 무술주나 녹각죽, 유죽 등 동물성 식재료를 쓴 음식을 좋아한 것이다.

반면, 자연론적 철학체계를 가진 율곡 선생은 다른 성향을 가졌다. 2015년에 덕수이씨 종가의 내림음식을 조사하려고 율곡이이 선생 댁을 방문했다. 그런데 이 댁에서는 율곡 선생의 불천위제례*를 오후 3시에 치르고 있었다. 당연히 자정 이후에 제사를 지내는 것이 도리지만 지금은 후손들의 편의를 위하여 대낮에 제사를 지낸다는 것이다. 이 댁에서는 제상의 채소로 도라지와 고사리, 무 삼색 채소를 쓰고 있었으며 예법에 따라서 제를 지내고 있었다.

율곡은 20세에 〈자경문〉을 지어 자신의 일생 동안 경책으로 삼았고, 33세 때는 관직을 내놓고 해주에 머물면서 수양산 지맥에 자리 잡은 고산 석담구곡을 찾아 〈고산구곡가〉를 지었다. 42세에는 어린이들을 가르치는 교재인 《격몽요결擊蒙要訣》을 지었다. 이이는 49세를 일기로 서울 대사동에서 세상을 떠나 파주

---

* 원래 제사는 4대 봉사, 즉 4대조까지 지내는 것이다. 그러나 나라에 큰 공이 있거나 학문이 높은 이의 위패를 옮기지 않고 후손들이 대대손손 제사를 모시는 것을 나라가 허락하는데, 이를 불천위제례라 한다.

그림 2 율곡 선생의 제례 상차림(2015)

자운산 선영에 묻혔다. 저서를 묶은 《율곡전서》가 있다.

율곡은 《격몽요결》의 '가례家禮 편'에서 먹는 일도 엄격한 예법에 따르도록 가르치고 있다. "부모의 상喪에는 성복成服(초상이 나서 상복을 입는 것)하는 날에야 죽을 먹고, 졸곡卒哭하는 날에야 거친 밥(현미로 지은 밥[糲飯])을 먹고 물을 마시며, 국을 먹어서는 안 된다. 채소와 과실은 먹지 않는다. 소상小祥(죽은 지 1년 만에 지내는 제사)이 지난 후에야 채소와 과실을 먹어도 되고, 국도 먹을 수 있다. 예문禮文이 이와 같으니, 병이 나지 않았으면 예문대로 해야 한다. 어떤 이는 예禮가 지나쳐서 3년 동안이나 죽을 먹었다 하는데, 만일에 그가 참으로 효성이 남보다 뛰어나고 털끝만큼도 억지로 하는 뜻이 없다면 비록 예보다 지나치기는 하지만 그래도 혹 옳다 하겠다. 그러나 만일 효성이 지극하지 못한 데 억지로 지나치게 예를 차리는 것이라면 이는 제 자신을 속이고 어버이를 속이는 것이니 마땅히 경계해야 할 일이다."

그가 예법에 따르는 것보다 더 중시한 것은 '탐식에 대한 경계'였다. 그는 《격몽요결》에서 "한가한 사람들을 모아놓고 바둑이나 장기 두기를 즐기며 종일토록 배불리 먹을 것을 다투는 데만 쓰는 것과 부귀를 부러워하고 빈천을 싫어하여 나쁜 옷 입고 거친 음식 먹는 것을 수치스럽게 여기는 것"을 고쳐야 한다고 했다. 이렇게 주장하기만 한 것이 아니라 이런 규범을 스스로에게 엄격히 적용했다. 그는 평생 쇠고기를 입에 대지 않으며 우금령*을 따랐다고 알려진다.

신분이 높고 권력을 가진 자들의 탐식은 백성들의 고통으로 이어진다. 율곡은 백성들을 고통스럽게 하는 진상 제도를 없애라고 상소를 올렸다. 당시 율곡 선생은 황해도감사를 지내고 있었는데, 황해도에서는 사슴이 많이 나지 않아 한양에서 사슴을 돈을 주고 사서 진상해야 할 정도였다.

삼가 바라건대, 깊이 백성의 고통을 생각하여 성상의 마음으로 결단을 내리시어 산 사슴과 납 돼지의 진상을 참작하여 경감하신다면, 비록 대여섯 마리의 면제라도 성상의 은택이 백성에게 미치

---

* 조선 태조 7년(1398)에 내려진 조치로, 소의 도축을 금지하고 저절로 죽은 소만 신고 후 세금을 내고 매매할 수 있도록 한 것이다.

는 것은 넓을 것입니다. 아장과 보장은 반드시 따로 명칭을 세우지 마시고 단지 산 사슴을 잡는 대로 봉진하게 하시면 사냥하는 괴로움이 조금은 덜어질 것이고, 사슴의 꼬리와 혀는 맛이 좋지 않을 줄 아시고 진상을 다 없애라고 명하신다면 갑절로 드는 값으로 먼 데서 사오는 고통이 조금은 사라질 것입니다. (율곡전서, 5권)

율곡은 제자들에게 세상에 나가면 생강처럼 매서운 개성을 지니고 생강처럼 간을 맞추어야 한다고 가르쳤다. 그는 실제로 나물을 캐러 산으로 들로 다니기를 좋아했다고 전해진다. 율곡 선생은 독미나리의 일종인 동초를 좋아했다고 전해지는데, 동초에는 독성이 있음에도 우리나라에서는 어린 순을 나물로 먹거나 약으로 쓰고 있다. 원래 대관령이 동초가 많은 곳이었으나 율곡 선생은 강릉 대기리로 동초를 옮겨 심고 공부하는 동안 즐겨 드셨다고 전해질 만큼 채소를 좋아했다.

율곡 선생의 이와 같은 음식관은 조선 유학자의 음식관을 대표한다고 할 수 있는데, 자신을 절제하고 백성들을 보살피는 유학자들에게 채소는 딱 어울리는 식재료일 수밖에 없었다.

마지막으로 시 한 편을 소개한다. 확실하지는 않지만 율곡 이이 선생의 작품으로 알려진 〈전원사시가田園四時歌〉 중에서 '봄편'의 일부분이다. 도라지, 고사리, 고비, 마름, 취 같은 채소의 이름이 자연스럽게 나열된다. 나물을, 그리고 자연을 사랑한 시라고 생각된다.

어젯밤 좋은 비로 산채가 살졌으니

광주리 옆에 끼고 산중에 들어가니

주먹 같은 고사리요 향기로운 곰취로다

빛 좋은 고비나물 맛 좋은 머아리라

도라지 굵은 것과 삽주 순 연한 것을

낱낱이 캐어 국 끓여 나물 무쳐

취 한 쌈 입에 넣고 국 한 번 마시나니

입 안의 맑은 향기 삼키기 아깝도다

허균과 〈도문대작〉, 그리고 방풍죽

《홍길동전》의 작가로 유명한 허균許筠(1569~1618)은 최근에
조선시대의 음식 칼럼니스트 또는 미식 평론가로 불리는데, 그
의 음식 사랑을 살펴보면 미식가를 넘어 탐식가로 볼 만하다.

그가 조선시대의 미식가로 등장한 데에는 무엇보다《성소부부
고惺所覆瓿藁》 전집에 실린 〈도문대작屠門大嚼〉(1611)이라는 글의
힘이 크다. 이 글은 조선 중기인 1600년대 음식에 관한 기록으
로, 한문으로 쓴 것이다. 그러니까 글을 잘 쓰는 것이 이렇게 중
요하다. 지금 유명한 요리사들은 대부분 자신의 생각을 글로 표
현할 수 있는 글쟁이 겸 요리사가 많다.

허균은 광해군 때 당파싸움에 휩쓸려 귀양을 가게 되었다. 그
곳에서 거친 음식만 먹게 되자 전에 먹던 여러 가지 음식이 생
각났다. 허균이 어릴 때는 전국의 맛 좋은 음식들이 그의 집에

선물로 들어왔다. 임진왜란 때 강릉의 외가로 피난 가서 그곳의 여러 음식도 맛보았고, 과거에 급제한 후에는 여러 고을에서 벼슬살이를 했기 때문에 그의 음식 편력은 유난한 것이었다. 그래서 이들 맛있는 음식 134종의 이름이나마 나열해놓고 "도축장의 문을 바라보면서 크게 씹는 흉내나 내본다."라는 뜻에서 〈도문대작〉을 남겼다.

그렇다면, 이 희대의 미식가가 〈도문대작〉에서 꼽은 음식은 무엇일까? 허균은 병이류(떡) 11종, 채소와 해조류 21종, 어패류 39종, 조수육류 6종을 꼽았다. 그런데 그가 분류한 병이류 11종에는 석이병만이 떡이고 방풍죽과 한과인 백산자, 다식, 밤다식, 차수, 엿, 웅지정과 등이 포함되어 있고 또 만두, 두부, 들쭉 등도 들어 있어 오늘날 떡을 분류하는 것과는 다르다. 허균이 꼽은 조선 최고의 채소와 해조류와 그 산지는 다음과 같다.

- 죽순절임[竹筍醢] : 호남 노령 이하에서 잘 담그는데 맛이 썩 좋다.
- 황화채黃花菜 : 원추리[萱草]다. 의주 사람들이 중국 사람에게 배워 요리를 잘하는데 매우 맛있다.
- 순채[蓴] : 호남에서 나는 것이 가장 좋고 해서海西 것이 그다음이다.
- 석전石蓴 : 영동 지방에서 많이 나는데 가장 좋다.
- 무[蘿葍] : 나주에서 나는 것이 매우 좋다. 맛이 배와 같고 물기가 많다.

• 거여목[苜蓿] : 원주에서 나는 것이 줄기가 희고 매우 맛있다.

• 고사리·아욱·콩잎·부추·미나리·배추·송이·참버섯 등은 어디 것이
든 모두 맛이 좋으므로 구별하여 쓰지 않았다.

• 표고蔈古 : 제주에서 나는 것이 좋다. 오대산과 태백산에도 있다.

• 홍채紅菜 : 경기도 해포海浦에서 나는 것이 매우 좋다.

• 황각黃角 : 해서에서 나는 것이 매우 좋다.

• 청각靑角 : 서해에는 모두 나는데, 해주와 옹진에서 나는 것이 가
장 좋다.

• 참가사리[細毛] : 서해에는 모두 나는데 해서에서 나는 것이 가장
좋다. 또, 우무[牛毛]라는 것이 있는데 열을 가하면 녹는다.

• 초시椒豉 : 황주에서 만든 것이 매우 좋다.

• 삼포蔘脯 : 영평과 철원 사람들이 잘 만든다. 모양이 우포牛脯와
같다.

• 여뀌[蓼] : 이태원利泰院에서 나는 것이 가장 좋다.

• 동과冬瓜(동아) : 충주에서 나는 것이 역시 좋다. 가지·외·호박·무
등은 어디서나 나며 맛도 좋다.

• 산개자山芥菹 : 함경남도와 회양·평강 등지에서 모두 나는데 맵고
도 산뜻하다.

• 다시마[昆布] : 북해北海에서 나는 것이 가장 좋고 다시마多十麻·미
역이 그다음이다.

• 올미역[早藿] : 삼척에서 정월에 딴 것이 좋다.

• 감태甘苔 : 호남에서 나는데 함평·무안·나주에서 나는 것이 썩 맛
이 좋아 엿처럼 달다.

- 해의海衣(김) : 남해에서 나는데, 동해 사람들이 주먹으로 짜서 말린 것이 가장 좋다.
- 토란[芋] : 호남과 영남 지방 것이 모두 좋아 아주 크다. 서울 지방에서 나는 것은 맛은 좋지만 작다.
- 생강[薑] : 전주에서 나는 것이 좋고 담양과 창평의 것이 다음이다.
- 겨자[芥] : 해서에서 나는 것이 가장 맵다.
- 파[蔥] : 삭령에서 나는 것이 썩 좋은데, 부추·작은마늘·고수[荽] 등도 모두 좋다.
- 마늘[蒜] : 영월에서 나는 것이 가장 좋다. 먹어도 냄새가 안 난다.

내가 음식문화를 공부하면서 허균에게 끌렸던 것은 그가 〈도문대작〉에 별미음식으로 '방풍죽'을 소개했기 때문이다. 허균은, 강릉 사람들이 음력 2월이면 해가 뜨기 전에 이슬 맞은 방풍 싹을 따서 고운 쌀가루에 넣어 방풍죽을 끓인다고 했다. 방풍죽은 사기그릇에 담아 따뜻할 때 먹는데, 허균의 말에 따르면 "방풍의 향긋한 향기가 입에 가득하여 3일 동안이나 간다."라고 한다.

조선시대에는 밥을 먹기가 힘들 때 죽으로 밥을 대신했다. 그나마 죽을 끓일 쌀도 부족하면 여러 가지 산나물을 넣어 끓인 나물죽을 먹었다. 그러니 나물죽은 기아를 면하기 위해 억지로 먹은 음식이라고 볼 수 있다. 그런데 죽에 넣은 나물에서 향긋한 향을 느낀 것이다. 어쩌면 어려움을 풍류로 넘긴 것인지도 모른다. 그래서 나물죽을 풍류와 구황을 겸한 음식이라고 표현하기도 한다. 나는 허균의 이런 점이 마음에 든다.

그림 3 허균을 생각하며 쑤어본 방풍죽과 방풍 싹

실제로 방풍은 말 그대로 '중풍을 예방한다.'는 효과가 있는 채소로, 이름도 방풍防風이다. 미나리과의 채소인데 특히 바닷가에서 잘 자란다. 현재도 강릉뿐 아니라 충남 태안과 남해안의 섬에서도 대량 재배되고 있어 쉽게 구할 수 있는 나물이다. 예전에 여수 금오도라는 섬에 음식 촬영을 간 적이 있다. 그곳에도 야생 방풍이 많이 나고 재배도 하고 있었다. 보통 방풍은 나물로 많이 해 먹는데, 이때는 허균을 생각하며 방풍죽을 끓여보았다. 방풍죽을 쑬 때 중요한 점은, 죽이 끓을 때 방풍 싹을 넣어야 한다는 것이고, 가능하면 소금을 넣지 않고 방풍의 향을 살리는 것이다. 500년 전 허균이 느꼈을 방풍의 향을 느끼기는 어려웠지만 500년을 교감하는 음식의 맛과 향을 느낄 수는 있었다.

허균은 탐식가로서 고기와 온갖 산해진미를 즐긴 사람이지만 가장 아름다운 원초적인 향과 맛은 바로 방풍나물에서 느낀 것

같다. 그답게 이것을 글로써 표현했다. 이만하면 허균을 탐식가가 아닌 최고의 미식가로 인정해도 될 듯하다.

농부도 아닌 지식인 허균의 우리 농산물에 관한 지식이 이 정도였다. 오늘날에도 우리 농산물을 보호하고 아끼고 사랑해야 한다고 말하는 농업계나 식품학계의 인물은 많다. 그런데 과연 우리는 우리 농산물에 관해 얼마나 알고 있을까?

성호 이익과 소박한 밥상

채소 이야기를 하면서 성호 이익(1681~1763)을 빼놓을 수 없다. 성호 선생이 음식에 관한 글을 많이 남겼다고 그를 미식가라 할 수는 없다. 성호 선생이 쓴 음식 관련 글 대부분은 음식의 맛보다는 소박하고 건강하게 먹는 방법을 실학자로서 제시한 것이기 때문이다. 특히 《성호사설》의 '만물문'과 '인사문'에 음식 관련 내용이 많으며, 구체적인 음식 이름이 등장한다. 그 내용을 살펴보면, 그는 소박한 상차림에 관심이 많았으며, 적게 먹는 것이 건강에 좋다는 생각을 일관되게 유지하고 있었다. 그는 《성호사설》 11권 〈반찬유량飯饌有量〉에서 "식사할 때 고기가 비록 많으나 밥의 분량보다 많이 먹지 않으며, 오직 술만은 한량이 없으나 난잡한 데에 이르지 않는다."라는 공자의 식습관을 언급하는데, 이것이 성호 자신의 음식 혹은 식사에 대한 관점과 부합하기 때문이다.

그에게 검소한 식생활은 그저 취향이 아니라 가장 중요한 규범이었다. "우리나라의 제도에 대부의 제례祭禮가 지극히 간소하다. 이미 규전圭田이 없고, 가산家産의 유무도 일정하지 않으니, 제도를 마련할 때 종말을 생각하여 이와 같이 단안한 것이 마땅하다 하겠다. 선조에 제사를 올리는 데도 오히려 이와 같거든 하물며 자신의 공궤이겠는가! 내가 평일에 일정한 규례를 정하여 무릇 조석朝夕의 공궤는 밥과 국 이외에 고기 한 접시, 채소 한 접시에 그치게 하고, 가난해지면 줄일 수는 있으나 가멸하다 해서 늘리지 못하게 하였으니, 우리 자손들은 대대로 이 규례를 지켜야 한다."

성호 이익은 특히 콩을 사랑한 학자로 잘 알려져 있다. 콩에 관한 그의 생각을 적은 글을 살펴보면 다음과 같다(《성호사설》 6권, 만물문, 숙菽).

콩은 오곡五穀의 하나를 차지한 것인데, 사람이 귀하게 여기지 않는다. 그러나 곡식이란 사람을 살리는 것으로 주장을 삼는다면 콩의 힘이 가장 큰 것이다. 백성 중에 잘사는 이는 적고 가난한 자가 많으므로, 좋은 곡식으로 만든 맛있는 음식은 다 귀현한 자에게로 돌아가버리고, 가난한 백성이 얻어먹고 목숨을 잇는 것은 오직 이 콩뿐이었다. 값을 따지면 콩이 헐할 때는 벼와 서로 맞먹는다. 그러나 벼 한 말을 찧으면 넉 되의 쌀이 나게 되니, 이는 한 말 콩으로 넉 되의 쌀을 바꾸는 셈이다. 실에 있어서는 5분의 3이 더해지는 바, 이것이 큰 이익이다. 또는 맷돌에 갈아 정액만 취해서 두부를 만들면 남은 찌끼도 얼마든지 많은데, 끓여서 국을 만들면 구수한 맛이 먹음직하다. 또는 싹을 내서 콩나물로 만들면 몇 갑절이 더해진다. 가난한 자는 콩을 갈고 콩나물을 썰어서 한데 합쳐 죽을 만들어 먹는데, 족히 배를 채울 수 있다. 나는 시골에 살면서 이런 일들을 익히 알기 때문에 대강 적어서 백성을 기르고 다스리는 자에게 보이고 깨닫도록 하고자 한다.

이익이 콩을 높이 평가한 이유는 그 경제성 때문이다. 두부를 만들고 남은 비지로 국을 끓여 먹을 수도 있고 싹을 틔워 콩나물을 만들 수도 있으니, 가난한 백성들에게 이보다 유용한 곡식은 없다고 주장한다. 그는 이런 콩을 예찬하며 삼두회三豆會라는 모임까지 만들었다. 삼두회란 황두로 쑨 죽과 콩나물(황권)로 만든 저菹(김치나 장아찌), 콩으로 만든 두장豆醬(된장)까지, 세 가지 콩 음식을 함께 먹는 모임이다. 실학자답게 그저 말로만 검소한 밥상을 외치는 게 아니라 백성들에게 도움이 되는 식품을 직접 보급하고자 한 것이다.

최근 한국 사회에서 미식 열풍이 거세다. 맛있는 음식을 먹는 '미식회'도 많이 생겨나고 있는 듯하다. 콩으로 만든 음식 세 가지를 먹는 이익의 소박한 모임도 궁극적으로는 미식회가 아니겠는가? 어찌 이 모임이 먹는 것으로만 끝났겠는가? 소박한 음식을 먹고 어려운 백성을 생각하며 서로의 마음과 마음을 나눈 모임이었을 것이다. 먹을 것이 넘쳐나 과식이 재앙이 된 현대에, 소박한 맛을 찾는 미식 모임의 진정한 의미를 다시금 생각해보게 한다.

다산 정약용과 채소 가꾸기

정약용(1762~1836) 선생의 다산茶山이라는 호에서는 그의 품성이 느껴진다. 다산은 초의 선사, 추사 김정희와 더불어 조선 후기 차 문화를 중흥시킨 인물이다. 또한, 그는 《경세유표經世遺表》와 《목민심서牧民心書》 등을 저술해 조선 최고의 지식인으로 불린다. 그의 저술은 대부분 18년 동안의 유배 기간에 쓰였다. 다산은 긴 유배 생활 동안 자신이 그간 생각했던 검소한 삶을 몸소 실천했다고 한다.

나는 대학 때의 은사님과 함께 떠난 여행에서 강진의 다산초당에 들른 적이 있다. 그곳에서 다산이 식물적인 사람이라는 느낌을 받았다. 사람을 만날 때면, 저 사람은 동물적인 사람이다 혹은 식물적인 사람이다 하는 느낌을 받는다. 그런데 다산은, 물론 잘 알지는 못하지만 식물적인 사람일 거라는 느낌이 왔다. 체질적으로도 육식보다는 채식을 좋아하는 취향의 사람일 것이라는 말이다.

이런 감은 틀리지 않았다. 다산은 실제로도 채소밭 가꾸기가 취미였다. 다산은 최고의 저술을 남긴 지식인이었지만 "쓸데없는 책이나 지리하고 무용無用한 논의는 다만 종이와 먹만 허비할 뿐이고, 좋은 과일나무를 심고 좋은 채소를 가꾸어 생전의 살 도리나 넉넉하게 하는 것만 못하다."(다산시문집, 18권)라며 현실에 뿌리박은 삶을 예찬했다.

식생활 면에서도 다산은 가장 모범적인 조선 선비의 모습을 보여주었다. 그는 유배 생활 내내 채소를 직접 가꿔 먹었고, "어떤 음식을 먹을 때마다 모름지기 이런 생각을 가져라. 정력과 지혜를 다하여 변소간을 위해서 애쓸 필요가 없으리라."라며 자식을 가르쳤다. 실제로 다산 선생이 강진 유배 시절 즐겨 먹었던 것은 두부, 부추, 아욱국과 미역국 그리고 녹차라고 한다.

음식이란 생명만 연장하면 된다. 모든 맛있는 횟감이나 생선도 입 안으로 들어가기만 하면 더러운 물건이 되어버리므로 목구멍으로 넘기기도 전에 사람들은 더럽다고 침을 뱉는 것이다. 사람이 천지간에 살면서 귀히 여기는 것은 성실한 것이니 조금도 속임이 없어야 한다. 하늘을 속이는 것이 가장 나쁘고, 임금을 속이고 어버이를 속이는 데서부터 농부가 농부를 속이고 상인이 상인을 속이는 데 이르기까지 모두 죄악에 빠지는 것이다. 오직 하나 속일 게 있으니 바로 자기의 입이다. 아무리 보잘것없는 식물食物로 속이더라도 잠깐 그때를 지나면 되니 이는 괜찮은 방법이다. 금년 여름에 내가 다산茶山에 있을 때 상추로 쌈을 싸서 먹으니 손(님)이 묻기를, "쌈을 싸서 먹는 게 절여서 먹는 것과 차이가 있습니까?" 하기에, 내가, "이건 나의 입을 속이는 법일세."라고 한 일이 있다. (다산시문집, 18권)

그런 다산도 오랜 유배 생활로 심신이 울적해지면 벼슬살이 하던 동안 즐기던 산해진미를 그리워하기도 했다. 다음의 시는 우심적(소염통구이)과 부추를 비교하고 있다(다산시문집, 2권).

秋風吹小雨	가을바람 가랑비 불어 내리니
黃葉下山村	산촌 숲에 단풍잎 우수수 지네.
淰㝳懷城闕	허전함에 도성을 생각하면서
蕭條有酒樽	조촐하게 술상을 마주 대하네.
親交窮海重	궁벽한 해변이라 친교 중한데
文朶老人存	문장도 아름다운 노인 계시네.
也識牛心炙	알겠노라 소염통 구워 먹는 게
猶賢種韭園	부추밭 가꿈보다 낫다는 것을.
林密秋猶淺	숲 우거져 가을빛 더디게 들고
峯攢日易昏	산이 높아 석양이 빨리 저무네.
峽雲連海色	산골 구름 바닷빛 잇닿았다면
驛樹帶霜痕	역 나무 서리 흔적 띠고 있구나.
放逐安時論	내쫓겨 시대 여론 상관이 없고
優游念主恩	한가하니 임 은혜 감사할 따름.
石門頗穩藉	석문이라 포근한 산중 마을에
偃臥識公尊	누운 공의 존귀함 알겠고말고.

다산의 유명한 시 〈한암자숙도寒庵煮菽圖〉(다산시문집, 6권)를 보자. 부추, 두부, 뽕나무버섯, 그리고 술이 있는 연회의 풍경을 그리고 있다. '상아'는 뽕나무버섯을, '숙유'는 두부를, '포새'는 불교 신도를 말한다. '임금이 내린 고깃국'이 상징하는 벼슬할 때의 기억은 희미하지만, 향기로운 채소로 영위하는 삶의 격조가 느껴진다.

桑鵝菽乳雪中山	산중의 눈 속에서 상아와 숙유를 먹으니
蒲塞風情在此間	포새의 풍치가 바로 이 사이에 있구려.
準備香薤醒胃府	향기로운 부추 있어 위장을 깨끗하게 할 뿐
絶無硬骨撼牙關	뼈 있는 고기 먹다 치아 흔들릴 일 전혀 없네.
紺珠百串堆盈案	감주 일백 꿰미는 책상에 가득 쌓여 있고
紅露三甌助解顔	술 세 사발은 얼굴을 펴기에 도움이 되도다.
御賜騰羹如夢境	임금이 내린 고깃국은 꿈속의 일만 같아라.
老僧糝鉢可同班	노승의 검붉은 바리때나 같이할 뿐이로세.

정약용의 아들 정학유丁學遊(1786~1855)도 아버지의 뜻을 이어 농업을 중시했다. 그가 지은 〈농가월령가農家月令歌〉(1816)의 정월, 이월, 삼월령에는 나물에 관한 이야기가 특히 많이 나온다.

"움파와 미나리를 무 싹에 곁들이면/ 보기에 신신하여 오신채를 부러하랴./ 묵은 산채 삶아내니 육미를 바꿀소냐."(정월령)

"산채는 일렀으니 들나물 캐어 먹세./ 고들빼기 씀바귀며 소로쟁이 물쑥이라./ 달래김치 냉이국은 비위를 깨치나니."(이월령)

"울 밑에 호박이요, 처맛가에 박 심고/ 담 근처에 동아 심어 가자하여 올려보세./ 무·배추·아욱·상추·고추·가지·파·마늘을 색색이 분별하여 빈 땅 없이 심어놓고/ 갯버들 베어다가 개바자 둘러막아/ 계견을 방비하면 자연히 무성하리./ 외밭은 따로 하여 거름을 많이 하소./ 농가의 여름반찬 이 밖에 또 있는가."(삼월령)

〈농가월령가〉를 보면, 당시 음력 1월에서 3월(3~5월)에 이르는 봄에, 채소를 심고 가꾸고 산과 들에서 나물을 캐는 것이 얼마나 중요한 농사일이었는지 알 수 있다.

추사 김정희가 사랑한 세모승

추사 김정희(1786~1856)는 조선시대 최고의 서예가다. 시詩, 서書, 화畵에 모두 뛰어난 예술가이자 까다로운 미식가였는데, 추사의 까다로운 식성에 대해서는 제주 유배 시절 아내에게 보낸 한글 편지를 통해 익히 알려져 있다. 그는 시에서 자신을 '식탐 많은 노인[老饕]'이라고 칭하기도 했다. 풍기에 사는 이연묵에게 연시를 부쳐달라며 "식탐 많은 노인을 위해 일백 개를 봉제하여 보내주게."라고 했고, 또 광양에 사는 관화라는 승려에게는 김과

그림 4 추사가 사랑한 세모승을 이용한 음식

다섯 가지 나물을 가리키는 오신반五辛盤을 부쳐줄 것을 요구하며 "곳곳마다 식탐 많은 늙은이 탐욕을 금치 못하고, 오신반에 또 향기로운 해태를 기약하네."라고 썼다. 때로는 남이 먹는 음식을 생각하며 군침을 흘리는 자신의 모습을 시에서 묘사하기도 했는데, 과연 '식탐 많은 노인'답다.

이렇게 식탐 많은 미식가 추사가 남긴 〈세모승〉이라는 시가 있다. 세모승은 참가사리를 뜻하는 해초인데, 여름철에 많이 먹는 한천의 재료인 우뭇가사리

그림 5 추사의 명작 大烹豆腐瓜薑菜 高會夫妻兒女孫(대팽두부과강채 고회부처아녀손)

의 일종이라고 보면 된다. 세모승을 끓여서 굳혀 묵을 만들어 무쳐 먹기도 하고 시원한 콩국에 말아 먹기도 한다. 추사는 이 세모승을 갖고 한 편의 아름다운 시로 남겼다. 추사는 음식 사치가 심했다고 하지만, 결국 그가 좋아하고 예찬한 음식은 세모승이라는 소박한 해초였다. 그 시가 정말 아름다워 여기에 옮겨본다(완당전집, 9권).

細毛蒙茸窠亂絲   가는 털 총총 돋고 실올 칭칭 감긴 것을

山僧膏熬同梨祈	산 중이 이기 함께 기름에다 볶아내서
折脚鐺邊切片片	다리 꺾인 솥가에 조각조각 오려내니
紺黃色透吠琉璃	붉고 누른 그 빛깔은 패유리를 뚫는구나.
羹以菽乳白勝雪	콩물 타서 국 만들면 눈보다 더 하얗고
糁之鹽晶快於梨	소금을 뿌려두면 배보다 상쾌하네.
天廚亦以充上供	천주 역시 이걸로써 상공에 충당하니
何啻靈液與瓊糜	어찌 저 영액이나 경미일 뿐이리요.
文殊醍醐即此否	문수의 제호가 바로 이게 아니던가
香積飯供無過之	향적의 반공도 보다 나을 것이 없네.
路傍井冽品第一	길가의 찬 우물이 품으로는 제일이라
膏香却與泉德宜	기름 향기 도리어 샘의 덕과 어울리네.
發大願力大慈悲	크나큰 원력에다 크나큰 자비로서
檀波羅蜜爲法施	피안의 중생제도 바라밀을 보시布施하네.
南大嶺高日卓午	남대령은 하도 높고 해는 정히 대낮이라
行人中暍汗淋漓	길손이 더위 먹어 구슬땀이 흥건한데
一椀定喘如實石	한 사발로 배를 불려 헐떡증이 갈앉으니
快滌從前熱惱脾	종전의 열난 비장 유쾌히 씻었구려.
行縢定走一百里	행전 메고 백 리 길을 어렴 없이 달려가니
兩腋仙仙清路岐	양옆의 겨드랑에 맑은 바람 으시으시
果州寒女夸村釀	빈한한 과천 계집 촌 막걸리 자랑컨만
家火凡鍊徒爾爲	제조 솜씨 범속하여 하잘것이 없고말고.
行人無不贊僧功	길가는 사람마다 중의 공을 찬양하니
功德東西南北空	동서남북 어디 가도 이런 공덕 또 있으리.

한편, 많은 사람들이 알고 있는 추사의 명작 중 하나인 〈대팽
두부과강채 고회부처아녀손〉을 보자(〈그림 5〉). 소박하고, 욕심
없고, 꾸밈없는 순수함으로 가득한 이 글(과 직접 쓴 글씨)에서
추사는 "최고로 좋은 반찬이란 두부, 오이, 생강과 나물이고, 최
고로 훌륭한 모임이란 부부와 아들 딸과 손자"라고 했다. 최고로
까다로운 미식가였던 추사가 가장 좋아한 음식은 가장 소박한
채소인 것이다. 최고 미식의 끝이 무엇인지 알게 해준다.

3장

그림 속의 채소 읽기

　서양에는 채소와 과일을 그린 정물화가 많다. 사람들이 일상
적으로 먹는 채소지만, 다양한 색과 형태로 그림의 소재로도 자
주 쓰였다. 이들 정물화는 과거의 식재료를 연구하는 데 많은 정
보를 제공하는데, 그림 속의 음식 정보나 스토리를 읽어내는 재
미가 쏠쏠하다. 반면, 우리나라에는 주로 산수화가 많았고 풍속
화도 많이 전해오는 데 비해 정물화라 부를 수 있는 그림은 그
리 많지 않다.

　우리 그림은 화실에서 바구니나 그릇에 담긴 과일이나 채소를
그린 서양의 정물화와는 다르다. 서양의 정물화에서 과일이나 채
소는 자연의 일부라기보다는 이미 인간의 먹을거리라는 인식으
로 정지된 모습을 그렸다. 반면, 우리 그림은 생명을 가진 자연

의 일부로 채소와 과일을 묘사했다. 같은 과일이나 채소를 소재로 그려도 이렇게 다른 마음과 시각이 담겨 있다.

이 장에서는 과거 채소가 등장한 조선시대 그림을 찾아 채소의 모습을 살펴보고자 한다. 채소와 과일을 대상으로 그린 채과도, 곤충까지 함께 그린 초충도, 나물 캐기와 관련된 풍속화 등에서 채소를 바라보는 우리 선조들의 마음 일부나마 엿보고자 한다.

신사임당의 '초충도' 속 채소 이야기

'초충도'는 언제 보아도 참 아름다운 여덟 폭의 그림이다. 말 그대로 풀과 곤충이 서로 정답게 공존하는 자연을 담아낸 그림이다. 곤충이 채소를 파먹어 한 해 농사를 망칠지도 모르는 상황이지만, 조선시대 화가들은 곤충과 채소를 함께 생존하는 존재로 묘사한 '초충도'라는 형식의 그림을 많이 남겼다. 초충도는 단순한 주제, 간결한 구도, 섬세한 표현이 특징으로, 한국 문화와 정서를 잘 표현한 그림의 장르다.

그중 조선시대의 출중한 예술가로 꼽히는 신사임당申師任堂(1504~1551)의 '초충도'가 있다. 사임당이 제각기 다른 풀과 곤충을 그린 초충도 8점을 병풍으로 만든 것을 〈신사임당초충도병〉이라고 부른다.

제1폭은 가지와 방아개비가, 제2폭에는 수박과 들쥐가, 제3폭에는 어숭이와 개구리가, 제4폭은 산차조기와 사마귀가, 제5폭

그림 6 신사임당의 초충도병

은 맨드라미와 쇠똥벌레가, 제6폭은 원추리와 개구리가, 제7폭
은 양귀비와 도마뱀이, 그리고 마지막으로 제8폭에는 오이와 개
구리가 등장한다. 여기에 등장하는 가지, 수박, 어숭이, 산차조
기, 맨드라미, 원추리, 양귀비와 오이는 그동안 우리 민족의 삶과
함께해온 생명의 채소다.

제1폭에서 보랏빛의 화려함을 뽐내는 가지는 오랜 세월 우리
민족과 함께 해온 채소다. 고려 중기의 문인 이규보 선생이 〈가
포육영〉에서 여섯 가지 채소 중 으뜸으로 꼽은 것도 가지였다.

이처럼 가지는 그 아름다움을 뽐내는 풍류의 채소인 동시에
식재료로서 여러 가지 조리법으로 활용되었다. 조선 후기 유중
림柳重臨(1705~1771)이 지은 《증보산림경제》(1766)에 등장하는
가지 조리법도 여러 가지다. 마늘에 절이기도 하고, 쇠고기, 돼지

고기, 닭고기 등의 육류로 속을 넣어 가지선을 만들기도 하고, 술지게미에 절이기도 한다. 여름철과 겨울철에 가지김치 담그기가 각각 나오기까지 하니, 얼마나 다양하게 가지를 조리해 먹었는지 알 수 있다. 그중 겨울 가지김치 담그는 법이 흥미롭다.

첫 서리를 맞은 가지를 따 꼭지와 껍질과 가시를 없앤다. 먼저 오래 끓인 물을 식혔다가 소금을 넣어 약간 싱겁게 간을 맞춘 다음 가지를 채운 항아리에 붓고 반들반들한 돌로 누르고 볏짚으로 덮어 항아리 주둥이를 밀봉하고 뚜껑을 덮어 땅에 묻는다. 섣달에 가지를 꺼내 찢은 뒤에 꿀을 뿌려 먹으면 맛이 시원하고 담백하다. 만약 그 빛깔을 붉게 하려면 맨드라미꽃을 함께 넣는다.

가지김치의 색깔을 돋우기 위해 맨드라미꽃을 넣는 것이 이채롭다. 우리는 대개 관상용으로 맨드라미를 키우지만 예전에는 붉은색을 내는 중요한 재료로 사용했던 것이다. 사임당의 그림 제5폭에도 맨드라미와 쇠똥벌레가 등장한다.

제2폭에는 수박과 들쥐가 등장한다. 수박은 전통적으로 서과西果, 즉 서쪽에서 온 과일이라는 이름으로 불렸다. 수박의 원산지는 아프리카라고 하는데, 중국을 통해 들어왔을 것이니 '서과'다. 우리나라에는 연산군 때 들어온 것으로 알려져 있다. 사임당은 커다란 수박을 파먹고 있는 작은 들쥐들의 모습을 그렸다. 밭주인이 나타나기 전에 얼른 수박을 파먹고 도망쳐야 할 들쥐들이, 긴박한 모습이 아니라 여유 있게 수박을 먹고 있어 귀엽기까지하다.

제3폭에 등장하는 어숭이는 어떤 식물인가. 어숭이는 접시꽃으로, 아욱목 아욱과의 두해살이풀이다. 접시꽃을 부르는 명칭이 각 지방마다 달랐는데, 서울에서는 어숭화, 평안도에서는 둑두화, 삼남 지방에서는 접시꽃이라 불렀다. 또 촉규화蜀葵花라고도 불렀는데, 신라시대 최치원이 촉규화에 관한 시를 지은 것으로 보아 재배된 역사가 오랜 풀로 보인다. 그런데 이 이름의 규葵는 이규보의 〈가포육영〉에 등장하는 규, 즉 아욱을 뜻하는 글자이기도 하다. 《증보산림경제》에 아욱국 끓이는 법이 나오는데, 잎과 함께 연한 줄기를 꺾어다가 껍질을 벗기고 간장을 넣어 푹 끓이라고 했다.

제4폭에는 산차조기가 등장한다. 차조기는 한방에서는 잎을 소엽, 종자를 자소자紫蘇子라고 해, 발한·진해·건위·이뇨·진정·진통의 효능을 가진 약재로 사용한다. 생선이나 게를 먹고 식중독에 걸렸을 때 자소 잎의 생즙을 마시거나 삶아서 먹는다. 제6폭의 원추리는 지금도 나물로 즐겨 먹는 채소다. 유중림의 《증보산림경제》에서는 초봄에 원추리의 연한 싹을 따다 국을 끓이거나 나물을 만들면 모두 맛있다고 했다. 제7폭의 양귀비는 꽃도 아름답지만, 다른 쓸모로 재배된 식물이다. 지금은 마약 성분으로 재배가 금지되어 있지만, 과거에는 집집이 흔히 길러 배가 아프거나 할 때 비상약으로 흔히 쓴 것이다. 익지 않은 열매에 상처를 내 받은 유즙을 60℃ 이하의 온도로 건조한 것이 아편이다.

마지막 제8폭에 등장하는 채소는 오이다. 오이는 이규보의

〈가포육영〉에도 집 텃밭에서 흔하게 기르는 사랑스러운 채소로 묘사되었다. 《증보산림경제》에도 오이를 이용한 여러 조리법이 등장한다. 소금에 절이고, 장에 절이고, 겨자장에도 절이고, 술지게미에도 절이고, 오이선도 만드는 등 다양한 조리법을 자랑하는 친숙한 채소다. 심지어 오이[瓜]는 추사 김정희 선생이 〈대팽두부과강채 고희부처아녀손〉에서 세상의 모든 진미를 맛보고 난 후에 찾는 가장 맛있는 음식으로 꼽은 바 있다.

심사정과 최북의 '서설홍청'

우리 옛 그림에는 종종 무가 등장한다. 현재 우리만큼 조상들도 무를 즐겨 먹었기 때문이리라. 그중에서도 붉은 빛이 아름다운 홍무(순무)를 그린 '서설홍청'이라는 그림이 유명하다. 서설홍청鼠齧紅菁, 쥐가 홍무를 파먹는 상황을 묘사한 그림이다.

조선 후기의 유명한 화가 심사정沈師正(1707~1769)이 그린 '서설홍청'이 그중 유명한데, 거기에는 홍무뿐 아니라 그 시대에 주로 재배하여 먹었던 배추(지금의 결구배추와는 다른)도 등장한다. 배추의 모습이 매우 사실적이고 생동감 있게 묘사되어 살아 있는 듯이 느껴진다. 그 옆에서 들쥐가 홍무를 파먹고 있다. 사실 농사를 짓는 입장에서 보면 기가 찰 노릇이었을 것이다. 그러나 화가는 이 또한 자연의 현상으로 받아들여 사실적으로 묘사하였다. 서양의 정물화가 정지된 모습의 그림이라면 우리의 정물화는 살아 움직이는 듯한 착각이 들게 하는 매력이 있다.

그림 7 심사정의 서설홍청

또한, 조선시대의 괴짜 화가로 유명한 최북崔北이 그린 '서설
홍청'도 있다. 쥐가 애써 가꾼 홍무를 자기 먹거리인 양 태연하
게 파먹고 있다. 홍무와 쥐가 마치 한 몸처럼 느껴져 오히려 정겹
게 다가온다. 그림에는 등장하지 않는 농부가 애써 농사지은 채
소를 쥐에게 다 내주고도 태연할 듯한 것은, 쥐도 먹고 살아야
한다고 생각했기 때문일까?

공재 윤두서의 채과도와 채애도

이제 채소를 과일과 함께 그린 채과도를 살펴보자. 밭에서 자라고 있는 채소와 과일이 아니라 이미 수확해 실내에 놓고 그렸다는 점에서, 채과도는 서양의 정물화와 비슷하다. 공재 윤두서尹斗緖(1688~1715)는 조선 숙종대의 선비 화가로 유명하다. 그는 고산 윤선도의 증손이자 정약용의 외증조부다. 해남에는 윤선도의 고택이자 해남윤씨 종가인 녹우당綠雨堂이 있다. 초록색 비라는 뜻의 '녹우'은 바로 집 뒤 비자나무 숲이 바람에 흔들릴 때마다 들리는 '쏴~아' 하는 소리가 비 내리는 소리처럼 들려 지은 이름이다. 나는 대학 시절부터 이 녹우당의 아름다움에 반해 여러 번 찾아가곤 했다. 이 댁은 내림음식도 유명해, 후원의 비

그림 9 윤두서의 채과도(24면은 왼쪽, 25면은 오른쪽)

자나무 열매로 만든 비자강정, 내림 씨간장이 잘 알려져 있다.

공재는 평생 벼슬길에 오르지 않고 학문과 예술에만 전념했으며, 45세에 낙향하여 48세에 세상을 떠난 불우한 예술가로 알려져 있다. 그는 100여 점의 작품을 남겼는데, 무엇보다 그의 형형한 눈빛이 인상적인 자화상이 대표작이다. 그런 그는 두 점의 중요한 채과도를 남겼다. 이 채과도는 해남 녹우당에 전해지는 《해남윤씨가전고화첩》(윤씨가보) 24면과 25면에 실려 있는 그림이다. 이 그림을 자세히 들여다보자.

24면의 채과도에는 수박과 참외, 가지 두 개 그리고 귤로 보이는 과일 세 개가 담백한 백자 그릇에 담겨 있다. 25면의 채과도에는 매화, 가지, 유자 두 개와 유자 잎, 석류 두 개 그리고 이름 모를 과일이 주름진 그릇에 담겨 있다. 주름진 그릇도 범상치 않

그림 10 윤두서의 채애도

게 아름다우며 매화도 화사함을 뽐내면서 전체적으로 안정감
있고 조화롭다. 윗부분의 아름다운 매화가 균형을 잡아주면서
잘 어울린다. 다 따뜻한 남쪽 지방의 채소와 과일이다. 공재가 평
상시 즐겨 먹던 채소와 과일을 따뜻한 시선으로 바라보고 그림
으로 남긴 듯하다.

공재는 정물화 외에, 채소를 소재로 한 풍속화도 그렸다. 오래
전부터 우리 조상들이 식생활에서 가장 중요하게 생각한 것은
바로 제철에 제 땅에서 나는 음식을 먹는 것이었으며, 이를 어기
는 것은 자연의 질서를 거스르는 일이었다. 그래서 봄이 되면 긴
겨울 동안 모자랐던 비타민을 담뿍 가지고 있는 봄나물을 캐는

그림 11 윤용의 나물 캐는 여인

것이 중요한 일상이었다. 이런 봄 풍경을 담아낸 풍속화 중 윤두서의 '채애도採艾圖'가 있다. 나물 캐는 아낙들을 그린 것이다. 아마도 자연이 아름다웠던 이 댁에서, 봄철 나물 캐기는 아낙네들의 중요한 행사였을 것이다. 봄날 시골 아낙네가 산비탈까지 산나물을 캐러 왔는데, 한 아낙은 산나물을 캐려고 몸을 구부리고 있고 다른 아낙은 뒤를 돌아다보며 이리저리 산나물을 찾고 있다. 왼쪽의 나는 새와 간신히 물 오른 나무에서 봄의 정취를 느낄 수 있다.

윤두서뿐 아니라 그의 손자 윤용尹熔(1708~1740)도 나물 캐는 아낙네의 모습을 그림으로 남겼다. 이 그림은 할아버지 윤두서의 작품 '채애도'를 연상케 하는 작품으로, 18세기를 대표하는 풍속화 중 하나다. 봄기운이 그윽한 들녘에 나물 캐러 나온 여인이 망태기를 끼고 호미를 든 채 먼 들판을 바라보고 있다. 윤두서의 채애도와 달리, 산수 배경 없이 여인의 뒷모습만 그림으로써 오히려 신비한 느낌과 강한 인상을 준다. 할아버지에 이어 손자까지 나물 캐는 여인의 모습을 담은 그림을 남긴 것에서 나물 캐기가 조선시대의 중요한 삶의 일부였음을 새삼 깨닫게 된다.

그림 12 마군후의 나물 캐는 여인

이 밖에도 나물 캐는 그림이 다수 남아 있다. 그중 신분과 생애가 전혀 알려지지 않았지만 개성이 뚜렷한 화가인 마군후馬君厚가 그린 '나물 캐는 여인'에서는, 생동하는 봄기운이 역력하다. 그 속에서 한 아낙이 나무 밑둥을 깔고 앉아 일손을 멈춘 채 젖을 먹이고 있다. 이 아낙의 모습에서 나물 캐랴 아이 젖 먹이랴 고단했던 당시 여인네들의 삶을 엿볼 수 있다.

소치 허련의 채과도

진도 출신의 소치小癡 허련許鍊(1809~1892)은 조선 후기 남종화의 새로운 경지를 연 화가로 평가된다. 해남 대흥사의 초의선

사 소개로 추사 김정
희 문하에 들어가 남종
문인화의 필법과 정신
을 익혔다고 한다. 허련
은 또한 해남 윤선도의
생가인 녹우당에서 윤
두서의 작품을 보고 감
명을 받았다고 한다. 두
점의 '채과도'를 남긴 윤
두서에 이어 소치도 채
과도를 남겼다. 세대를
이어 그려진 채소 그림
을 살펴보는 것도 흥미
롭다.

그림 13 소치 허련의 채과도첩

　　추사 김정희는 허련
에 대해 "그의 화법이 우리나라의 누습을 깨끗이 씻어버렸으니
압록강 동쪽에는 이만한 그림이 없다."라는 평을 했다. 허련은
산수화 말고도 사군자와 인물화 등에 능했는데, 모란 그림에도
뛰어났다고 한다. 그런 소치 선생이 그 당시 귀한 그림으로 대접
받지 못했던 채과도를 그려서, 나같이 음식문화를 공부하는 사
람에게 좋은 자료를 남긴 셈이다.

　소치가 남긴 작은 채과도는 크기가 18.2×22.3센티미터밖에
안 되지만, 여러 종류의 채소와 과일을 섬세한 붓놀림으로 정

교하게 그린 작은 화첩이다. 발문에 따르면, 이 채과도는 허련이 1839년 32세 때, 김정희의 명으로 중국인의 그림을 임모하여 그린 것이라고 한다. 이해에 허련은 김정희의 문하에 들면서 본격적으로 서화를 배우게 되고, 소치는 각종 채소와 과일을 마치 스케치하듯 수묵으로만 그려냈다. 작은 그림이지만 채소와 과일들을 관찰하여 대상의 특성과 질감을 세밀하게 묘사하고 있다. 작가가 얼마나 정성을 들여 그린 작품인지 가늠할 수 있다.

그림에 포도, 무, 껍질 속의 콩, 연, 석류 등이 보이는데, 허련이 살았을 당시 남쪽 지역에서 주로 심고 가꾸고 먹은 채소와 과일 종류들이다. 포도 그림에서는 원래 문인화풍을 지닌 허련의 서권기書卷氣가 느껴지며, 무 그림은 친숙하게 다가온다. 주변에서 흔히 볼 수 있는 채소와 과일을 그렸건만, 허련은 이 그림에 선비 정신까지 담았다.

채소 저장을 끝낸 풍경, 김득신의 '겨울 채비'

사계절이 뚜렷한 우리나라에서는 계절마다 나오는 식재료가 다르다. 따라서 산출되는 식재료의 영양과 맛이 가장 풍부한 시기에 적절한 저장 방법으로 보관하는 지혜가 발달했다. 제철에 수확한 햇나물은 주로 데쳐서 무쳐 먹지만, 묵나물처럼 건조시켜 보관하여 물에 불린 후 기름에 볶아 먹기도 한다. 채소를 보관하는 가장 일반적인 방법은 햇빛에 건조해 장기 보관하거나 소금이나 된장, 고추장을 이용해 장아찌를 만드는 것이었다. 1809년 빙

그림 14 겨울 채비, 7면

허각 이씨가 엮은 《규합총서閨閣叢書》에 '나무새붙이 갊아두는 법'이 나온다. 흔히 겨울을 나기 위해 나물을 저장하는 방법은 바짝 말리는 것이다. 하지만 《규합총서》에는 그저 말리는 것만이 아니라 겨울에도 싱싱하게 보관하는 방법, 연하고 맛 좋게 보관하는 방법, 독 있는 나물을 해독하는 법 등이 다양하게 소개되어 있다.

이처럼 농가에서 겨울나기를 준비하는 모습을 담은 대표적인 그림이 조선 후기 화가인 김득신金得臣(1754~1822)의 '겨울 채비'다. 노적가리가 마당 한 구석을 차지하고 그 주위에 떨어져 있는 곡식을 쪼아 먹는 닭과 떼적을 두른 소가 외양간 앞에 한가롭게 서 있는 장면을 그린 작품이다. 한 해 동안의 고된 농사일이 끝나고 겨울 채비를 위해 뜰아래에서 새끼를 꼬아 돗자리를 짜는 모습, 비스듬히 누워 내려다보는 노인의 모습, 물동이를 머리에 이고 어린 자식과 함께 마당으로 들어서는 아낙네, 사랑방에서 글 배우기에 열중한 어린이의 모습 등에서 풍요로움을 읽을 수 있다.

특히, 노적가리 옆에 쌓여 있는 무와 배추는 김장 준비를 위한 것이다. 김장은 연중행사 중의 하나로 겨울과 이듬해 햇채소가 나올 때까지 겨울 반찬이 되고, 우리의 몸을 보호해주었다. 조선 중기 이후 고추를 사용함으로써 김치의 보존 기간이 길어지면서 김장 풍속이 정착했다. 긴 겨울을 나기 위해 가장 중요한 채소반찬의 준비가 바로 김장이었다. 김장은 겨울에 부족하기 쉬운 비타민, 무기질 등의 영양소를 섭취하는 방법으로, 우리 조상들의 지혜가 집약된 연례행사였다.

4장

문학과 대중매체 속 채소 이야기

소설은 매력적이다. 나는 특히 여성 작가가 쓴 대하소설인《혼
불》,《토지》그리고《미망》을 읽으면서 우리 역사와 인간, 그리고
우리 문화에 관해 배웠다. 그런데 음식학을 공부하면서 이런 소
설들은 나에게 다른 의미로 다가왔다. 그 어떤 음식학 책보다 이
들 소설 속에 전통 음식문화가 더 생생하게 그려져 있었고, 이를
통해 더 많은 음식 공부를 할 수 있었던 것이다. 그래서 이 세
소설 속의 음식문화, 그중 나물과 채소를 살펴보려 한다. 그런데
소설만이 아니다. 오래전이지만, 음식문화 불모지와 같았던 이
땅에 한식문화를 다룬 드라마 〈대장금〉과 만화《식객》이 던진
메시지는 매우 강력했다. 이 문학과 대중매체 속에 드러난 우리
민족의 나물과 채소 이야기를 간략히 살펴보자.

음식문화박물지 《혼불》[*]

장편소설 《혼불》[8]은 작가 최명희(1947~1998)가 1980년부터 쓰기 시작해 17년 만인 1996년에 원고지 1만 2000장 분량(전 5부 10권)으로 완성한 대하소설이다. 《혼불》은 일제강점기인 1930~40년대 전라북도 남원의 매안이씨 문중에서 무너져가는 종가宗家를 지키는 종부宗婦 3대와, 이씨 문중의 땅을 부치며 살아가는 상민마을 '거멍굴' 사람들의 삶을 그린 소설이다. 작가 최명희는 한국인의 역사와 정신을 생생하게 표현함으로써 한국 문학의 수준을 한 차원 높였다는 평가를 받는다.

이 소설은 근대사의 격랑 속에서도 전통적 삶의 방식을 애써 지켜간 양반사회의 품격과 평민들의 애환을 생생하게 묘사하고 있다. 소설 《혼불》에는 민속과 문화에 관한 정보를 직접 기술하거나 형상화의 모티프로 삼은 대목이 많다. 고문서 등을 참고하고 설화나 민요, 판소리 대목 등을 인용하기도 했다. 또한, 《혼불》은 1930년대 호남 지방의 세시풍속, 관혼상제, 노래, 음식 등을 생생한 우리 언어로 복원해 우리 풍속의 보고라는 평가를 받는다. 《혼불》은, 엘리트적 시각으로 본 이벤트 중심의 단속적 연대기가 아니라, 삶의 자리자리를 메웠던 이들이 지난하게 부딪쳐 체험한 삶의 흔적을 드러낸 소설이다.

이처럼 《혼불》이 전통적인 가재도구, 의복, 풍습, 놀이, 신앙 등

---

[*] 인용한 《혼불》의 텍스트는 2009년도 제2판 2쇄본으로, 매안출판사가 출간한 판본이다.

에 깊은 관심을 두고 있는 것은 그것 자체로도 상당한 의의가 있다. 이는 서구 중심의 사고방식에 의해 부당하게 대접받아온 전통문화를 복원하고 그에 따라 우리 민족의 주체적 인식의 틀을 회복하는 방법이 될 수 있기 때문이다. 나아가 그것은 민족 정체성을 찾아내기 위한 가장 근본적인 작업을 의미한다.

세시풍속과 음식, 화전놀이와 화전

《혼불》에는 인간의 삶을 보여주는 통과의례와 절기에 따른 세시풍속에 관한 세밀한 묘사가 많이 등장한다. 세시풍속이란 결국 제철음식을 장만해 먹고 마시고 즐기는 행위라고 볼 수 있다. 여기서는 먼저, 봄의 대표적인 세시풍속인 화전놀이에 드러난 음식문화를 보려고 한다. '화전'은 꽃지짐이라고도 불리는데, 계절감을 가장 잘 나타낼 수 있는 독특하고 낭만적인 음식이다. 찹쌀가루 반죽을 기름에 지지며 꽃을 붙여 모양을 낸 전이다.

화전놀이는 옛 여성들의 봄소풍이다. 대개 음력 3월 3일이 되면 여성들은 솥뚜껑인 번철과 함께 찹쌀가루, 소금을 준비하여 경치 좋은 곳에 자리를 잡는다. 그런 후 먼저 한 사람이 봄이 와서 아름답게 핀 꽃 풍경을 노래 부른다. 그러면 다른 사람들이 이에 답하는 노래를 연이어 읊조린다. 이렇게 한 수 한 수의 노래를 부르다 보면 끝내 시집와서 고생한 사연까지 나와 각자 마음에 품어두었던 회포를 풀어낸다. 한참 이렇게 화전가와 답가가 오가는 한편에서 미리 준비해간 번철에 찹쌀 반죽으로 전을 지지고 사방에 널브러진 진달래 꽃잎을 따서 장식하여 화전을 부쳐서 먹고 즐기고 노는 것이다.

지금도 여수의 섬인 손죽도에서는 '화전' 행사가 이어진다고 들었다. 화전놀이가 유명했던 손죽도에서는, 참꽃(진달래)이 만개한 삼월 삼짇날 즈음이면 산등성이 꽃밭에서 꽃전을 부쳐 먹으며 춤과 노래를 부르며 축제를 벌였다. 화전놀이를 경험한 노인들은 산등성이 화전花田에서 일주일 이상 밤낮을 쉬지 않고 화전놀이를 했다고 자랑할 정도이니 그 규모와 열정이 짐작된다. 그런데 재미있게도 이런 화전놀이터가 있던 지역 이름이 '지지미'다. 여수 지역에서는 화전을 부쳐서 먹는다고 '부쳐리'라 하고 지져 먹는다는 뜻으로 '지지미'라고도 하는데, 꽃전의 다른 이름인 지지미가 지명이 된 것이다.

이렇듯 전라도 지역의 유명한 화전놀이는 남부 지방의 민속과 전통을 고증을 거쳐 꼼꼼하게 기록한 《혼불》에도 여러 쪽을 할애해 당시 행해진 모습을 묘사했는데, 흥미 있는 사실은 이 화전놀이에서 요즘의 백일장 같은 화전가 짓기 대회를 열었다는 점이다. 저자는 이 여성 백일장에서 장원을 한 어느 부인의 화전가 전문을 수록하고 있어 화전 만드는 법과 화전이 상징하고 있는 여성의 애환까지 알아볼 수 있다.

화전가는 다음과 같이 시작한다.

어화 세상 사람들아 이 내 말쌈 들어보소
부유 같은 천지간에 초로 같은 인생이라
세상사를 생각하니 우습고도 도리하다

저 건너 저 산 우에 높고 낮은 저 무덤은

천고영웅 몇몇이며 절대가인 그 누군고

우리들도 죽어지면 저러이 될 인생인데

노세노세 젊어 노세 늙어지면 못 노나니

십 일 붉은 꽃이 없고 달도 차면 기울어라

일장춘몽 우리 인생 아니 놀고 무엇하리

놀음 중에 좋은 것은 화전밖에 또 있는가

어화 우리 벗님네야 화전놀이 가자스라

단오 명절 좋다 해도 꽃이 없어 아니 좋고

추석 명절 좋다 해도 단풍 들어 낙엽 지니 마음 슬어 아니 좋고

설 명절이 좋다 하나 낙목한천 잔설 빛이 스산 엄동 역력하니

꽃도 피고 새도 울어 양춘가절 화개춘 삼월이라 삼진날에

강남 갔던 제비들이 꽃 따라서 돌아온가

제비 날개 훈풍따라 작년 진 꽃 돌아온가

천지상봉 새 기운이 만화방창 흐드러진 산천초목

금수강산 비단 같은 골짜기에

우리들도 꽃이 되어 별유천지 하루 놀음

화전 말고 무엇 있소 화전놀이 하러 가세 (8권 304쪽)

삼월 삼진날 열린 화전놀이는 단순한 여가나 놀이의 차원을 넘어 마을의 공식적인 행사였다. 그 준비 과정 역시 대갓집의 혼례나 환갑잔치 버금가는 것이어서, 마님과 아씨는 물론 집안의 여종들까지 총동원되어 아예 주방기구를 야외로 옮기는 수준의

1부 한국인에게 채소는 무엇인가

거대한 작업이었다.

하루 전에 모든 떡쌀 새벽부터 찧어지고 번철 위에 바를 기름 두 루미로 이고 오는 여종 불러 분부하되 "너희들은 먼저 가서 솥을 걸고 불 붙여라. 길라잡이 하려무나."(8권 306쪽)

그렇기 때문에 이날은 마을의 모든 여성이 집안일에서 놓여날 수 있는 공식적인 '여성의 날'이었다.

어화 춘풍 좋을씨고 오늘 우리 화전이라 밤낮으로 짜던 베를 오 늘이라 나랑 쉬고 달밤에도 돌던 물레 오늘 낮에 잠을 자네. 쇠털같 이 많은 날에 한가한 날 없었으니 오늘 하루 잠시 쉰들 나무랄 이 그 누구랴. (8권 308쪽)

가부장적 질서에서 해방되어 온전히 여성만의 공간을 찾아 경치 좋은 곳에 모여 화전을 부쳐 나누어 먹었던 '여성 해방의 날'에, 여성들은 술도 마시고 마음껏 취할 수 있었으며 남성 못 지않은 호기를 부릴 수 있었다.

가소롭다 가소롭다 남자 놀음 가소롭다. 호연지기 나만하랴. 신을 벗어 뒤에 차고, 버선 벗어 앞에 차고 다리 추고 물에 서서 이 돌 저 돌 둘씨면서, 고기 하나 잡아 들고 이것 보라 으쓱이네. 청류변에 시 냇물가 나무 주워 불 해놓고, 탁주 수배 받은 후에 너도나도 잡은

그림 15 꽃을 얹어 보기에도 아름다운 화전

고기, 하나둘씩 구워내어 소금 없이 안주하고, 잘 놀았다 말을 하며 담뱃대 길게 물고 뒷짐지고 뒤로 걸어, 남자 노릇 흉내 내니 혼자 보기 아깝도다. 만장 폭소 웃음소리 천만 시름 씻어 간다. 남자 놀음 좋다 하나 여자 놀음 따를손가. (8권 312쪽)

물론 여럿이 모여 앉아 화전을 부치며 쌓였던 시집살이의 온갖 서러움을 토해내는 자리이기도 했다. 그러니까 가부장적 전통사회에서의 해방구가 바로 화전놀이터였다. 이 화전놀이는 여성만의 봄놀이였다. 하지만 예외는 있는 법인가 보다. 삼짇날의 화전놀이는 민간에서만 행해진 것이 아니라 임금 단 한 사람만 제외하고는 모두가 여성이었던 구중궁궐에서도 당연히 행해졌는데, 이 화전놀이에 임금이 행차하면 그 자리에서 두견화(진달래)를 따서 꽃지짐을 부쳤다고 한다.

예로부터 부엌과 음식 일이야 대개 여성의 몫이었다. 그러나 여성이 만든 음식 중 이처럼 음식의 아름다움을 통해 여성성을 드러낸 음식이 또 있을까 싶다. 음식 자체도 아름답지만 화전을 만드는 날, 만드는 장소, 만드는 분위기까지, 화전은 특별한 미를 드러내는 음식이다. 그래서 3월 3일, 즉 삼짇날이 유서 깊은 한국 '여성의 날'이었다고 보는 이들도 있다. 이 화전놀이야말로 그 어떤 이유보다도 가장 여성적인 이유가 되지 않을까.

가장 많이 알려진 화전은 역시 삼짇날 만들어 먹던 진달래화전이다. 진달래는 한마디로 우리 민족의 꽃이다. 한국인에게 진달래는 영혼과 같은 꽃이다. 그러나 화전이 반드시 진달래로만 만들어지는 것은 아니다. 한국인은 봄에는 진달래꽃과 찔레꽃, 여름에는 황장미꽃, 가을에는 황국잎과 감국잎 등을 곱게 빚은 찹쌀전 위에 붙였다. 이 밖에도 먹을 수 있는 모든 꽃잎을 상황에 따라 사용해 화전을 만들었으니, 장식된 꽃은 하얗고 동그란 찹쌀전과 어울려 정갈하고도 화려한 아름다움을 뽐냈다. 식탁이나 음식에 주로 장식용으로 꽃을 사용해왔지만, 꽃잎이 아름다운 음식으로 변화되는 이 화전이야말로 참으로 한국의 음식미학을 상징하는 것으로 볼 수 있다. 들과 산에 아름답게 핀꽃을 식탁에 올려놓는다는 것은 우리 조상들의 멋스러움과 여유에서 오는 너그러운 생활의 일면으로 볼 수 있다.

시회의 국화전

화사한 봄을 맞은 기쁨으로 여인네들이 진달래꽃을 따다 화전을 부치며 화전놀이를 하는 것처럼, 가을에는 선비들이 물가에 앉아 시를 짓는 시회詩會를 가졌다. 그리고 기로회者老會를 두어 덕망이 높은 노인들을 모시고 술과 음식을 대접하며 흥겨운 잔치를 베풀었다. 시회를 연 날은 달 밝은 한가위 지나고 맞이하는 9월 9일이었다. 이 시회의 계절적 배경을 《혼불》은 지극히 서정적이고도 낭만적으로 그려낸다.

처마 밑의 제비가 둥지를 비워놓고 강남의 고향으로 아득히 돌아가고 북방의 먼 곳에서 기러기가 찾아오는 날이니 구월 귀(歸)일이라고도 하는 이날.
계절은 가을이라 들판에는 곡식이 무르익고 하늘은 드높아 물 소리 투명한데 들에 내린 이슬을 머금고 피어나는 국화 향기 문득 놀라운 때. 그 꽃잎을 따서 국화전을 부치고 도연명이 아니라도 국화주를 담그어 이름난 계곡과 산을 찾아 단풍놀이 가는 것도 이날이라. 길 떠난 나그네가 고향 생각에 높은 산으로 올라가 멀리 고향 산천을 바라보는 날이기도 하였다. (5권 252쪽)

이 아름다운 가을날 열린 시회에서 선비들은 국화꽃술을 마시고 "도도하게 담론"하면서 자신의 학식과 기량을 마음껏 발휘했다. 이 시회는 지극히 조직적으로 운영되어서, 무단으로 이 모임에 참석하지 않는 사람은 그 벌로 술 두 병, 닭 두 마리를 강회에 내야 했다고 한다. 뿐만 아니라, 이 남성들의 모임은 문서로 회칙을 작성해 지금까지 전해지고 있다고 한다. 잘 조직된 모임인만큼 물론 회비도 갹출했던 듯하다. 문서에 의하면, 시회를 열기 전 술 다섯 되, 쌀 다섯 되 그리고 고기값으로 쌀 두 말씩 내 준비했는데 당연히 음식이 빠질 수 없었다. 소설에 의하면, 강회의 규율과 준비하는 음식은 다음과 같다.

유사가 술을 빚고 떡을 하며 음식을 장만할 때, 만일 음식 차림의 한도를 정하지 않으면 다른 유사들이 전보다 더 잘 차리려 할 것이니, 그런 폐단을 막기 위하여 반찬 대여섯 가지에 과일 다섯 쟁반, 거기다 술을 반주 정도로 한정하고 만약 유사가 이를 지키지 않고 더 많이 차리면 그 정도의 경중에 따라서 적게 어겼을 때는 벌주를 주어 큰 술그릇으로 술을 마시게 하고 많이 어겼을 때는 회원들이 의논하여 벌을 정한다는 것들이 조목조목 적혀 있었다. (5권 252쪽)

춘궁기의 음식, 쑥과 송기, 콩깻묵

서민들의 애환까지 표현한 《혼불》에는 세시풍속과 관혼상제처럼 특별한 날에 장만해 먹는 음식만 소개된 것이 아니다. 거멍굴 천민들의 밥상, 춘궁기의 음식, 항간에서 산후 조리로 구해 먹는 민간의 풍속도 잘 드러나 있다. 그중 대표적인 몇 가지만 살펴보자.

일반적으로 죽은 밥을 먹을 수 없는 가난한 자의 구황식 정도로 이해된다. 소설에는 보릿고개 때 거멍굴 천민들이 먹었던 음식들이 나오는데, 그중 도토리묵, 소나무 껍질, 구할 수 있는 채소에 약간의 곡물을 넣어 끓인 죽도 있다. 이 부실하기 짝이 없는 먹을거리를 구하러 산과 들을 헤매는 사람들의 모습은, 춘궁기라는 비참한 시절의 우리 조상들의 삶을 보여주는 것으로, 마치 잘 제작된 한 편의 다큐멘터리 영화를 보는 듯하다.

　허기로 속이 패이는 춘궁기 가파른 고갯마루를 기진하여 넘을 때는 더덕더덕 기운 자루 하나 들고 동무하여 나서서 하루 온종일 노란 횟배 같은 봄 햇볕에 휘어져 엎드린 채 쑥을 캤는데 손가락 마디 하나보다 더 클 것도 없는 그 풀 한 포기에 사람의 끼니가 매달려 다만 한줌이라도 더 캐보려고 아낙들은 같이 간 사람을 돌아볼 틈조차 없이 오직 무딘 칼끝으로 마른 땅을 헤집어 쑤실 뿐이었다. 고개고 언덕이고 들판이고 쑥이 있는 곳이면 어디라도 머리에 무명 수건을 두른 아낙과 노파들을 볼 수가 있었다. (5권 122쪽)

이른 봄날 아지랑이 피어오르는 따뜻한 봄볕 아래 댕기를 두른 처자나 계집아이들이 바구니에 쑥을 캐 담는 풍경은 평화로운 풍경화처럼 보인다. 그러나 주리고 힘없는 몸으로 쑥이라도 캐 부황으로 누렇게 뜬 가족의 양식을 장만하는 이 작업은 봄날 들판의 낭만과는 전혀 관계없는 비참하고도 안쓰러운 광경이 아닐 수 없었다.

　식구 많은 집의 곤고한 아낙이 있는 힘을 다해 캐낸 쑥을 마치 무슨 양심같이 비명같이 채곡채곡 눌러가며 쟁여 넣은 쑥더미는 돌덩이처럼 단단하여 갈퀴 손으로 끄집어내고 끄집어내도 한없이 구역꾸역 나왔다. 그런 자루 속은 누룩이 뜰 때같이 뜨거웠다. (5권 122쪽)

쑥 국화과의 여러해살이풀로, 전세계에 분포한다. 봄에 새로 난 순은 국을 끓일 때 넣거나 떡, 버무리 등으로 이용한다. 마른 쑥은 차로 마시기도 하고, 뜸을 뜨거나 모깃불로 태우는 데 쓴다.

모질게 캐온 쑥으로 만들 수 있는 음식은 다양했으나 쑥떡이나 쑥범벅조차도 호사로운 것이었음을 《혼불》은 보여준다. 곡기가 귀했던 시절의 대체 양식으로서 쑥이 얼마나 절실했었는지 알려주는 대목이다. 이 쑥조차도 마음껏 먹지 못하고 만약을 위해 비축해야 했던 시절의 기록을 통해 춘궁기의 비참함을 가늠해볼 수 있을 것이다.

이 쑥으로 개떡을 찌는 것은 참으로 양반 음식이요 쑥 절반 쌀 절반 밥을 해먹는 것은 호강에 겨운 일이며 밀가루에 버무려 범벅을 하는 것만도 언감생심이어서 쑥을 많이 넣고 사라기 몇 줌 섞어 얼굴이 비치게 멀건 죽을 쑤어 먹거나 아니면 쑥만을 끓여 배 고플 때 속이나 다스려주는 경우가 태반이었다. 그리고 이 쑥에다 서속을 넣고 송기를 치대어 뭉쳐 먹기도 하였다.
본디 쑥이란 사람의 속을 편하게 해 주는 것이어서 밥이나 다른 곡기에 비할 수야 있을까마는 그래도 허기를 달래는 데는 제일이었다. 그래서 사람들은 이 쑥을 한 번에 다 먹어버리지 않고 말려두었다. 이윽고 쑥마저도 캘 수 없게 되는 날이 곧 닥치기 때문이었다.
그러면 이번에는 무엇이나 먹을 수 있는 풀이라고 생긴 것은 다 캐러 나섰다. 그러다가 잘못 보고 독한 풀을 캐기도 하여 그것을 먹은 사람은 풀독이 올라 띵띵 붓기도 하였다. (5권 122쪽)

쑥 못지않게 요긴한 구황식량으로 소나무 껍질인 송기가 있었다. 임진왜란 동안 조선에 소나무가 없었더라면 백성의 거개가 굶어 죽었을 것이라는 말도 있을 만큼, 가난한 백성들이 자신의 껍질을 다 벗겨가도록 말없이 내주고 있었던 것이 소나무였다. 소나무 껍질을 벗겨 입 안에 넣을 수 있는 음식으로 만드는 작업은 극한의 굶주림 상태가 어떤 것인지 가늠하게 한다.

소나무 어린 가지의 겉껍데기를 벗겨내고 허옇게 드러난 속껍질을 찬찬히 벗겨 내 자루에 담아 오면 거칠고 질긴 데다 송진이 묻은 이것을 그냥 먹을 수는 없었으니 잿물에 삶아서 방망이로 탕탕 두드려 빨아 물에다 오래 담그어 우려낸 다음 혹 있다면 쌀하고 섞어서 밥도 지어 먹고 아니면 밀가루와 섞어 비벼 솥에 넣고 찌거나 그런 호사를 바랄 수 없는 형편에는 그냥 멀뚱하게 죽을 쑤어 먹기도 하는 송기. 이것은 절량의 농가에 소중한 양식이 되어주었다.
그래서 소나무가 서 있는 산이면 산마다 칼을 들고 나무 껍질 벗기는 사람들이 무슨 일 난 것처럼 박히어 들어차 있었고 나무들은 하루가 다르게 벌거벗기어 먼 데서 보면 온 산이 희었다. (5권 123쪽)

그러나 그것만 해도 호사인 셈이었다. 기름을 짜내고 남은 찌끼인 콩깻묵은 평상시라면 동물의 사료나 비료로 사용된다. 이것이 인간의 음식으로 변하는 것이 춘궁기였다.

메밀가루 갈아서 죽 쑤어 먹기도 어렵게 농사를 지으면 공출로 다 쓸어가다시피 하는 세월이 되면서 사람들은 가져다 바친 곡식 대신에 콩기름을 짜고 난 찌꺼기 콩깻묵을 배급으로 받았다. 둥글

둥글 넓적한 두리판 상같이 깻묵은 거름이나 하지 사람이 먹을 것이라고는 생각지도 못했던 것인데 그나마 넉넉히 주는 것도 아니고 식구대로 수를 세어 조각조각 쪼개서 주는 것을 받아와야만 했다.

이것에 쑥을 섞어 조나 콩을 넣고 밥을 해서 주걱으로 꿍꿍 뭉개어 한 덩어리씩 먹고 앉아 있을 때 이래도 저승보다 이승이 나은가 하는 생각이 목구멍을 치받고 터져나오지 않을 수 없었다. (5권 123쪽)

먹을거리를 찾아 헤매던 시절에 관한 이 기록은, 인간의 역사는 곧 음식의 역사임을 극명하게 보여준다.

전주의 향토음식, 콩나물과 청포묵

《혼불》은 소설의 배경이 되는 전주의 향토음식도 놓치지 않는다. 비빔밥으로 유명한 전주는 비옥한 토지와 맑은 물로 인해 다양한 식재료의 산지로 알려져 있다. 이 중 빼놓을 수 없는 것이 콩나물인데, 《혼불》에서는 전주 콩나물의 특별한 맛의 이유를 전주의 자연조건에서 찾고 있다. 전주의 물맛은 여느 지방과는 다른 맛을 지니고 있다는 것이다.

물이 이처럼 영특하여 이곳 물로 기른 콩나물 역시 사정골 노내기 샘 콩나물과 더불어 부성 인근은 더 말할 것도 없고 나라의 미식이란 이름을 얻을 만하였으니, 구성 없이 막대기처럼 자라 뻗치지 않고 잔뿌리 터럭 하나 잘지 않으면서 작달막하고 통통하며 고소한 전주 콩나물이다.

여기다가 매콤하고 빨갛게 갖은양념 고춧가루 간장에 파 마늘 참기름을 넣고 무쳐서 끓이든지 그냥 소금에다 파만 살짝 송송 썰어 넣어서 말갛게 끓이든지 간에 한 숟가락 후루룩 목을 넘어가면 막혔던 오장이 다 시원하게 풀리며 어리 속이 명쾌해지는 이 콩나물국은 외지인한테는 별미였지만 전주 사람들에게는 필수 음식이었다. 콩나물은 전주만의 독특한 바람과 토질 탓으로 자칫 생기기 쉬운 풍토병을 달래어 순화시켜주는 음식이기 때문에 전주 사는 사람들은 이를 상식하였던 것이다. (8권 117쪽)

이 때문에 전주의 각종 요리에는 콩나물이 어김없이 들어간다. 콩나물은 조선시대에는 청심환의 원료로 중국에까지 수출하는 매우 귀중한 약재로 여겨졌다. 이 콩나물을 재료로 만든 전주콩나물국밥은 전국적으로 유명하고 선호도 높은 으뜸 해장국이다. 콩나물이 해장국으로 좋은 이유는 아미노산의 일종인 아스파라긴산이 함유되어 있기 때문이다. 아스파라긴산은 알코올 탈수소효소 활성을 증가시켜 혈중 알코올 농도를 낮추는 역할을 한다. 또한 아스파라긴산은 신진대사를 활발하게 하는 작용도 하기 때문에 간의 피로를 풀어주고, 간 기능을 정상화하는 효과도 가지고 있다. 《혼불》은 이를 두고 "어찌 한낱 물의 작용이며 콩나물의 성분만이겠는가. 이미 왕재를 품음직한 모태 지당으로 만복이 우러나는 복지 아니고서는 이만한 물과 음식을 낼 수 없으리라." 하면서 이 모든 것을 전주라는 지방에 내려진 천혜의 축복으로 돌리고 있다.

여하튼 전주의 물은 특별해서, 전주 물로 빚은 청포묵에도 신비한 조화가 일어난다. 그중에서도 오목대 아래 자만동의 물은 특별해서 그 물로 녹두묵을 만들면 먹기조차 아까우리만치 아름다운 노란빛을 띠게 된다고 한다. 청포묵은 녹두를 재료로 만드는데, 일반적으로 반투명의 흰빛을 지니고 있지만 치자를 사용해 노란색으로 물들이기도 한다. 하지만 전주 지방의 청포묵은 인공적으로 색채를 가미하지 않아도 노란색을 띠는데 그 이유가 전주의 물 때문이라는 것이다.

물맛조차 예사롭지가 않아서 녹두묵도 이 오목대 이목대 아래 자만동의 묵샘골 물로 빚으면 그 빛깔이 하도 곱게 물들어 차마 먹기 아까울 만큼 선명한 노랑색으로 맑고 깊어지는데 어찌 이런 조화가 일어나는지 알 길이 없었다. 음식이라고 하기에는 애련하다 할까. 난들 난실 묵채를 썰어서 가지런히 놓고 파 마늘 참기름에 고춧가루 깨소금 갖은양념 다하여 섞은 간장을 얌전하게 얹거나 다른 음식 웃저지로 살짝 몇 닢 고명 올릴 때 자칫 스러질까 먹기도 전에 바라만 보아도 입안에서 녹아버리는 전주 교동 녹두묵 청포.

이는 천하의 진미라 해서 강호에 이미 알려진 바, 음식 사치 유명한 전주부성의 전주 팔미 혹은 전주 십미 맛깔진 음식들 중에서도 뽄이 나게 이름 높은 묵샘골 녹두묵은 이 동네 샘물이 아니면 도저히 이 빛깔과 찰기와 연한 맛을 낼 수 없다 하였다. (8권 112쪽)

《토지》*로 보는 나물문화 [9]

소설 《토지》는 한국의 대표적 소설가인 박경리(1926~2008)가 1969년부터 제1부를 시작해 26년 만인 1994년 완결편까지 모두 5부 16권으로 완성한 대하소설이다. 《토지》에서 다루고 있는 공간은 경남 하동 평사리에서 시작하여 만주와 연해주, 일본 도쿄까지 걸쳐 있으며 동시대에 펼쳐진 각 지역의 역사와 의미가 새로운 역사적 맥락을 형성하고 있다. 특히, 주무대인 하동의 평사리는 지리산을 배경으로 강과 넓은 평야를 끼고 있는 마을이다. 작품에서는 이 넓은 평야가 모두 최참판댁의 땅으로 설정되어 있다. 최서희에게는 조상대대로 내려온 가문의 터전이자 자신의 고향이며, 반드시 지켜야 할 공간이다. 조준구에게 모든 것을 빼앗긴 뒤 땅을 되찾는 것은 서희에게 삶의 목적이었으며 그 목표가 이루어지자 귀향한다.

《토지》는 시대와 사회, 문화 속에서 인간의 삶이 가진 갈등 구조를 가장 잘 표현한 문학 작품이다. 따라서 소설 속에는 그 배경이 되는 사회의 문화, 풍습 등이 폭넓게 반영되어 있는 자료가 많이 등장한다. 《토지》는 갑오경장 후부터 일제강점기를 거치는 역사와 사회를 보여준다. 따라서 현대와 다른 토속적 풍속이 많이 묘사되며, 시대의 흐름에 따른 변화도 드러나고 있다. 특히 한국의 전통 풍속 중 식생활과 음식에 관한 내용이 자세히 묘사

---

* 인용한 《토지》의 텍스트는 23쇄본으로, 나남출판사에서 출판한 판본이다.

되고 있어 한국 전통음식의 변화를 볼 수 있는 사료로서도 가치가 높다.

《토지》는 1897년부터 1945년까지의 방대한 시기를 5부로 나누어 서술했는데, 음식의 명칭만 살펴보아도 시대사의 흐름을 읽어낼 수 있다. 《토지》 속 식생활 관련 언어에는 한국음식 종류의 일부뿐 아니라 한국인의 식성까지도 나타난다(〈표 1.5〉 참조). '김치, 된장찌개, 된장국' 등에서는 한국인 일상의 식생활 모습을, '송편'은 추석의 음식임을 알 수 있다. 또한 한국인이 그때에도 매운맛을 즐기는 식성을 가지고 있었음을 알 수 있다. 한편 '보릿가루'는 당시 일반 백성이나 독립투사들의 궁핍한 생활 모습이 잘 드러나 있다.

이러한 전통음식들만의 식탁에 서양 음식물이 들어오기 시작한다. 소설 전반부에서는 서양음식이 등장하지 않다가 3부에 오면 음식 종류에 변화가 보이기 시작한다. 소설 3부의 배경은 일제에 의하여 추진된 자본주의화와 경제적 억압이 도시를 중심으로 펼쳐지고 있던 시기다. 따라서 당시의 도시 중심적인 식생활 모습이 반영되어 있다. '센베이'는 일본을 통해 들어온 과자로 이 언어는 과자와 함께 광복 후까지 존재한다. 한편 개방 후, 서양식 과자나 음식도 들어오게 되는데, 이는 여러 소설 텍스트에서 알 수 있다. '에이지 캐러멜, 모리나가 밀크, 커피' 등의 음식이 서양 언어와 함께 들어왔고 서양식 '양과자점'도 생겨난다. 근대사를 음식으로 읽어내는 재미가 크다. 다음은 각 부에 등장하는 주목한 만한 음식이다.

1부 : 송편, 가마솥, 된장뚝배기, 김치 한 보시기, 보리밥, 주막, 햇보리밥, 풋고추를 넣어 얼얼한 된장찌개, 열무김치, 따끈한 숭늉, 유과

2부 : 밀개떡, 나무 밑에 깔아놓은 멍석에서 호박잎 찐 것, 열무김치, 된장국, 조밥

3부 : 보릿가루, 빵, 금종이 은종이에 싼 유리통 속의 꿈과 같은 고급과자, 무슨 옥屋이니 헌軒이니 하는 명銘이 찍힌 생과자, '에이지 캐러멜', '모리나가 밀크', 향료도 없는 흑설탕의 눈깔사탕, '센베이', 커피

4부 : 대구 아가미젓엔 반듯반듯한 무 조각, 굴젓, 조갯살을 넣어 갈쭉하게 끓인 된장국

5부 : 수프, 샐러드, 빵, 고기를 썰다, 양과자점

특히 《토지》에서 내가 주목한 부분은 1부(1897~1908년)에서 다루는 구한말의 경남 하동 지역 음식이었다. 당시 나물에 관한 생생한 기록을 볼 수 있기 때문이다. 우선 〈표 1.5〉에 1부에 등장하는 음식을 분류하여 보았다.

좀 더 구체적으로 1800년대 말 이 지역에서 먹었던 채소와 나물을 살펴보자. 실제로 무, 배추, 배추 시래기(우거지), 배추 뿌리, 시금치, 고비나물, 죽순, 비름, 호박 오가리, 오이, 가지, 고사리, 고구마, 칡뿌리, 칡가루, 미나리 등이 나온다. 하동 지역은 내륙 평야지대로 봄에는 각종 산나물과 쑥, 냉이, 달래 등의 야생 나물, 여름에는 오이, 호박, 가지 등의 열매채소를 반찬으로 많이

[표 1.5] 《토지》 1부에 나오는 음식

분류		음식
주식	밥류	쌀밥, 보리밥, 찰밥(콩가루 묻힌), 깡보리밥, 콩밥, 나물밥
	병탕	떡국
	면류	콩국수
	죽류	보리죽, 시래기죽, 팥죽, 호박풀떼기
	탕반	국밥
부식	탕류	우거짓국
	찌개	된장뚝배기, 된장찌개
	구이	어포구이
	김치	김치, 짠김치
	장류	고추장
기호식	떡류	떡, 팥시루떡, 시루떡, 인절미
	주류	막걸리, 탁배기, 매화주
	한과류	콩엿, 엿
	과실류	밤, 잣, 대추, 곶감, 감, 참외
	음청류	숭늉
식재료	채소류	무, 배추, 배추 시래기, 배추 뿌리, 시금치, 고비나물, 죽순, 비름, 호박 오가리, 오이, 가지, 고사리, 고구마, 칡뿌리, 칡가루, 미나리
	곡류	보리, 보릿가루, 메밀가루, 옥수수, 조, 수수, 팥, 찹쌀, 차조, 녹두, 깨
	해조류	미역
	어류	북어, 건어
	기타	메주, 생청

이용했다. 가을이 되면 배추, 무청, 고춧잎, 산나물 등을 겨울을 준비하기 위해 저장했다. 경북 내륙 지방의 음식을 다룬 고조리 서인 《음식디미방》(1670년경)에는 동아, 무, 석이버섯, 표고버섯, 참버섯, 송이버섯, 생강, 가지, 파, 후추, 천초, 오이, 연근, 쑥, 순채, 산갓, 댓무, 녹두나물(숙주), 도라지, 냉이, 미나리, 두릅, 고사리, 시금치 등이 나와서 비교해볼 만하다.

> "그러세, 고비너물(나물) 생각이 나네."
> "혹시 모르겠소. 당산에 가믄 아직 덜 센 기이 좀 있을란가."
> "보시락보시락 살아난께 별눔으 기이 다 묵고 접네."
> "동지섣달에 죽순도 구해온다 카는데, 가서 좀 캐보끼요." (1부 1권 222쪽)

> 봉순이 버티고 서 있는 것이 신경에 걸렸던 모양이다. "머하로 왔노." 물었다. "고사리 캘라꼬." "그라믄 어서 올라가봐라. 삼신당 뒤에 가믄 고사리가 많을 기다." (1부 4권 221쪽)

춥고 기나긴 겨울이 지나면 산과 들은 파릇파릇 새싹이 돋는다. 산나물은 우리나라 방방곡곡의 산에서 나는 나물거리로 헤아릴 수 없을 정도로 많다. 수많은 나무와 풀 중에서 우리 조상들은 독이 없는 식물만 가려서 먹는 지혜가 있었다. 산채 가운데 가장 친근한 나물이 고사리다. 오랫동안 즐겨 먹었던 고사리의 날것에는 브라켄톡신이라는 유독한 성분이 있다. 그렇기 때문에 고사리와 고비는 끓는 물에 삶아 말려 다시 우려내는 과정을 거쳐 볶아서 먹는다. 고비는 고사리와 비슷하지만 한 뿌리에 여러 개의 줄기가 나오고 땅속에서 나올 때 솜털이 덮여 있는 차이점이 있다.

또한 죽순도 많이 먹었다. 봄비가 내리고 난 다음 대밭에 나가면 순이 여기 저기 솟아나온 것을 볼 수 있다. 죽순은 땅속에 있는 대나무 줄기에서 솟아난 순인데, 우리나라에서는 기온이 높은 영호남 지방에서만 노지에서 자란다. 생육 조건은 유기물이 많은 비옥한 토질에서 자라며 건조하지 않은 곳에서 자라기 때문에 낙동강을 낀 지리산 자락 경남 하동의 죽순은 맛이 좋기로 유명하다.

비 갠 뒤의 햇빛은 유난히 맑다. 미나리밭이 눈에 띄게 푸르고 흐르는 도랑물을 햇빛이 희롱한다. (1부 3권 14쪽)

미나리는 논이나 도랑가에서도 잘 자라는 채소다. 일제강점기에 나온 조리서인 《조선무쌍신식요리제법》에서도 "미나리는 눈밝은 사람이 깨끗이 다듬고, 씻을 때 놋그릇을 넣어 거머리가 떨어지게 하여 알알이 골라 씻으라."고 되어 있다. 또한 언양 미나리가 궁중의 진상품으로 유명했는데, 이곳의 미나리밭은 땅이 모래가 많은 사양토이고 가지산에서 맑은 물이 흘러내려 미나리를 잘 자라게 하기 때문이다. 얼음이 녹은 후 연한 싹이 봄볕을 받고 쑥쑥 올라와서 3~4월이면 봄 미나리가 제맛이 난다.

조급한 농가에서는 아낙들 아이들이 들판을 쏘다니며 벌써 쇠어 버린 비름을 뜯고, 나물밥, 시래기죽을 쑤었다. 칡뿌리를 캐어다 칡 가루를 만들어 저장하기도 했다. (1부 2권 9쪽)

비름나물죽은 쌀이 귀했던 시절 끼니를 때우기 위해 먹던 대 용식이었다. 밭이나 길가에 흔하게 자라는 쇠비름을 채취해 양 념에 버무려 먹었다. 쇠비름은 봄과 여름 들판에서 많이 나며 쇠 비름을 뽑아서 흙을 씻고 뜨거운 물에 살짝 데쳐 먹는다. 아삭 하고 시원한 맛이 좋아 옛날부터 많이 먹었고, 지금은 경상북도 칠곡군의 향토음식으로 지정되어 있다. 경남에서는 밭에서 쇠비 름을 채취해 삶은 후 된장에 묻혀 먹는데 역시 《토지》에도 중요 한 나물로 등장해 죽을 쑤어 먹는 데 이용된다.

"서울 아씨요, 양반댁에서 종첩 얻기 예사 아닙니까?" 푸성귀밭에 곧잘 나타나서 오이랑 가지를 따는 김서방댁은 어려움 없이 마루에 나앉아 홍씨에게 말을 걸었던 것이다. (1부 3권 203쪽)

소설 속 경남 하동 평사리 마을의 여름 풍경에는 집 근처 푸 성귀밭에 오이와 가지가 달려 있다. 오이는 뚝 따서 된장이나 고 추장에 찍어 먹으면 좋은 반찬이 된다. 가지는 밥솥에 얹어 부드 럽게 쪄서 쭉쭉 찢어 간장, 마늘, 참기름을 넣어 무치면 훌륭한 여름 반찬이 된다. 가지가 흔할 때 갈라서 햇볕에 말려두었다가 겨울철에 나물거리로 쓰는데, 대보름에 먹는 아홉 가지 나물 중 하나다. 말린 가지를 불려서 기름을 넉넉히 두르고 볶아서 나물을 만든다. 약간 질기면서 쌉쌀한 것이 날가지와는 맛이 전혀 다르다.

흙벽에 걸어둔 배추 시래기가 바람에 와삭거리며 거복이 얼굴에 와서 부딪치곤 한다. (1부 2권 277쪽)

배추로는 주로 김치를 담가 먹지만 나물이나 다른 찬물을 만드는 데도 많이 쓴다. 억센 겉장은 떼어 새끼에 엮어서 말려두었다가 삶아서 우거지된장국을 끓인다. 본문과 같이 겨울이면 농가의 처마 밑이나 헛간에는 새끼에 엮여 바싹 마른 배추 시래기나 무청 시래기가 바람에 와삭거리며 흔들리는 모습은 언제 봐도 정겹고 익숙한 풍경이다.

김서방댁 채마밭에는 서리 맞은 시금치가 불긋불긋하게 얼어서 남아 있었다. (1부 2권 290쪽)

시금치는 1800년대 말에 나온 조리서인 《시의전서》에도 기록되어 있듯이 오래전부터 먹어온 전통 식재료다. 집 근처 채마밭에는 손쉽게 나물이나 국거리로 쓸 수 있는 시금치가 자라고 있었다. 특히 서리 맞은 겨울 시금치가 맛이 좋은데, 맛 좋은 시금치 하면 포항초를 떠올린다. 경북의 포항초는 일반 개량종 시금치에 비해 키가 작지만 향과 맛이 뛰어나다. 포항의 바닷가 노

지에서 햇빛과 바닷바람이 적당한 염분을 제공해 맛을 더 좋
게 해주고, 자연스럽게 뿌리 부분에 흙이 쌓이도록 모래땅을 복
토해주므로 뿌리가 길고 강하면서 빛깔도 보기 좋은 붉은 색을
띤다. 바닷바람의 영향으로 길게 자라지 못하고 뿌리를 중심으
로 옆으로 퍼지며 자라기 때문에 뿌리부터 줄기와 잎까지 영양
분이 고르게 퍼져서 당도가 높을 뿐 아니라 저장 기간도 길다.

소설 《미망》*이 보여주는 개성 채소문화[10]

《미망》은 박완서(1931~2011)의 장편소설로, 개성 거상 일가의
삶을 그리고 있다. 19세기 중반부터 20세기 중반까지 우리 민족
사의 격동기를 모두 포함하고 있어 역사소설의 모습도 갖추고
있다. 작품의 배경인 개성은 작가의 고향이라, 작가가 고향에 갖
고 있는 강한 애정과 향수를 느낄 수 있다. 작가는 자신의 체험
과 경험을 작품에 강하게 드러내고 있다.

《미망》의 시간적 배경인 1888년부터 1953년까지는 우리나라
근대화의 시작점이다. 서양음식이 일부 소개되었고 과자, 통조림
과 같은 가공식품이 만들어지기 시작하며 상업화와 함께 도시
공업화에 따라 음식업 및 유통업이 급증한 시기다. 철도 개통이
나 전기 도입 등 개성 지방의 상업과 공업에 많은 영향을 미친
사회 변화도 살펴볼 수 있다.

---

* 인용한 텍스트는 《박완서 소설전집 12 – 미망》(세계사, 1996)의 것이다.

개성은 고려시대의 수도로서, 지방으로부터 조세곡과 공납품이 상납되어 막대한 물자가 집적된 곳이었다. 조선시대에도 수도 한양과 인접한 데다 서북 지방 물산의 집산지인 평양과 통하는 요충지였다. 또한, 평양과 의주로 연결되는 대청무역의 교통로에 위치하고 있어서 대청무역의 근거지이자 국내 상업의 중심지이면서 동시에 수공업 생산이 발달한 곳이었다. 개성은 지형적으로도 기름진 풍덕평야와 서해안을 인접하고 있어 풍부하고 품질 좋은 식재료가 산출되었다. 이런 지형 조건 덕택에, 예로부터 화려한 음식문화를 꽃 피운 곳이었다.

작품 속에는 개성의 풍속이 생생하게 재현되고 있다. 개성 지방의 명절 풍속이나 결혼식 풍속 등은 작품 속 인물의 정신세계의 밑바탕이 된다. 주인공 전처만은 자신의 생일보다 1년에 한 번 돌아오는 명절을 특별히 여긴다. 조선 팔도에 골고루 흩어져 그의 돈을 불리고 돈 될 물산을 조달하는 차인들을 식솔로 생각한 마음에서 비롯된다. 그들이 고향으로 돌아와 자리를 함께 할 수 있는 설을 가장 큰 명절로 생각하고, 그들을 위해 잔치음식을 풍성하게 차린다. 설날 개성음식을 아름답게 표현한 문장을 만나보자.

전처만 영감이 먼저 반병두리 뚜껑을 열며 말했다. 은빛이 나게 잘 닦은 놋반병두리 안에선 김이 모락모락 피어오르고 조랭떡국 위에 예쁜 편수와 그 위에 얹은 맛깔스러운 고명이 드러났다. 보시기 속의 보쌈김치는 마치 커다란 장미꽃송이가 겹겹이 입을 다물고 있는 것처럼 보였고 갖가지 떡 위에 웃기로 얹은 주악은 딸아이가 수놓은 작은 염낭처럼 색스럽고 앙증맞았다. 설 때마다 느끼는 거지만 전처만네 설상은 귀한 댁 아가씨가 가꾸는 작은 꽃밭처럼 아기자기하고 색스러웠다. 먹기가 아까웠다.

개성음식의 화려함을 잘 드러내는 대목이다. 아름다운 개성음식은 《미망》 속에 잘 드러난다.

이처럼 화려한 개성음식에는 어떤 것이 있을까? 소설에 나오는 음식을 뽑아서 〈표 1.6〉과 같이 분류해보았다. 《미망》에 등장하는 음식의 종류가 얼마나 많은지, 식재료가 얼마나 다양한지 알 수 있다. 《미망》은 매력적인 소설이면서 구한말에서 해방 이후 근대기의 음식문화를 잘 드러내는 흥미로운 자료다.

산이 주는 다양한 선물

"산엔 사시장철 먹을 게 지천으로 있단다. 뻘기, 진달래, 송기, 칡뿌리, 송순, 송홧가루, 찔레순, 싱아, 무릇, 멍석딸기, 산딸기, 까마중, 머루, 다래, 가얌, 밤, 도토리… 할아버지 어렸을 땐 산에서 허기를 달랜 적이 많았느니라." (상권 53쪽)

위 인용문은 전처만이 손녀 태임과 함께 용수산 고개를 넘으며 용수산에서 많이 나는 어린 시절 군것질거리에 관해 이야기하는 장면이다. 사시사철 먹을 게 지천인 천혜의 자연환경에서 새순, 꽃, 열매 등은 할아버지와 손녀가 공유하는 추억의 연결고

[표 1.6] 《미망》에 나오는 음식

주 식 류	밥(飯)	된밥, 조밥, 수수밥, 깡조밥
	만두(饅頭)	편수
	병탕(餠湯)	조랭떡국(편수+고명), 떡국
	면류(麵類)	국수
	죽(粥類)	암죽, 녹두죽, 깨죽, 밤죽, 흰죽
	일품류(一品類)	첫국밥, 장국밥, 국밥(쇠기름살)
부 식 류	탕류(湯類)	미역국, 곰국, 괴기국, 장국, 맑은장국(양지머리), 열구자탕
	찌개류(措置)	시래기찌개, 호박김치지짐(제육), 암치찌개
	찜류(蒸類)	호박잎찜, 제육찜
	편육(片肉)	제육편육
	간납(肝納)	부침개(밀가루+암치 껍질), 녹두부침개, 밀가루부침개(돼지가죽+파)
	채(菜)	탄평채, 나물, 상추쌈
	적(炙)	제육구이, 굴비
	김치(菹)	나박지, 보쌈김치, 풋고추장아찌, 호박김치, 열무김치, 겉절이, 동치미, 석박지, 오이소박이, 깍두기
	장류(醬類)	된장, 간장
	젓갈(醢)	그이장(게장), 곤쟁이젓, (곰삭은)젓갈
	자반(佐飯)	콩자반, 북어무침
기 호 식 품 류	병류(餠類)	송편, 약식, 떡, 주악, 치자떡, 편떡, 경단, 조랭이떡, 가래떡, 찰경단, 인절미, 장덩이(장떡)
	주류(酒類)	막걸리, 소주, 인삼주, 탁배기
	한과류(韓菓類)	엿, 다식, 약과, 강정, 유과, 조청, 인삼정과
	과일(果實類)	호두, 잣, 진귀한 과실, 제주감귤, 추리(자두), 복숭아, 개구리참외
	음료(飮淸類)	꿀물, 식혜, 화채, 복숭아 화채
	간식	인삼, 싱아, 칡뿌리, 삘기(띠의 애순), 진달래, 송기, 송순, 송홧가루, 찔레순, 무릇, 멍석딸기, 산딸기, 까마중, 머루, 다래, 가얌(개암), 밤, 도토리
기 타	산후음식 (産後飮食)	전복, 홍합, 쇠꼬리, 돼지족발, 잉어, 숭어, 청둥호박, 석청, 인삼, 도라지, 영계, 달걀, 씨암탉, 수수, 옥수수, 호박고지, 입쌀, 잡곡, 꿩, 해산쌀, 미역, 팥, 잣, 깨, 흑임자, 꿀, 어린 돼지
	인삼류(人蔘類)	인삼, 포삼, 백삼, 퇴각삼, 후삼, 미삼, 홍삼, 독삼탕(기생삼+대추), 인삼즙, 인삼정, 인삼차, 홍삼엑기스차, 인삼정과

리이자 과거와 현재를 이어주는 사랑의 매개체로 작용한다. 지금 시대에서는 생각하기도 어려운 간식거리이며 들어본 적도 없는 먹을거리다.

'삘기'는 띠의 새로 나온 순을 말하는데, 띠는 벼과의 식물이다. 지역에 따라 '삐비'라고도 부른다. 삘기는 추억의 먹을거리다. 삘기를 뽑아서 씹으면 껌처럼 질겅질겅하게 씹히며 달짝지근한 물이 나와 어린아이들에게 사랑받았다. '싱아'는 줄기와 잎에서 신맛이 나는 채소다. 어린 잎은 데쳐서 다른 산나물과 무쳐 먹는데, 생으로 쌈 싸 먹기도 하고 샐러드도 만들어 먹는다. 연한 줄기를 쩔레처럼 꺾어 먹기도 하는데, 박완서는 어린 시절이 싱아를 즐겨 먹던 추억을 살려《그 많던 싱아는 누가 다 먹었을까》라는 자전적 소설을 남기기도 했다. 그리고 소나무 껍질인 송기, 소나무 순인 송순, 꽃가루인 송홧가루까지 다 먹을거리다. 백합과 식물인 무릇을 비롯해 산딸기, 까마중, 머루, 다래 같은 열매도 지천이었다. 지금도 산에 가면 얻을 수 있는 밤과 도토리도 빼놓을 수 없는 간식거리였다.

지금은 이런 식물 대다수가 건강식품으로 여겨지는 것들이라 해도 과언이 아닌데, 산업화에 따른 먹거리의 변화를 확실하게 보여주는 대목이기도 하다.

인삼음식의 발달

우리 민족의 대표적 보약인 인삼은 개성을 대표하는 식재료다. 한국을 비롯해 동양의 건강철학은 약보다는 식품을 섭취해야 몸을 잘 보하며 건강을 지킬 수 있다는 식치食治 사상이다. 상약上藥인 인삼을 식재료로 사용하여 일상음식으로 만들어 먹은 것이다. 물론 예로부터 인삼은 너무 귀한 약재였기 때문에 아무나 먹을 수 없었고 말린 것을 가루 내 이용하거나 달여서 탕약으로 먹었지만, 개성에서는 인삼도 음식이었다.

인삼은 원래 자연산으로 평안도 강계나 강원도 지역에서 채취하던 산삼을 인공으로 재배한 것이다. 인공 재배는 17세기 말에서 18세기 초에 시작되었다고 알려져 있다. 숙종 연간에 전라도 한 여인이 산삼 씨를 받아 재배에 최초로 성공했고 이 방법을 개성 상인이 수용해 18세기 중엽 이후 개성에서 본격적인 인삼 재배가 확산되었다고 추정된다.

개성 지역에서 인삼 재배가 본격화되면서 무역을 주도했던 개성 상인들의 실리도 훨씬 커지게 되었다. 특히, 개성 상인은 직접 삼포를 경영하여 인삼을 재배하고, 홍삼을 제조하게 됨으로써 자본 규모를 키웠으며, 정부의 허가하에 이루어지는 공식적 인삼무역 외에 밀무역에도 적극적이었다. (상권 39쪽)

고려의 왕궁터인 만월대로 해서 부산동, 자하동, 채화동, 백수동, 천동에 이르는 유람도로는 소문대로 절경이었고 그 중간에 들린 개성 갑부의 산장이라는 최신식의 이층 석조건물에서 먹은 점심은 입에는 진미였고 눈에는 사치였다. 특별한 손님한테만 내놓는다는 홍삼엑기스차와 인삼정과는 식후의 나른한 식곤증을 산뜻하게 풀어

줬을 뿐 아니라 과연 개성 땅에 왔다는 감동마저 자아낼 만한 별미였다. (하권 325쪽)

정과正果는 식물의 뿌리, 줄기, 열매 등을 통째로 또는 썰어서, 날것 혹은 삶아서 꿀이나 설탕에 조린 것을 말한다. 인삼정과는 고조리서에 빈번히 등장하는 음식으로, 1800년대 말에 씌어진 작자 미상의 조리서 《시의전서》에는 "좋은 인삼을 삶아 우려낸 뒤 저미서 한번 삶아 버리고 다시 물을 부어 삶는다. 이때 꿀을 조금 타서 삶다가 꿀을 또 넣어 조려서 물이 없고 엉기어 끈끈해지면 쓴다."라고 만드는 방법이 나온다. 특히, 1925년 최영년이 쓴 《해동죽지海東竹枝》에는 삼전과蔘煎果가 개성의 명물음식으로 기록되어 있다. 그리고 《영조실록》에는 인삼정과 올리는 것을 감한다는 기록이 몇 차례 등장하는데, 이것으로 보아 당시 인삼정과 제조가 성행했음을 알 수 있다.

홍삼 백삼 수익만 해도 엄청날 텐데 태임이는 삼포에서 나는 거라면 삼 이파리까지도 팔아먹을 궁리를 해냈다. 그런 방면의 책도 구해 읽는 듯했지만 제약업자나 신식 약학이나 가공식품을 공부한 사람들과 제휴해서 수납에서 제외된 퇴각삼이나 미리 가려놓은 후삼, 미삼 등도 즙이나 정, 차로 만들었고, 또 분말을 만들어 무슨 산이니 정이니 하는 이름이 붙은 보약의 원료를 삼기도 했다. 하다못해 삼 이파리나, 삼꽃이 개화할 때 충실한 씨를 받으려고 일부러 따버리는 꽃심 부분까지도 목욕물에 넣으면 살결이 예뻐질 뿐만 아니

라 여름에 물 것을 안 탄다고 선전해서 돈 받고 팔 수 있게 상품화
시켰다. (하권 212~213쪽)

위 인용문에서도 읽을 수 있듯이, 태임은 할아버지 전처만이
판매하던 홍삼, 백삼만을 판매하는 것이 아니라 즙, 정, 차, 분
말 등 각종 가공식품을 만들어 팔았다. 대단한 사업수완을 발휘
한 것이다. 인삼 생산과 판매에 대한 열정은 단순히 수삼을 건조
하거나 쪄서 판매하던 백삼과 홍삼 형태의 인삼 제품에서 다양
한 가공품의 상품화로 이어졌다. 개성 상인들은 직접 삼포를 경
영하여 인삼을 재배하고, 홍삼을 제조하며, 다양한 인삼 제품을
개발하는 등 근대화 과정의 자본주의 이행에 누구보다 앞장선
것이다. 이런 열정과 사업수단은 개성 인삼을 세계 최고의 상품
으로 발전시키는 밑거름이 되었다.

김치와 같은 발효저장 음식 발달
19세기 개성의 일상음식에서 가장 주목해야 하는 것은 다양
한 발효저장음식이다. 《미망》에는 나박지, 보쌈김치, 호박김치,
열무김치, 동치미, 석박지, 오이소박이, 깍두기, 풋고추장아찌, 된
장, 간장, 그이장(게장), 곤쟁이젓, 젓갈, 장덩이 등 다양한 발효음
식이 등장한다.

김치도 설 김치로 새로 나오고 젓갈도 골고루 내오게나. 찬간에
제육 눌러놓은 것도 있으니 모양내서 썰게. 맑은 장국은 늘 준비돼

있는 거니까 지단이나 띄우구… 누님, 호박김치두요. 태남이가 싱긋 웃으며 참견을 했다. 오냐 오냐, 객지에서 겨우 그게 먹고 싶었드랬 는? 호박김치는 뭉근헌 불에 오래 끓여야 제맛이 나는데 어드럭허 냐. 먹다 남은 거라도 뎁히랄까? (상권 139쪽)

객지에 있다 오랜만에 누님댁을 찾은 동생 태남을 위해 태임 은 급하게 밥상을 준비한다. 태남은 가장 먹고 싶었던 호박김치 를 누님에게 청한다. 호박김치는 약한 불에서 뭉근하게 끓여 먹 는 호박김치찌개다. 늦가을에 수확한 늙은 호박은 당도가 높고 카로틴 함량이 높다. 호박김치는 늙은 호박, 우거지, 무청을 절 였다가 고춧가루와 젓갈을 버무려 담그는 황해도 지방의 허드레 김치로, 양념이 강하지 않아 찬거리가 마땅찮은 겨울철에 찌개 용으로 이용되던 김치다. 김치가 익어 맛이 들면 돼지고기나 멸 치를 넣고 뚝배기에 끓여 찌개로 먹었다.

밥솥 아궁이 불을 물려 긁어 담은 질화로는 가운데 투박한 불돌 이 자리 잡고 둘레엔 뚝배기가 서너 개 들어앉고도 석쇠를 얹을 수 있을 만큼 컸다. 시래기찌개와 호박김치와 곤쟁이젓이 올망졸망한 뚝배기 속에서 제각기의 독특한 냄새를 풍기기 시작하자 그만이는 석쇠에다 장떵이를 얹었다. 구수한 장떵이 익는 냄새와 호박김치의 시척지근한 냄새가 어울려 식욕을 강렬하게 자극했다. (상권 105쪽)

《미망》 속에는 찌개 끓는 소리와 함께 뚝배기 속 제각기 다른 발효음식들이 독특한 냄새를 풍기며 강렬하게 식욕을 자극하는 표현이 자주 등장한다. 또한 그만이가 아침상을 준비하는 장면에는 개성 지방 특유의 음식인 장덩이가 소개된다. 장덩이는《조선무쌍신식요리제법》(이용기, 1924)에 '쟝쩍醬鰤'으로 표현된 개성의 독특한 음식이다. "죠흔 장에 찹쌀가루와 여러 가지 고명을 너코 물기름에 반죽하야 한 치쯤 모지게 하야 지짐질 쑥게에 지져서 쩌러 먹나니라. 된장에도 이와 가치 하야 쩌어서 구어 먹나니 송도에서 만드나니라."고 소개되어 있다. 석쇠 위에서 구수한 냄새를 풍기며 익어가는 장덩이는 발효음식의 또 다른 응용과 변신이라 하겠다.

입동 무렵에 담가 김치광에 독독이 묻은 김장김치는 보쌈김치로부터 동치미, 석박지, 호박김치까지 대물림의 솜씨와 삼한사온 덕으로 혀를 톡 쏠 만큼 도전적으로 익어가는 중이고, 지난 사월 상달에 고사 지내고 나서 쑨 메주는 행랑방에 매달았으니 곧 고약한 냄새를 풍기며 뜰 테고, 광에서 추수해 들인 입쌀과 잡곡이 뒤주에서 독에서 넘치고 가마니째 길길이 쌓여 있었다. (하권 10쪽)

개성을 대표하는 음식에서 빼놓을 수 없는 것이 바로 보쌈김치다. 보쌈김치는 빨갛게 익은 김치 사이사이로 전복, 낙지, 굴, 밤, 배, 잣, 대추 등의 산해진미가 들어 있어 가장 고급스러운 김치다. 본디 개성에는 개성배추라는 배추 종자가 따로 있어서 속이 연하고 길며 맛이 고소한 배추를 재배했다고 한다. 개성배추는 통이 크고 잎이 넓어 온갖 양념을 배춧잎으로 보자기같이 싸서 익히는 보쌈김치를 담그기 좋다. 쌈을 싸면 여러 재료가 안에서 섞이고 맛과 냄새가 새어나가지 않아 맛이 고스란히 보존되는데, 이를 활용한 것이다. 또한 보쌈김치는 그 모양까지 아름다워 보시기에 담아놓으면 꽃송이처럼 화려해서 꽃밭처럼 어여쁜 상차림을 가능하게 한다. 개성 지방은 고려 왕조 500년의 수도여서 각종 물산이 모였고 인근 황해도 지방의 넓은 평야와 해안에서 싱싱한 농산물과 해산물을 구하기도 쉬웠다. 게다가 무역과 경제의 중심도시로서 경제적인 여유까지 있었기에 이렇게 김치도 화려한 고급 음식으로 발전시킨 것이다.

《미망》에는 보쌈김치뿐만 아니라 동치미, 석박지, 호박김치 등 대물림 솜씨로 이어온 다양한 김치가 나온다. 삼한사온의 겨울 날씨 덕분에 유기산과 탄산 등이 형성되어 새로운 발효미를 형성하는 과정과, 늦가을 쑨 메주가 볏짚 속에서 건강에 좋은 곰팡이를 피우며 뜨는 과학적 과정이 작가에 의해 세세히 표현되어 우리 가슴을 울린다. 음식이 바로 문학이다!

만화 《식객》 속 남새와 푸새

《식객》은 허영만 화백의 작품으로 우리 고유의 음식을 소개하며 그 음식들에 얽힌 다양한 이야기와 추억을 풀어놓은 만화다. 2002년 9월 2일부터 2008년 12월 17일까지 총 116개의 이야기가 1,438회에 걸쳐 《동아일보》에 연재되었고, 쿡 인터넷존에서 연재를 진행하다가 2010년 3월 9일 연재를 종료하였다. 단행본은 지금까지 총 27권으로 출간되었으며, 드라마와 영화로도 만들어졌다.

만화 《식객》은 허 화백의 작품 중에서도 단연 대표작으로 꼽히는데, 수년에 걸쳐 이루어진 현장 취재와 문헌 연구, 집필 과정을 볼 때 이 만화에 들어간 화백의 정성과 노력을 짐작할 수 있다. 《식객》은 개별 음식과 식재료에 관한 풍부한 지식도 전달해주지만 음식과 식재료를 준비하는 이와 먹는 이가 살아가는 모습도 생생하게 조명한다. 따라서 평소에 우리가 대수롭지 않게 넘겼던 일상음식에 관해 다시 생각해보게 한다. 《식객》은 우리의 음식문화 전반에 관한 소개서이자 음식을 통해 살펴본 한국인의 의식구조, 우리의 전통문화까지 생각해보게 하는 좋은 입문서다.

《식객》은 성찬과 진수라는 이름의 두 주인공이 팔도강산을 누비면서 발견한 우리 음식의 개성과 조리 비법을 소개한다. 각 권의 뒷부분에는 만화에 담아내지 못한 취재 기록과 현장 답사 중 작가가 느꼈던 생각과 고민, 사진을 곁들인 취재일기, 그리고 허영만의 요리 메모를 함께 수록해 읽는 재미를 더했다. 이런 심도 깊은 조사와 탐구가 없었더라면 우리 음식에 관한 이해와 음식에 담긴 우리 문화의 본질을 그려내기란 처음부터 불가능했을지 모른다.

또한 《식객》은 각각의 음식에 배어 있는 추억과 그리움, 그리고 그 음식을 장만하는 이들의 마음가짐과 삶의 현장을 비중 있게 다루고 있다. 거침없이 펼쳐지는 입담과 토속어의 향연, 명쾌하고도 호의적인 처세, 음식을 통해 드러나는 끈끈하고 정감 넘치는 인간관계는 마음을 적시는 감동으로 전달된다. 맛을 느끼는 것은 혀끝이 아니라 가슴이라는 저자의 말처럼, 우리 음식 속에는 우리의 지난 시절을 채우고 있는 아련한 추억과 그리움, 그리고 먹을거리를 대하는 한국인의 의식과 태도가 고스란히 스며들어 있기 때문일 것이다.

이 따뜻한 음식만화 《식객》에도 채소 이야기는 어김없이 나온다. '우리는 우리 땅에서 나는 풀들을 얼마나 알고 있을까?'라는 소박한 의문에서 출발한다. 《식객》 7권의 '남새와 푸새' 편은 주인공 성찬이 직접 강원도 인제군 진동리 설피밭마을로 산채를 구하러 간 것으로 시작한다. 이 에피소드는 영어 발음을 위해 혀 수술을 시키려는 부모로부터 가출한 여덟 살짜리 꼬마를 등장시켜 우리 산나물을 소개한다. 가출한 꼬마는 성찬의 트럭을 타고 산나물을 구하러 간 집에서 또래 여자아이를 만난다.

《식객》은 우선, 남새와 푸새의 차이부터 설명한다. 심어서 가꾼 채소가 남새, 산에서 저절로 나는 풀이 푸새다. 푸새는 봄 산의 정기를 받고 자라서 향기가 좋고 영양도 좋다. 남새 같은 도회지 꼬마와 푸새 같은 산골 아이가 숲속에서 길을 잃고 약초꾼들이 지내는 동굴에서 하루를 머문다. 캐온 산나물에 관한 이야기를 하나씩 나누며 무서움을 달래는 두 아이. 아이러니하게도, 아토피로 고생하던 도시 아이에게 산 속의 하룻밤은 괴로움 없이 숙면을 취할 수 있었던 최초의 밤이 된다.

도시인의 사고방식과 산골 사람들의 모습도 대조되어 그려진다. 아이를 데리고 있다고 연락하자 오히려 유괴범으로 몰아가는 부모의 모습에서 대가 없는 호의나 친절을 베푸는 행위 자체를 이해하지 못하는 현대인의 전형을 볼 수 있다. 남새와 푸새의 차이가 현대 도시인의 사고와 산골 사람들의 사고방식에 관한 훌륭한 은유가 되는 것이다. 푸새는 남새보다 향도 좋고 강하다. 육식에 길들여진 도시 아이가 자연에서 하루를 지내고 푸새를 먹자 아토피 증세가 사라진다. 그런데도 도시 아이의 엄마는 선물로 받은 산나물이 귀찮기만 하다. "이런 걸 누가 먹어, 버려!" 하지만 결국 채소가 가진 힘을 인정하게 된다.

이 에피소드에 나오는 나물만 살펴보아도 둥굴레, 싱아, 원추리, 산마늘, 병풍취, 참나물, 참취, 떡취, 당귀, 고사리, 곰취 등 다양하다. 그런대로 귀에 익은 이름도 있고 낯선 이름도 있다. 그 중 산마늘은 명이나물이라고도 하는데, 앞서 언급한 대로 단군신화 속의 마늘로 보기도 한다. 조선시대 울릉도로 옮겨간 사람들이 겨울 동안 육지에서 가져간 식량이 떨어져 굶어 죽기 직전, 눈을 뚫고 돋아난 산마늘을 먹고 살았다는 말이 전해질 정도로 영양이 풍부하다.

다음으로 다양한 취나물이 나온다. 먼저 병풍취는 아이들이 쓰는 우산 크기만 한 외줄기의 외잎식물로, 이 나물을 뜯을 땐 뿌리 부분을 발로 밟고 밑동을 집게와 중지로 합쳐 잡고 엄지로 힘을 보탠 다음 잡아채듯 단숨에 꺾어야 한다고 한다. 잎은 생으

곰취 깊은 산에서 자라는 대표적인 산채. 국화과의 여러해살이풀로, 한국 등 동아시아에 분포한다. 어린 잎을 나물로 먹는데, 생으로 쌈을 싸 먹으며 독특한 향을 즐기거나 1~2분간 데쳐 소금간을 해 무쳐 먹는다.

로 쌈을 싸도 되고 데쳐서 쌈을 싸기도 한다. 커다란 잎은 여러 조각으로 찢어 먹으면 된다. 날것을 그대로 썰어서 끓이지 않은 간장에 담그면 좋은 장아찌가 된다. 또 곰취도 나오는데, 비교적 흔한 취나물로 향이 아주 강한 나물이다. 떡취와 참취 등 취 계통의 나물은 종류가 다양하다.

이처럼 산나물은 산이 준 선물이다. 우리 산천에는 우리가 미처 알지 못하는 식재료가 풍부하다. 그래서 아흔아홉 가지 나물 노래를 외울 줄 알면 3년 가뭄도 견뎌낸다는 옛말도 있다. 수천 종의 식물 중에서 먹을 수 있는 수백 종의 나물을 가려낸 혜안을 가진 민족이다.

《식객》은 이렇게 다양한 나물을 아토피 치료에 좋은 최고의 건강 식재료로 묘사한다. 과학적으로도 채소는 파이토케미컬(식물영양소)이 풍부해 항산화, 항염증 작용을 한다. 이를 잘 표현한 것이다. 무엇보다, 이제는 잊히고 있는 채소의 우리 말인 '남새와 푸새'를 써 여운이 남았다.

〈대장금〉에 등장한 푸성귀밥상

요즈음은 채널마다 음식방송이 대세인 시대가 되었지만, 내게는 〈대장금〉만큼 우리에게 음식, 특히 한식을 각인시킨 프로그램은 아직 보이지 않는다. 우리나라뿐 아니라 세계인에게 한류을 전파하고 한식을 깊이 각인시켰다고 할 수 있다. 〈대장금〉 속 채소음식을 쓰기 위해 〈대장금〉이 방영된 시기를 다시 찾아보니

2003년부터 2004년이라고 한다. 무려 14년이 지난 셈이다. 거액의 정부 돈을 들인 정책으로 아직도 비판받고 있는 '한식 세계화'의 그 어떤 사업보다도 더 큰 경제적 가치를 만들어내고 한식 알리기에 기여한 것이 바로 이 〈대장금〉일 것이다.

〈대장금〉은 1500년대 초반을 배경으로, 조선시대 궁중과 궁에서 일하던 궁녀를 주인공으로 궁중음식을 집중적으로 조명한 드라마다. 극적인 구성도 재미있었지만, 무엇보다도 '음식'이라는 요소가 가미되었기에 사람들을 매료시켰고, 이로 인해 국민 모두가 한국의 전통 음식문화에 관해 다시 한 번 생각해보는 계기가 되었다고 본다.

〈대장금〉은 임금과 중전, 후궁과 권신 중심의 권력쟁탈과 암투를 기본으로 엮는, 기존의 궁중 스토리에서 완전히 벗어났다. 미천한 출신의 장금을 중심으로 궁중의 하층민인 무수리, 나인, 상궁, 내시, 금군병사, 정원서리, 내의원 사령 및 의녀들의 애환과 갈등을 궁중이면사와 함께 보여줘 흥미롭다. 주인공인 장금은 남존여비의 봉건적 신분질서에서도 무서운 집념과 의지로 궁중 최고의 요리사가 되었으며, 우여곡절 끝에 조선 최고의 의녀醫女가 되어 수많은 내의원內醫院 남자 의원들을 물리치고 조선 유일의 어의가 되었다.

이 드라마는 또한 현대인의 중요한 관심사인 웰빙음식에 관한 정보를 양껏 제공했다. 듣도 보도 못한 궁중음식의 종류와 조리 방법을 상세히 소개했다. 아울러 보양식을 포함한 우리 고유 음식의 문화적 가치를 발굴하여 대중에게 알리기도 했다.

드라마 〈대장금〉의 전무후무한 성공에는 무엇보다 다음과 같은 점이 기여한 바가 크다. 먹고 마시는 일의 중함을 다시 일깨워주었다는 점이다. 예를 들어 어린 딸이 씹어주는 열매를 입에 넣고 운명한 장금 어머니의 마지막 말은 "맛있구나!"로, 극적인 효과를 연출한다. 또한 다양하고 진귀한 궁중음식 구경거리는 〈대장금〉이 누린 초반 인기에 큰 몫을 했다. '계삼웅장'*이니 '맥적'이니 하는 궁중음식은 드라마의 보기 좋은 고명이다. 하지만 〈대장금〉의 각본이 긴 호흡으로 알게 모르게 강조하는 것은 미식 취미가 아니라 '널리 이로운 음식'이라는 메시지다.

독약을 마신 두 여자의 이야기로 출발한 〈대장금〉은 먹고 마시는 일을 죽고 사는 일의 근본으로 바라본다. 장금은 왕의 수라가 백성의 음식을 이끄는 밥상이라고 말한다. 귀하고 비싼 밀가루를 잃어버리고 육수에 맞는 값비싼 부위의 고기를 뺏긴 어선경연의 난국을 그녀는 백성의 빈궁한 살림이 빚어낸 궁여지책의 지혜로 돌파한다. 무엇보다 "살아남아야 한다"는 사극 특유의 지상명제 못지않게 "살려야 한다"는 명제가 중요했다는 점에서, 〈대장금〉은 〈동의보감〉이 발휘한 대중적 호소력을 이어받았다고 할 수 있다. 이 모든 재미와 특성 중 가장 첫손에 꼽히는 것은 드라마 〈대장금〉이 고증과 상상력을 함께 동원해 궁중음식의 모든 것을 보여주려 노력했으며 궁중음식의 바탕에 깔린 우리의 음식문화와 철학을 본격적으로 재조명했다는 사실이다.

* 곰발바닥, 닭, 인삼을 함께 넣고 오랫동안 찐 요리다.

〈대장금〉은 기본적으로 궁중음식을 다루는 드라마다. 따라서 최고의 미식이라 할 수 있을 왕이 먹었던 화려한 음식 중에서 과연 '채소음식'은 어떤 대접을 받았는지 사뭇 궁금하다. 보통 산해진미라고 일컬어지는 음식이란 동서고금을 막론하고 진기한 육류나 어류 등을 식재료로 사용한다고 해도 과언이 아니기 때문이다. 이런 의문에 화답이라도 하듯, 드라마 중 '푸성귀밥상'이 등장하는 에피소드가 있다.

명나라 사신에게 대접한 푸성귀밥상

산해진미가 아니면 입에 대지 않는다는 식도락가가 명나라 사신으로 왔을 때, 궁중은 최고의 음식을 차려내기 위해 분주해진다. 그러나 장금은 입맛을 현혹하는 감각적인 맛을 거부하고 몸에 좋은 음식을 차린다. 맛보다 건강이 우선인 것이다. 최상궁 측에서 만한전석滿漢全席(만한취엔시)*을 준비한 데 반해 장금은 흔하디흔한 재료로 푸성귀밥상을 준비한다. 이는 소갈(당뇨)이 있는 사신을 위한 치유음식으로, 현대의 웰빙음식인 채식 위주의 상차림이다.

사신의 건강 상태를 알아내고 준비한 이 상차림은, 보기에 너무도 초라해 왕실 윗전의 진노를 산다. 이에 한상궁과 장금은

---

* 만주족과 한족 요리의 정화精華를 흡수하고 결합하여 만들어낸 요리로, 중국 역사상 제일 유명한 중화대연中華大宴으로 일컬어진다. 그러나 이 음식은 이름에서도 알 수 있듯 만주족 왕조인 청나라 왕실에서 만주족과 한족(멸망한 명나라의 구성원)의 융화를 목적으로 만든 것이라, 드라마의 고증은 잘못된 것이다.

그 연유를 설명한다. 드라마에서 이 부분은 의사와 환자 간의 대화에 버금갈 정도로 약식동원 사상을 제대로 요약해서 보여주고 있다.

한상궁: 정사께서 앓고 계신 병에는 기름진 명나라의 음식은 큰 해가 되는지라.

장금: 음식을 조절하지 않는다면 백약이 무효한 병입니다. 음식을 하는 자, 아무리 미천하다 해도 사람에게 해가 되는 음식을 올릴 수는 없습니다. 지금은 혀끝의 감미가 독이 되는 땝니다. 재주를 뽐낼 수 있는 음식을 버리시고 정사께 이로운 음식을 준비한 것입니다.

그러나 명의 사신은 몸에 좋다 하여 맛이 없는 것을 먹지는 못한다면서 "푸성귀인 것은 참겠으나 맛이 없는 것은 참을 수 없다."라고 못박는다. 장금에게 주어진 기간은 닷새. 닷새 안에 당뇨병을 치유하는 효험이 나타나야만 장금은 살 수 있다.

장금은 처사에게 배운 대로 여기저기 좋은 볕에 나물을 말린다. 표고버섯을 갈고 마른 멸치를 갈아 종지에 담는다. 그 가루를 된장찌개에 넣고 각종 나물에 넣는다. 산채정식처럼 각종 산나물을 무치고 된장찌개를 끓여 소박한 상을 정사에게 올린다. 다음날은 각종 해조류 반찬을 준비한다. 미역국에 고기 대신 생선이 들어가는데 흰 생선살을 잘 발라내 두부 사이에 생선살을 넣는다. 생선살을 넣은 두부로 전골을 끓인 것이다. 다음 장면에서 장금은 말린 나물과 버섯을 걷는다. 물김치와 톳나물, 버섯나물과 산나물 그리고 대나무밥과 매생이국을 준비한다. 현대인의 전형적인 건강식이다.

한편, 닷새의 말미가 끝나고 반대편의 최상궁은 명나라 사신을 위하여 만한전석을 준비한다. "황제만이 드시는 사흘 밤낮의 연회상으로, 명의 대신들은 거기에 초대되는 것만으로도 눈물을 흘린다 하는데 닷새를 푸성귀만 드시고 그 상을 받으시면 분명 감동할 것"이라는 생각에서다. 그러나 명나라 정사의 반응은 뜻밖이었다.

앞으로 산해진미는 이것으로 끝이오. 산해진미 정성은 고마우나 사양합니다. 그동안 나는 맛있고 기름진 음식만을 탐해왔소. 하여 지병인 소갈을 얻었음에도 사람이란 참으로 약한 존재인지라 알면서도 그런 음식을 끊을 수가 없었소이다.

그러고는 장금에게 묻는데 이에 대한 장금의 대답을 들어보자.

정사: 나는 조선의 사람도 아니며 오래 있을 사람도 아니다. 대충 내가 원하는 음식을 해주어 보내면 될 것을 어찌하여 고집을 피웠느냐?
장금: 마마님의 뜻에 따른 것이옵니다. (마마님의 뜻은) 그 어떠한 경우에도 먹는 사람에게 해가 되는 것을 드려서는 안 된다는 것입니다. 그것이 음식하는 자의 도리입니다.

4장 문학과 대중매체 속 채소 이야기

정사: 음식을 하는 자가 도리와 소신이 있듯이 음식을 먹는 자 또한 도리가 있어야 한다. 음식을 해주는 자가 올곧은 마음으로 내 몸을 지켜주려는데 정작 먹는 자인 내가 내 몸을 소홀히 하여 나를 해치는 음식을 먹는다는 것이 말이 안 되지. 먹는 자에게도 도리가 있는 것이었어. 네가 올린 음식이 처음에는 갖은 향신료에 절어 있던 차라 풀냄새만 나더니 먹으면 먹을수록 그 재료의 고유의 맛이 느껴지면서 참으로 맛있구나. 네 배포와 심지는 대륙의 땅보다도 크구나.

이렇게 장금은 한상궁의 가르침과 소신을 따라 소갈이 있는 정사에게 생선과 채식 위주의 찬품단자를 올린 것이다.

이 푸성귀밥상 중 가장 기억에 남은 음식은 바로 배추전이다. 잔칫상이 나올 때마다 빠지지 않고 등장했던 메뉴로, 만들기 쉽고 맛도 좋다. 경상도 지방에서는 지금도 제사음식으로 자주 오른다. 보통의 부침개가 밀가루 맛이 강하다면 배추전은 배추의 담백한 맛이 그대로 느껴지는 순한 채소전이다. 고소한 밀가루 옷 속으로 숨이 죽은 배추의 섬유질이 그대로 느껴져 건강에도 좋을 듯하다. 다른 전요리에 비해 기름이 많이 스며들지 않아 느끼하지 않고 담백하다. 실제로 조선시대 왕실음식으로 배추전이 올랐다고 보기는 어렵지만, 건강한 푸성귀밥상의 상징적인 음식이다.

민요를 통해 본 나물문화

오랜 세월 우리 민족이 가장 많이 먹어온 식재료는 채소다. 채소는 우리 밥상의 주역이자 가장 친숙한 식재료였다. 그래서인지 민중의 생활과 삶의 즐거움과 보람, 애환과 비판이 담긴 민요에는 나물을 노래한 것이 많다. 조상들은 다양한 나물을 소재로 많은 노래를 지어 불렀다. 식생활의 대부분을 차지한 채소는, 그만큼 우리 민족의 정서와도 밀접한 관계를 맺고 있다.

전국 곳곳에 '나물노래' 혹은 '나물타령'이라는 이름의 민요가 있다.

한푼 두푼 돈나물/ 쑥쑥 뽑아 나싱개/ 이개 저개 지칭개/ 잡아 뜯어 꽃다지/ 오용조용 말매물/ 휘휘 돌아 물레동이/ 길에 가면 질경이/ 골에 가면 고사리/ 올라가면 올고사리/ 이산 저산 번개나물/ 머리 끝에 댕기나물/ 빛 좋은 뱁추나물/ 오리도리 삿갓나물/ 쭐기 좋은 미역초/ 맛 좋은 곤두서리/ 보기 좋은 호무치/ 방구새이 더덕나물/ 니리가면 닐고사리/ 그럭저럭 해가지고/ 점심요기 하고 가세.

지역에 따라서는 위의 나물에 다음과 같은 가사가 덧붙여지거나 대체되기도 한다.

매끈매끈 기름나물/ 칭칭 감아 감돌레/ 이산 저산 번개나물/ 머리 끝에 댕기나물/ 뱅뱅 도는 돌개나물/ 말라 죽기냐 고사리/ 비 오느냐 우산나물/ 강남이냐 제비풀/ 군불이냐 장작나물/ 마셨느냐 취나물/ 취했느냐 곤드래/ 담 넘었느냐 넘나물/ 바느질 골무초/ 시집갔다 소박나물/ 오자마자 가서풀/ 안 줄까봐 달래나물/ 간지럽네 오금풀/ 정 주듯이 찔끔초……

이런 민요에는 적게는 12가지 나물, 많게는 99가지 나물이 등장한다. "아흔아홉 나물 노래를 부를 줄 알면 삼 년 가뭄도 살아낸다."라는 속

담이 있는데, 산과 들에 나는 다양한 나물의 종류를 아는 것이 곧 생존 능력이었고, 그에 관한 학습이 민요를 통해 이루어졌다는 것을 알 수 있다.

나물 캐기는 주로 여성에 의해 이루어진 노동이니만큼, 여성의 애환 또한 나물 캐기 노래 속에 담겨 있다. '고사리 노래' 역시 비슷한 노래가 전국에 있지만, 다음의 노래는 충남 예산 지역의 것이다. 고사리를 채취 하면서 시집살이의 고됨에 대한 분풀이를 할 수밖에 없는 며느리의 처지와 심정이 사실적으로 그려져 있다.

　고사리 고사리요 못 살 고사리/ 너를 꺾으러 여기 왔든 님을 만나러 여기 왔지/ 일락 서산에 지는 해에 님 아니 오는 분풀이로 애꾸진 고사 리만 목을 베트러 꺾는다네/ 고사리 고사리 고사리 얄미운 고사리/ 하 도 날 때가 없기로소니 바위 틈에 돋았느냐/ 시집살이 고생살이 핑계가 좋은 고사리를 죄 없는 고사리만 목을 베트러 꺾는다네/ 고사리 고사 리 고사리 얄미운 고사리/ 우리 낭군은 어데로 가고 너만 홀로 피었느 냐/ 오마 하고 아니 오는 우리님 원망을 해가면서/ 애꾸진 고사리만 목 을 베트러 꺾는다네.

다음으로 경남 의성 지역에서 채집된 나물 캐기 민요 중에서 '미나리 요'를 들어보자. 이 노래는 미나리의 채취 과정에서부터 조리 방법까지 보여주고 있다. 여기서 특히 흥미 있는 것은 "맛을 보고 잡숫지 말고 빛 을 보고 잡수시라."는 대목의 반복으로, 미나리가 가지는 색채감을 통 한 음식의 시각적 호소력이 강조된다.

　쫑대래기 둘여치고 끌호맹이 손에 들고/ 이둥저둥 댄기다가 민미나리 캐여다가/ 듬복 손에 숨었다가 이슬비가 솔솔 올 때/ 오짐 똥을 주었다 가 울서같이 좋거들난/ 은장두라 드는 칼로 이리어석 저리어석/ 단단히 글어내어 앞 강물에 헌들어서 딧 강물에 휘처다가/ 은장두라 드는 칼 로 이리어석 저리어석/ 은탄 같은 꼬치장에 말피 같은 전지장에/ 귀눈 같은 참기름에 새금새금 초지장에/ 도리도리 재축판에 은대지비 은절 걸고/ 솟대지비 놋설 걸어 올라가는 구관행차/ 한절이나 접어보소 맛을 보고 잣지 말고/ 내려오는 신관 행차 한절이나 접어보소/ 맛을 보고 잣지 말고 빛을 보고 잣고 가소.

아래는 강원 철원 지역에 전해지는 '배추 씻는 처녀 노래'다. 서로 호감을 가진 처녀 총각이 나물 씻는 잠깐 동안 수작을 나누는 장면을 묘사하고 있다.

네 조골 내 조골 초록조골/ 네 치마 내 치마 분홍치마/ 네 보선 내 보선 삼수보선/ 삼수강산 흐르는 물에 배추 씻는 요 처자야/ 겉과 속은 젓쳐놓고 소쵀한대 빌러주소/ 거기 앉인 그 총각아 우리 어멈 들으시면 야단날 소리만 하는고나/ 우리 어멈 물어보고 우리 어멈 안 들으면/ 일가문중 청해놓고 일가문중 안 들으면/ 동네문중 청해놓고 동네문중 안 들으면/ 선두매를 도라메고 남산고개 올라가서 나오기만 기다리소.

다음은 풍산 지방의 '상추 씻는 처녀 노래'다.

녹수청산 흐르는 물에 생초 씻는 저 처자야/ 치마폭에 감추는야 생초 잎은 남을 주어도/ 마음일랑은 나를 주게.

삼수강산 맑은 물에 배추를 씻는 처녀의 모습과 함께, 처녀를 연모하여 만남을 청하는 총각의 마음을 노래한 민요다. 마음만은 자신을 달라는 총각의 마음이 재미있게 읽힌다.

2부

한국인의
상용 채소 이야기

한국인의 식사는 채식에 근거한 식사라고 볼 수 있다. 그런데 최근 들어 식생활이 많이 바뀌었고 이에 따라 섭취하는 채소의 종류도 상당히 변하고 있다. 이름이 생소한 외래 채소가 우리 식탁에 올라오는 경우도 많아졌다. 그런데 우리가 토종 채소라고 알고 있는 채소들도 외국에서 도입된 것이 많다. 오래전부터 우리 민족이 가장 많이 먹어온 채소는 무엇이고, 어떤 채소가 우리 식생활에 도입되었으며, 그래서 현재 우리가 많이 먹는 채소는 무엇인가? 채소민족으로서 가져볼 만한 의문이다.

여기서는 현재 한국인이 가장 즐겨 먹는 상용 채소*에 관해 이야기해보고자 한다. 국가 조사에서 가장 섭취량이 많다고 조사된 채소와 우리가 중요하다고 생각하는 채소에 관한 이야기다. 과연 한국인이 가장 많이 먹는 상용 채소에는 어떤 것들이 있을까? 아마 한국인이라면 김치의 재료가 되는 배추와 무를 떠올릴 것이다. 《식품수급표》 기준으로 살펴보면, 하루 섭취량으로 따질 때 배추 섭취량이 100그램을 넘어서고 있어 가장 많고, 그다음이 무였다. 그런데 흥미로운 변화가 생겼다. 2005년 이후, 서양에서 들어온 양파가 무를 제치고 배추 다음으로 소비량이 많아진 것이다. 그 뒤를 역시 서양 채소인 토마토가 잇고 있다.

---

* 여기에 소개한 상용 채소의 일부는 여러 매체에 게재한 것이다.

5장

우리가 나물민족이 된 까닭

채소는 식생활에서 반드시 필요하다. 우리 민족에게는 자연환경의 영향으로 채소가 중요한 식재료였다. 현재 한국인은 세계적으로 보아 채소를 많이 먹는 민족 중 하나다. 2015년 OECD 보고서는 회원국 중에서 한국인의 채소 섭취량이 세계 1위라고 발표했다.

채소, 소채, 야채 그리고 나물

세계 1위 채소 섭취국 한국에서, 우리나라 사람들이 가장 즐겨 먹는 채소는 무엇일까? 한국인이 즐겨 먹는 채소를 소개하기 전에, 지금 혼용해 쓰고 있는 채소와 나물이라는 단어를 정리해

보자. 채소라는 말은 한자로 菜蔬라고 쓰고, 사전적 의미로는 모든 푸성귀, 남새, 소채를 가리킨다. '푸성귀'란 사람이 가꾸어 기르거나 저절로 난 온갖 나물을 말하고, '남새'는 주로 심어서 가꾸는 나물로 '채마菜麻'라고도 하는데 북한에서는 한자어인 채소 대신 남새를 쓴다.

재배되는 나물로는 오이, 아욱, 가지, 토란, 고구마 순, 상추, 부추, 호박, 가지, 풋고추, 박나물, 고춧잎 등이 있고 산나물로는 도라지, 고사리, 두릅, 고비, 버섯 등이 있고, 들나물로는 고들빼기, 씀바귀, 냉이, 소루장이, 물쑥, 달래 등이 있다. 요새는 산나물이나 들나물 중에서도 사람들이 좋아하는 것은 비닐하우스에서 온상 재배해 1년 내내 먹기도 한다.

그렇다면 '나물'은 무엇일까? 나물은 매우 익숙하고 중요한 단어다. 우리는 채소를 보고 나물이라고 하고 채소반찬을 보고도 나물이라고 한다. 그런데 나물이라는 말은 언제부터 쓰였을까? 조선시대나 근대기의 조리서를 살펴보면 나물이라는 명칭의 조리법은 찾아보기 어렵다. 단지 《음식디미방》에 '비시ᄂᆞ믈 쓰는 법'이라는 표현이 등장할 뿐 대개는 '채' '선' '찜' 같은 명칭이 더 많이 쓰였다. 우리가 흔히 쓰는 나물은 "먹을 수 있는 풀이나 나뭇잎을 말하거나 그것을 조미하여 무친 반찬"으로, 재배나물(남새, 채소)과 산채나물(산나물), 들나물을 말한다고 한다. 그런데 이 나물이라는 명칭은 어디에서 시작되었는지 궁금하다.《명물기략名物紀畧》에서 단초를 찾을 수 있다.

《명물기략》은 황필수黃必秀(1842~1914)가 각종 사물의 명칭을 고증하여 1870년에 펴낸 책인데, 옛 우리말을 발굴하고 연구하는 데 필수적인 문헌으로 꼽힌다. 여기에서는 '채소菜蔬'의 발음을 '치소'로 표기하고, "채소(치소)는 풀 중에서 먹을 수 있는 것으로, 속언俗言으로 '라물羅物', '나물'이라 한다. 이는 '먹을 수 있는 것 중 비단과 같은 물건[其羅之食物]'이라는 의미다."라고 설명하고 있다.

그러면, 우리 민족은 어떤 채소를 나물로 먹어왔을까? 조선시대 조리서에 나오는 채소들은 오이, 아욱, 가지, 토란, 고구마 순, 상치, 두릅, 부추, 송이, 구기, 원추리, 죽순, 국화 싹, 참버섯 등으로, 이들을 통틀어 소채蔬菜라고 했다.

그런데 중국에서 '채菜'라는 글자는 '소채蔬菜'처럼 채소를 뜻하기도 하고, '반찬飯饌'을 뜻하는 단어로도 쓰인다. 우리 고문헌을 살펴본 결과, 채소를 뜻하는 단어로는 소채蔬菜가 가장 많이 나오는데, 이 밖에 채소라는 단어와 야채라는 단어도 등장한다. 그러니 이 용어들은 과거부터 함께 쓰인 것이다. 일제강점기 문헌에서도 소채로 쓴 기록이 더 많이 보이는데, 이후 채소라는 표현으로 정착된 듯하다. 그러나 그 확실한 시기는 알 수 없다.

요즈음 텔레비전을 보면, 출연자가 야채라고 말하면 자막에는 채소로 바뀌어 나온다. 아마도 야채가 채소의 일본식 표현이라고 보기 때문인 듯하다. 야채는 정말 일본식 표현일까? 원래 채소는 먹을 수 있는 풀 전체를 가리키는데, 그중 야채는 집에서 재배하는 채소가 아니라 들에서 저절로 나는 풀을 가리키는 말이다. 그런데 일본에서는 상용하는 한자 수가 적기 때문에 채소라는 말 대신에 야채라는 한자를 사용해왔다. 그래서 야채를 일본어라고 생각하게 된 것이다. 그러나 이는 사실이 아니다. 조선시대의 많은 문헌에도 野菜라는 용어는 여러 차례 등장하기 때문이다. 그러니 굳이 야채라는 표현을 기피하지 않아도 될 듯하다.

채소가 전해진 길

채소는 야생의 식물을 개량하여 인간의 부식물로서 재배되는 초목식물을 말한다. 인류가 농경을 시작한 것은 기원전 1만 년쯤의 중석기시대로 보고 있으나 농경의 정착과 더불어 야생식물도 재배하게 되었다. 채소를 전혀 먹지 않고 사는 민족은 없다. 거의 육류와 생선에 의지해 살아가는 에스키모인도 약간의 채소는 섭취한다. 목축에 의존해 살아가는 유목민인 몽골이나 티베트 사람들은 부족한 채소 섭취로 인한 비타민C 결핍을 중국 윈난 지역으로부터 차를 수입해 해결해왔다. 유명한 차마고도가 탄생한 배경이다.

우리가 현재 채소를 가장 많이 먹는 채소민족이라고 하지만, 원산지가 한국인 채소는 그리 많지 않다. 그러니까 교류를 통해 들어온 많은 종류의 채소를 우리식으로 조리해 먹으면서 최고의 채소요리 민족이 된 셈이다. 그렇다면 우리가 지금 먹는 채소는 어디에서 어떻게 들어온 것일까? 채소의 기원을 그림을 통해 살펴보자.

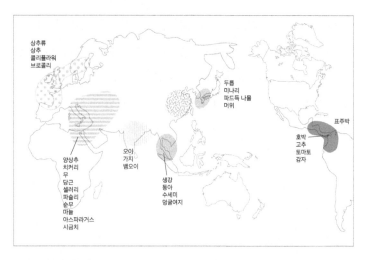

그림 16 채소의 원산지

　가장 많은 채소의 원산지는 고대 문명권과 겹치는 중동 지역이다. 많은 주요한 채소가 이 지역으로부터 동아시아와 유럽으로 전해져 크게 발전했다. 동아시아로의 채소의 전파는 시베리아 루트, 실크로드 루트, 티베트 루트, 해양 루트 4개의 경로를 통해 서로 다른 시대에 서로 다른 채소가 전해졌다. 서유럽으로는 도나우 루트라고도 말할 수 있는 경로를 거쳐 치커리, 상추, 양파 등이 전해지고, 원래 그 지역에 있던 양배추와 더불어 큰 발전을 했다. 토마토, 호박, 고추, 감자가 신대륙으로부터 구대륙으로 전해진 것은 16세기 이후였다. 우리는 주로 어린 싹과 어린 잎을 식용으로 하는 지역이라고 볼 수 있다. 두릅, 미나리, 머위 같은 나물을 주로 먹었다.

채소의 분류

채소를 분류하는 기준은 여러 가지가 있다. 일단 식물이라는 생물 종으로서(버섯류는 제외), 종·속·과·목 등의 자연분류법에 의한 분류가 있다. 우리가 주로 먹는 채소는 백합과, 명아줏과, 겨자과, 콩과, 미나리과, 가짓과, 박과, 국화과 등에 많이 속해 있다.

그러나 뭐니 뭐니 해도 '채소'라고 할 때의 분류 기준은, 그 식물의 어느 부위를 주로 먹는가에 따른 분류, 즉 이용 부분에 따른 분류다. 어떤 식물은 잎이나 줄기를 주로 먹고, 어떤 식물은 열매를 주로 먹고, 또 어떤 식물은 뿌리를 주로 먹는다. 다음은 이용 부분에 따라 채소를 나눠본 것이다.

- 엽채류葉菜類 : 식물의 잎을 주로 먹는 채소다. 가장 많은 채소가 여기에 속한다. 우리나라에서는 김치를 담그는 배추, 갓, 생으로 먹는 상추, 깻잎, 그리고 시금치, 쑥갓 등을 다양하게 활용하고 있다.
- 경채류莖菜類 : 식물의 줄기를 주로 먹는 채소다. 백합과에 속하는 것이 많다. 양파, 마늘 등과 같이 잎이 저장 기관으로 변형된 것, 꽃양배추와 같이 꽃망울을 이용하는 것, 아스파라거스, 죽순과 같이 어린 줄기를 이용하는 것이 여기에 속한다.
- 근채류根菜類 : 뿌리 혹은 덩이뿌리를 주로 먹는 채소다. 무,

순무, 당근, 우엉 등은 곧은 뿌리이며, 고구마, 마는 뿌리의 일부가 비대해진 덩이뿌리이며, 연근, 감자, 생강 등은 땅속 줄기가 발달한 것이다. 탄수화물이 풍부하고 척박한 환경에서도 잘 자라며, 저장성도 좋아 구황작물로 많이 이용된다.

• 과채류果菜類 : 열매를 주로 먹는 채소다. 박과인 오이, 참외, 호박 등, 가짓과인 고추, 토마토, 가지 등, 콩과인 완두, 강낭콩 등이 여기에 속한다. 토마토, 딸기, 참외, 수박 같은 과일도 포함된다.

• 화채류花菜類 : 꽃봉오리나 꽃잎을 먹는 채소다. 아티초크, 콜리플라워, 식용국화, 브로콜리 등이 있다.

• 버섯류 : 균류에 속하는 각종 버섯이다. 송이버섯, 목이버섯, 느타리버섯, 표고버섯 등 그 종류가 매우 많다.

고들빼기 한국, 중국, 일본에 분포하는 국화과의 여러해살이풀. 산과 들에 자생하며 재배도 한다. 어린 잎과 뿌리를 먹는데, 3분 이상 데쳐 쓴맛을 제거하고 고추장이나 된장 양념에 무쳐 먹거나 소금에 절여 김치로 담가 먹는다.

6장

따로 또 같이,
김치가 되는 채소들

한국인의 친구, 배추

한국인의 민족음식으로 김치를 꼽듯이, 민족 채소 역시 김치의 재료가 되는 배추다. 현재 우리가 가장 많이 먹는 채소일 뿐 아니라 세계인이 즐겨 먹는 채소다. 배추의 조상은 지중해 연안의 잡초성 유채로 추정한다. 그러다가 중앙아시아를 거쳐 2,000년 전에 중국으로 유입되어 채소의 형태로 발달하였다. 그래서 배추를 '중국배추Chinese cabbage'라고 부른다. 이 중국배추는 고려 때 한반도에 전래되어 개성을 중심으로 재배된 개성배추, 이후 서울배추로 개량되었다.

배추는 농민들에 의해 한반도의 풍토와 김치에 어울리는 채소로 개량돼왔는데, 근대에 들어와 우장춘 박사에 의해 세계 최고의 무, 배추 육종 기술을 확보하였다. 실제로 2012년 국제식품 규격Codex에서는 그동안 'Chinese cabbage'라고 부르던 통배추 (결구배추)를 'Kimchi cabbage'로 명명하였다.

우리나라에서 배추를 최초로 언급한 문헌은 13세기경 《향약 구급방》이다. 원시형 배추를 뜻하는 숭菘이라는 표현이 나오는데, 의서이니만큼 주로 약으로의 쓰임을 소개했다. 《동의보감》에는 숭채菘菜라 하여 "음식을 소화시키고, 기氣를 내리며, 장위腸胃를 통하게 하며, 가슴속에 열을 내리고 소갈을 멎게 한다."라고 기록되어 있다. 예부터 배추를 많이 먹어온 중국인은 '백채불여백채百菜不如白寀'라 하여 백 가지 채소가 배추만 못하다고 여길 정도로 각종 요리에 배추를 빠짐없이 이용한다.

배추는 재배 기간에 따라서 크게 조생종, 중생종, 만생종으로, 포기 형태에 따라서 결구형, 반결구형, 비결구형으로 나눈다. 조선시대의 배추는 주로 비결구형이고 지금의 통배추는 결구형이다.

그런데 배추는 그동안 김치의 재료로만 인식되었을 뿐 그 효능은 많이 알려지지 않았다. 미국 질병통제예방센터CDC에서 만성질병에 대한 위험을 줄일 수 있는 과일과 채소를 선정하며 모두 47개 품목을 대상으로 칼로리 대비 영양 비율을 파악했는데, 2014년에 배추가 '최강의 채소' 2위에 등극한다.[11] 그동안 미국 연방정부는 국민에게 얼마의 채소와 과일을 먹어야 한다는 권장량만 밝혔을 뿐, 어떤 종류를 섭취해야 하는지는 권고하지 않았다.

그러다 이번에 '최강의 과일과 채소' 프로젝트를 통해 미국인이 많이 섭취해야 할 과일과 채소의 종류를 정한 것이다. 그 결과 물냉이(1위), 배추(2위), 근대(3위), 비트(4위), 시금치(5위), 양상추, 파슬리, 로메인 등이 상위에 올랐다. 순위 선정에 고려된 영양 성분으로는 아연, 리보플라빈, 니아신, 엽산, 비타민B6, 비타민B12, 비타민C, 비타민K가 있는데, 이런 선정 기준으로 봤을 때 배추가 2위가 된 것이다.

배추는 비타민A와 비타민C가 풍부하다. 비타민A로 변하는 카로틴을 비롯해 칼륨, 칼슘, 철분 같은 무기질이 많아 고혈압 예방에 효과가 있으며, 풍부한 섬유질은 장에서의 세균 번식을 막아 장 기능을 활성화한다. 감기 예방과 피부 미용에 효과가 있는 비타민C는 김치 등으로 조리한 후에도 손실이 적은 편이다. 배추 100그램당 비타민C가 45밀리그램이나 들어 있는데, 이는 성인 하루 권장 섭취량(100밀리그램)의 45퍼센트, 평균 필요량(75밀리그램)의 60퍼센트에 해당하는 양이다. 특히 배추의 구수한 맛은 아미노산인 시스틴cystine에서 나오는 것인데, 이 성분은 항산화 및 해독 작용을 하며, 시원한 배춧국은 숙취 해소에 도움이 된다. 배추에 많은 글루코시놀레이트glucosinolate는 소화기, 폐, 간 등의 항암 기능뿐만 아니라 항균 작용을 한다.

한편 배추에 관한 흥미로운 연구로, 한국산 및 일본산 배추를 써서 만든 한국식 김치와 일본식 김치의 품질 특성과 기능성을 비교[12]한 것이 있다. 연구 결과 한국산 배추가 김치의 주재료로서 적합하며, 한국의 전통 제조법으로 담근 김치가 변형된 일본식 레시피의 김치보다 더 우수함이 입증되었다. 또한 항산화 및 항암 기능성 평가 결과, 한국산 배추로 만든 한국식 김치가 가장 우수한 것으로 드러났다. 김치 담그는 재료 역시 우리 배추가 으뜸이다.

그럼, 배추는 어떻게 선택해서 먹는 것이 좋을까? 배추는 너무 크지 않고, 속이 적당히 차서 들어봤을 때 묵직하며 눌러봤을 때 단단한 것, 갈랐을 때 겉잎은 짙은 녹색이고 속은 노란빛을 띠는 것이 맛이 좋다. 배추의 겉잎을 제거하지 않고 수분 손실을 막기 위해 신문지에 싸서 통풍이 잘되는 서늘한 곳이나 냉장고에 보관하면 오래간다.

배추는 우리 식단에서 빠질 수 없는 김치의 주재료로 가장 많이 쓰이지만, 생채소로 쌈을 싸서 먹거나 겉절이나 무침으로 아삭한 맛을 즐길 수도 있다. 구수하고 시원한 맛이 우러나 국이나 전골 같은 국물요리에 많이 사용하며, 전과 나물, 볶음 등 다양한 요리의 부재료로 이용할 수 있다. 질긴 겉잎은 데쳐서 냉동 보관하거나 말려서 우거지로 만들면 오래 두고 먹을 수 있다.

가을무, 인삼보다 낫다

지역에 따라 무수 혹은 무시라고도 부르는 무는, 말 그대로 무시하면 안 되는 채소다. 현재 우리나라 사람들이 가장 많이 먹는 채소는 단연 배추지만, 그다음으로 많이 먹는 채소는 양파와 바로 이 무다. 배추를 많이 먹는 이유는 물론 김치를 많이 먹기 때문이고, 배추 섭취량 중 김치 비중이 40퍼센트에 달한다. 그런데 이렇게 배추로 김치를 담가 먹기 시작한 것은 비교적 최근의 일이고, 과거에는 주로 무를 절여서 김치로 담가 먹었다. 겨울철에 무로 담그는 시원한 동치미를 김치의 원형으로 보기도 한다. 이렇게 우리가 많이 먹는 국민 채소이면서도, 무는 제대로 대접을 못 받는 듯하다.

무는 한자어로는 나복蘿蔔이라고 한다. 무의 원산지는 지중해 연안과 중앙아시아에 이르는 지역으로 알려져 있다. 이것이 동쪽으로 넘어와 중국으로도 전해졌다. 중국에서도 재배 역사가 가장 오래된 채소 중의 하나로, 기원전 11세기에서 6세기 사이의 시가를 모은 고전인 《시경詩經》의 '저'(菹: 절일 저)에 관한 기록에 무가 보인다. 우리나라에는 불교의 전래와 함께 들어와 삼국시대부터 재배되기 시작했다고 추측하나 기록에는 보이지 않는다. 그러다가 고려시대에 이르러 무가 중요한 채소로 취급되었다. 앞서 소개한 이규보의 〈가포육영〉에 "순무를 장에 넣으면 삼하三夏에 더욱 좋고, 청염淸鹽에 절여 구동지九冬至에 대비한다."라는 대목이 있는데, '무장아찌 여름철에 먹기 좋고, 소금에 절인 순무 겨울 내내 반찬 되네.'라는 뜻이다. 지금의 시원한 동치미를 이미 고려시대부터 만들어 먹고 있었음을 알 수 있다.

무는 십자화과에 속하는 작물로 중국을 통해 들어온 재래종과 중국에서 일본을 거쳐 들어온 일본무 계통이 주종을 이루지만, 최근에는 서양의 다양한 샐러드용 무도 재배되고 있다. 재래종은 우리가 즐기는 깍두기나 김치용 무, 총각무(알타리무)

와 서울봄무가 있다. 그리고 일본무는 주로 단무지용으로 쓰인다. 8월 중순에서 하순에 파종하여 11월에 수확하는 가을무, 3~4월에 터널에 파종해 5~6월에 수확하는 봄무, 5~6월에 파종해 7~8월에 수확하는 여름무가 있다. 무는 이렇게 사시사철 재배할 수 있지만 역시 제철은 가을이라 할 수 있다. 다른 철에 나는 무는 가을무만큼의 아삭아삭함과 특유의 단맛을 기대하기 어렵다. 가을무는 그 자체로 보약이다.

무에는 수분이 약 94퍼센트, 단백질 1.1퍼센트, 지방 0.1퍼센트, 탄수화물 4.2퍼센트, 섬유질 0.7퍼센트가 들어 있어 열량이 적고(100그램당 13킬로칼로리) 섬유소가 많아 영양 과잉에 시달리는 현대인에게 특히 좋다. 칼슘과 칼륨 같은 무기질도 충분한 편이다. 특히 비타민C 함량이 무 100그램당 20~25밀리그램이나 된다. 이 때문에 예로부터 가을에 수확해 저장해놓은 무는 채소가 없는 겨울철 비타민 공급원으로 중요한 역할을 해왔다. 이 밖에 포도당, 과당도 풍부해 부식으로뿐만 아니라 약용 가치도 매우 뛰어나다. 특히 최근 연구에서는 무의 생리활성 물질이 항산화 기능을 가져 암 등을 억제하는 기능이 있다고 밝혀지기도 해 주목받고 있다.

무는 과거로부터 소화제로 사용되었다. 소화가 안 돼 속이 더부룩할 때 무 한 조각을 먹으면 소화가 잘된다. 이는 무즙에 아밀라아제 같은 소화효소인 디아스타아제diastase가 있어 소화를 촉진하기 때문이다. 우리 조상들은 생활 속에서 이 지혜를 알았던 것 같다. 잘 발효된 무 동치미 한 그릇을 마시면 얼마나 속이 시원해지는지, 한국인이라면 누구나 경험했을 것이다. 그래서인지 떡 상차림에는 반드시 동치미를 함께 냈다. 또 자기 전에 무를 조금 먹으면 헛배가 부르지 않고 소화가 잘되며, 열을 내리게 하고 변도 잘 나온다. 생무즙은 혈압을 낮추는 효과도 있다고 하니 혈압과 동맥경화가 있는 사람들은 무즙을 활용해봄직하다.

가을무는 달고 단단해 떡을 만들면 은은한 맛과 향이 난다. 가을철이면 해 먹는 무시루떡은 무를 채썰어 넣은 시루떡이다. 전분분해효소인 아밀라아제가 풍부한 무를 떡에 넣으면 소화를 돕는 것은 물론, 풍부한 수분으로 인해 떡이 촉촉해져 목 넘김도 좋다. 그리고 무는 독특한 쏘는 맛을 가졌는데 이는 무에 함유된 티오글루코시드가 잘리거나 세포가 파괴될 때, 자체 내에 있는 글루코시다아제라는 효소에 의하여 티오시아네이트와 이소티오시아네이트로 분리되며 독특한 향과 맛을 내는 것이다.

무는 옛날부터 김치나 깍두기 재료에서 무말랭이나 단무지 같은 저장음식까지 그 이용이 매우 다양하다. 무를 썰어 말려 무말랭이로 먹기도 하고 된장이나 고추장 속에 박아 장아찌를 만들기도 한다. 뿌리인 무를 수확한 후 줄기를 모아서 시래기를 만드는데, 곧바로 먹을 것은 생줄기를 삶아 한 번에 먹을 만큼 포장해 냉동실에 넣어두면 된다. 나머지는 끈으로 엮어 그늘에 매달아 말린다. 이걸 필요할 때마다 삶아서 한겨울에 나물로 해 먹을 수 있어서 겨울철에 비타민C를 보충할 수 있었다.

무는 그냥 먹어도 좋고, 깍두기로 담가 먹어도 좋고, 볕 좋은 가을철에 말려서 무말랭이로 보관해두면 겨우내 요긴한 밑반찬이다. 더구나 생선을 지지거나 조릴 때 무 한 토막 넣으면 생선보다 더 맛있는 조연이 된다. 채소를 많이 먹는 것이 건강에 가장 좋은데, 요새는 채소 값마저 비싸서 마음이 무겁다. 그런데 무는 그 크기에 비해 값이 싸서 더 마음에 드는 채소다.

마늘, 역겨운 냄새의 주범에서 최고의 건강식품으로

우리 민족이 많이 먹는 마늘은 오랫동안 역겨운 냄새의 주범으로 인식돼왔다. 그런데 우리뿐만 아니라 세계적으로도 마늘을 즐기는 민족이 많다. 고대 이집트의 기록에 마늘이 중요한 경작물로 나오고, 피라미드를 건설하는 노동자들이 주로 마늘과 양파에서 힘을 얻었다고도 전해진다. 그래서인지 피라미드의 벽면에는 노동자들에게 나누어준 마늘의 양이 적혀 있다고 한다.

마늘의 원산지는 지중해 연안의 유럽과 중앙아시아로 추측된다. 우리나라에는 중국을 거쳐 전래된 것으로 여겨진다. 황필수의 《명물기략》에서는 마늘이라는 이름의 어원에 관해 "맛이 매우 랄(辣:몹시 매울 랄)하므로 맹랄猛辣이라, 이것이 변하여 마랄 → 마늘이 되었다."라고 풀이하고 있다.

명나라대 이시진李時珍(1518~1593)의 《본초강목本草綱目》에 의하면 "중국에는 원래 산에 산산山蒜, 들에 야산野蒜이 있었고, 이것을 재배하여 산이라 하였다. 그러다가 한나라에 이르러 장건이 서역에서 포도·호도·석류·호초 등과 함께 산의 새로운 품종을 가져오게 되니 이것을 대산大蒜 또는 호산胡蒜이라 하고 전부터 있었던 산은 소산小蒜이라 하여 서로 구별하게 되었다."라고 한다.[13] 따라서 우리나라 건국신화에 나오는 마늘은 야산이나 산산, 즉 달래나 명이나물이었을 것이다. 《삼국사기》에는 "입춘 후 해일에 산원蒜園에서 후농제後農祭를 지낸다."라는 기록이 있는데, 이때의 산은 대산이며 지금 우리가 먹는 마늘일 것으로 생각된다.

마늘의 영양 성분과 효능은 어떨까? 마늘은 수분이 약 60퍼센트, 단백질은 3퍼센트 정도에, 필수 아미노산을 많이 함유하고 있으며, 시스틴, 히스티딘, 라이신의 비율이 높다. 그리고 매운맛과 독특한 냄새의 주범인 황화합물은 바로 알리인alliin이다. 생마늘을 씹거나 썰면 세포가 파괴되고 효소가 작용해 알리인이 알리신allicin으로 바뀌며 강한 냄새를 풍기게 된다. 이 성분이 고기 누린내를 없애주고 소화를 도와주므로 고기요리에 마늘을 반드시 넣는 것이다. 또한 알리신은 살균 효과가 뛰어나다. 서양에서는 마귀를 쫓기 위해 마늘을 몸에 지니고 다니는 풍습이 있었는데, 아마 마늘의 강한 항균력에서 비롯된 것이 아닌가 싶다. 마늘은 또한 몸을 따뜻하게 해주고 스태미너를 강화한다. 바로 이 스태미너가 문제가 되어, 조용히 정진해야 하는 불교에서는 마늘을 금지하고 있다.

또 하나, 마늘은 우리 민족에게 중요한 역할을 해왔다. 그것은 마늘의 알리신이 비타민B1의 흡수를 도와주는 기능이 있기 때문이다. 백미를 먹으면 쌀눈의 비타민B1이 떨어져나가 각기

병에 걸리기 쉽다. 그런데 마늘을 먹으면 비타민B₁의 합성을 돕고 효능도 올린다. 알리신과 비타민B₁의 결합한 성분인 아리티아민arythiamin의 유도체 가운데 프로설티아민, 푸르설티아민 등이 힘을 주는 '아로나민'이라는 약으로 팔리고 있다. 실제로 일제강점기에 우리 쌀을 수탈해간 일본인은 각기병으로 많이 죽었지만 우리 민족은 그렇지 않았던 이유가 마늘의 힘이라고 보기도 한다. 비슷한 음식문화를 가졌지만, 일본인은 마늘 냄새를 극도로 혐오해서 기피의 대상이었기에 이런 놀라운 반전이 있었다. 마늘은 바로 우리 민족의 힘이었다.

알리신은 체내에서 단백질 변성을 통해 소화를 촉진하므로 고기를 마늘과 함께 먹으면 소화에 아주 좋다. 그러나 항상 많이 먹는 것은 조심해야 한다. 알리신이 위벽을 자극하기 때문에 위가 약하거나 위장병이 있는 사람과 열이 많은 사람은 피하는 것이 좋고 혈전 용해제를 복용하는 사람도 피해야 한다.

한편, 마늘에 들어 있는 생리활성 물질인 스코르디닌scordinin은 냄새가 없으며 강장·근육 증강 효과가 있다. 또 마늘에는 셀레늄이 풍부해 셀레늄 부족으로 생길 수 있는 심장병의 일종인 케샨병 예방에도 도움이 된다.

그런데 마늘은 어떻게 먹는 것이 좋을까? 생마늘의 기능성이 높을 것처럼 보이지만, 실제로 생마늘을 먹기는 힘들다. 굳이 생마늘을 먹을 필요도 없다. 장아찌, 초절임 등 다양한 형태로 마늘의 냄새와 자극성을 없애고 먹을 수 있는데, 이렇게 발효해 먹어도 기능성 손상은 거의 없다. 마늘장아찌, 마늘초절임은 생마늘과 효능이 유사하며, 암과 혈관질환 등에 효과가 좋은 설파이드(황화물) 성분 함량이 많은 것이 특징이다. 마늘을 발효시켜 만든 흑마늘은 새로운 물질이 생성되면서 항암, 항산화력이 높아진다. 마늘에서 추출한 기름도 혈전 용해, 혈소판 응집 저해작용 등에 효능이 있다. 오히려 발효 기간이 길수록 기능성이 증가했다는 연구 결과[14]도 있다.

마늘의 효과적인 보관법은 가공 정도에 따라 다르다. 통마늘은 그물망에 넣어 서늘한 곳에 두고, 깐 마늘은 밀폐용기 바닥에 종이를 깔고 넣어두면 냉장고에서 10일 정도는 보관할 수 있다. 다진 마늘의 경우는 편편하게 펴서 냉동한 후 소량씩 잘라 사용하면 오래 두고 먹을 수 있다.

우리 민족이 즐겨 먹어온 마늘이지만 이렇게 성분과 특성, 보관법, 조리법을 알면 마늘의 효능이 더 증가하지 않을까? 냄새 나는 마늘이지만 실제 그 값을 톡톡히 하니 피하지 말고 즐겨야 할 것이다.

한국인의 매운맛, 고추

민족의 대표 음식이 김치인 데다 우리가 매운맛을 좋아하는 민족이라 고추가 우리나라 자생 채소라 생각하기 쉽다. 그렇지만 고추의 원산지는 남아메리카의 아마존강 유역으로 알려져 있고, 페루에서는 이미 2,000년 전부터 재배했다고 한다. 중세 유럽에서 후추는 매우 값비싼 향신료였고, 콜럼버스가 후추를 구하기 위해 인도를 찾아 항해하던 중 아메리카 대륙에 상륙하게 된 것은 잘 알려진 이야기다. 그래서 후추와 비슷한 매운맛을 가진 아메리카의 붉은 채소를 레드페퍼red pepper로 이름 짓고 유럽으로 가져가게 된 것이다.

고추는 1493년 스페인에 전해진 후 유럽과 열대, 아열대 지방으로 빠르게 전파되었다. 후추를 대신할 매운 고추에 관심을 보인 스페인인과 포르투갈인에 의해 이탈리아, 독일, 발칸 지역에 전파되고 그 후 인도, 동남아시아 지역으로 전파되었다. 17세기에는 각 지역에서 다양한 품종으로 개량되면서, 오늘날 고추의 주요 생산지로 발달했다. 고추는 후추처럼 열대 지방에서만 자라는 작물이 아니어서 전세계로 빠르게 전파된 것이다.

그러나 유럽에서는 이 매운맛의 고추가 자리 잡지 못했다. 반면 원산지를 벗어나 정착한 그 어떤 지역에서보다 우리나라에서 고추는 더 매력적인 작물이 되었다. 그렇다면 우리가 즐기는 고추는 언제 이 땅에 들어왔을까? 고추는 임진왜란 전후로 일본에서 도입되었다는 설이 일반적으로 인정받고 있다. 이 설이 인정받는 이유로는, 광해군 6년(1614) 이수광이 쓴《지봉유설》에 남쪽 오랑캐가 전해준 매운 채소라는 의미로 '남만초南蠻椒'(椒: 산초나무 초)라고 하면서, "독이 있으며 일본에서 건너온 것이라 왜겨자라고 한다."라고 나오기 때문이다.

우리나라에 고추를 전해준 일본에는 1542년에 포루투갈 사람에 의해 고추가 전해졌다고 한다. 그런데 일본의 본초서인《대화본초大和本草》에는, 옛날에는 일본에 고추가 없었는데 도요토미 히데요시가 임진왜란 때 조선으로부터 들여왔다고 되어 있어 논란의 여지가 있다. 그러나 중요한 것은, 유럽에서도 일본에서도 중국에서도 고추가 중요한 식재료로 자리 잡지 못했는데 우리나라에서는 매운맛을 내는 중요한 식재료로 자리 잡았다는 점이다. 최근 한국음식의 매운맛은 거의 이 고추에서 나온다.

고추가 이 땅에 들어온 이후 고추를 활용해 만든 가장 매력적인 음식이 바로 김치다. 소금에 절인 채소절임의 일종이었던 김치에 고춧가루가 들어가면서, 김치는 새로운 채소 발명품이 된다. 고추의 매운맛이 부패를 막고 짠맛을 줄이므로 동물성 단백질인 젓갈이 들어가도 상하지 않는 새로운 통배추김치가 탄생한 것이다. 그리고 고추장이 만들어질 수 있었다. 된장과 간장은 중국과 일본에도 유사한 형태의 식품이 있지만 고추장은 우리만의 독특한 장류다. 고추를 우리 음식에 응용한 결과다

고추는 품종이 다양한데, 특성에 따라 녹광형(일반계), 매운맛의 청양형, 꽈리형, 과피가 두껍고 치밀한 할라페뇨형, 오이형 고추로 분류될 수 있어 용도에 따라 선택하면 된다. 고추는 크기와 모양이 균일하며 표면이 매끈하고 윤기 나는 것을 선택해야 한다. 꼭지 부분이 마르지 않은 것이 신선하며, 꼭지 주위가 검게 보이거나 고추씨가 검게 변한 것은 좋지 않다. 고추는 수분에 노출되면 속이 검게 변하므로 1회 먹을 분량씩 신문지 또는 비닐봉지에 담아 냉장 보관하면 된다.

서양에서도 살사, 타바스코, 칠리 같은 소스가 고추의 원산지인 멕시코를 중심으로 발달했다. 현재는 에스닉푸드 열풍을 타

고 세계인이 함께 애용하는 소스로서 사랑을 받고 있다. 동남아는 덥고 습한 날씨로 인해 양념류가 발달했는데 인도네시아의 삼발, 태국의 남프릭 같은 매운 소스가 고추로 인해 탄생했으니, 고추는 전세계인이 사랑하는 채소라 해도 과언이 아니다.

고추의 영양 성분도 알차다. 비타민A, 비타민B_1, 비타민B_2, 비타민C, 비타민E, 비타민K 등이 풍부한데, 특히 비타민C는 감귤의 2배, 사과의 30배나 되어 항산화 효과가 뛰어나다. 고추에 풍부한 비타민C는 우리 민족에게 매우 중요한 역할을 해왔다. 비타민C는 차에도 많다. 그런데 불교의 영향으로 차를 많이 마신 고려시대를 지나 불교를 억압하고 차를 거의 마시지 않게 된 조선시대에는 비타민C가 부족하게 되었다. 이렇게 부족해진 비타민C를 고추로 일부 보충했을 것이라 생각할 수 있다.

한편, 붉은 고추에 많은 비타민A는 열에 안정적이고 지용성이라 조림요리와 볶음요리 등을 통해 더욱 활성화된다. 고추 특유의 매운맛을 나타내는 캡사이신capsaicin은 최근 항균, 항암, 항비만, 항동맥경화, 항통증 등의 효능을 갖는다고 인정받고 있다. 캡사이신은 혈액 흐름을 원활하게 해 체온을 상승시키며 지방 분해를 촉진하는 기능이 있어 다이어트에 도움이 된다는 연구 결과도 나왔다.

유네스코 인류 무형문화유산으로서의
김치와 김장문화

2013년에 유네스코 인류무형문화유산으로 김장문화Kimjang, making and sharing kimchi in the Republic of Korea가 등재되었다. 김장은 사계절이 뚜렷한 한국에서, 채소가 부족한 겨울을 나기 위해 김치를 담그는 모든 과정을 말한다. 이렇게 길고 혹독한 겨울 동안 먹을 김치를 준비하는 김장은, 문화 이전에 우리 민족의 생존을 이어온 생명줄이었다. 그런데 사시사철 채소 공급이 가능해진 현대에 와서는 공동체적 음식문화로서 더욱 중요해졌다. 김장문화의 유네스코 인류무형문화유산 등재는 우리 민족의 독특한 김장문화가 한국을 넘어 세계인이 보존해야 할 만한 문화유산임을 인정한 것이다.

한국 밥상의 특징은 채식 위주의 식단과 발효음식이 발달한 것이다. 음식 재료의 대부분을 자연에서 얻는다. 그리고 음식을 먹는 게 아니라 '정情'을 먹는다고 할 정도로 정성을 기울여 음식을 만든다. 이런 정성으로 만들어진 것이 바로 발효음식으로, 한식의 근간을 이루고 있기도 하다. 한국 발효음식으로는 간장, 된장, 고추장 같은 장류, 젓갈류, 그리고 김치가 있다. 발효음식문화는 전세계에서 보편적으로 나타나는 현상이지만, 한국 발효음식의 특징은 요구르트나 치즈 같은 서양 발효음식에 비해 채소 발효가 발달한 데 있다.

특히 김치는 독특한 방식으로 저장되는 한국식 채소음식의 한 종류다. 김치는 한국인이 채소를 원료로 하여 만들어낸 음식 중에서 가장 뛰어난 발명품이다. 사실 채소를 단순히 소금에만 절인 '저菹'의 형태는 중국과 일본에도 있다. 그러나 한국 김치의 특징은 이와는 다르다. 김치는 우선 배추와 같은 채소에 온갖 종류의 동식물성 양념이 어우러지고 적절하게 혼합되어야 한다. 그리고 이런 것들이 함께 발효 과정을 거치면서 몸에 이로운 유산균을 비롯한 여러 요소를 만들어내야 비로소 김치라 불릴 수 있다. 김치는 비빔밥처럼 한국의 음식철학인 '섞음의 미학'을 잘 실천한 음식이다.

특히, 외국에서 들어온 고추를 김치에 이용한 지혜는 놀랍다. 고추에는 비타민C가 풍부할 뿐 아니라 고추의 매운맛을 내는 성분인 '캡사이신'은 항산화제의 기능을 한다. 인간의 노화 과정을 산화로 설명하기도 하는데, 산화를 억제하면 노화가 더디게 진척된다. 또한, 고추는 미생물의 부패를 억제하는 기능이 있어 음식물이 쉬 상하지 않게 한다. 김치가 일본의 채소절임과 구분되는 특징이 여기에 있다. 즉, 일본의 채소절임은 소금을 저장의 매개로 쓰기 때문에 많이 넣어야 한다. 그래서 짜게 절여진다. 중국의 채소절임도 이와 크게 다르지 않다. 그러나 한국의 김치는 고춧가루를 사용하기 때문에 소금을 조금 넣어도 된다. 그래서 크게 짜지 않으면서도 비교적 오랫동안 저장할 수 있다. 또한 김치는 발효 과정에서 생성된 유산균이 살아 있을 뿐만 아니라, 배추 자체에도 장 운동에 좋은 섬유소가 풍부하여 특히 장 문제로 고민하는 현대인에게 좋다.

김치의 역사를 살펴보면, 한국사에서 김치에 관한 기록이 등장한 것은 1,300년 전 이상으로 거슬러 올라간다. 아주 오래전에는 순무, 가지, 부추 등을 소금으로만 절인 형태로 먹었고 그 후 여러 종류의 채소를 응용하면서 김치의 종류가 다양해졌다. 조선시대에 들어오면 외국으로부터 고추가 유입되어 김치 양념의 하나로 자리 잡아 현재와 같은 김치 형태가 만들어졌다.

우리나라 김치의 특성 하나는 단순한 염지식鹽漬式 침채법이 아니고 향초채류香草菜類를 곁들인 양념을 하는 것이다. 이 양념을 하는 김치 담금법은 고려시대에 이미 정착했다. 고려시대에서 조선 초기까지는 파, 마늘, 생강, 여뀌, 백두옹이 주축을 이루면서 갓, 미나리, 산초, 부추 등이 양념으로 추가되었다. 그 후 조선 중기 임진왜란 전후에 들어온 고추가 양념으로 추가되면서 파, 마늘, 생강, 부추, 고추가 주축을 이루고 갓, 미나리, 산초가 곁들여진 지금의 김치가 완성된다.

김장은 김치의 장기 저장을 위한 행사로서 진장陳藏, 침장沈藏이라고도 했다. 저장 기간은, 엄동 3개월이 필수 기간이지만 길게 잡으면 늦은 가을에서 이른 봄 햇 채소가 나오는 시기까지 4~5개월이 된다. 속리산 법주사에 묻혀 있는 돌항아리는 신라 33대 성덕왕 19년(720)에 설치되어 김칫독으로 사용되었다고 하니, 김장 역사가 오래되었음을 알 수 있다. 《동국세시기》(1849) 10월조에는 "서울 풍속에 무, 배추, 마늘, 고추, 소금 등으로 독에 김장을 한다. 여름의 장 담그기와 겨울의 김장 담그기는 가정 일 년의 중요한 계획이다."라고 했다. 또한《농가월령가》시월령(음력)에는 "무, 배추 캐어들여 김장을 하오리라. 앞 내에 정히 씻어 염담을 맞게 하고, 고추, 마늘, 생강, 파에 젓국지, 장아찌와 독 곁에 중두리요, 바탕이 항아리라. 양지에 가가假家 짓고 싸 깊이 묻고 박, 무, 알밤도 얼지 않게 간수하고……"라고 했다.

그럼, 김치의 종류에는 어떤 것들이 있을까? 지금까지 알려진 김치의 종류는 문헌에 기록된 것만으로도 200종 이상이 있다. 그중에는 쇠고기, 닭고기 등과 여러 가지 생선을 넣어 담그는 어육김치도 있다. 아마 세상 어디에도 단일 음식만으로 200종 이상 개발해내는 끈기와 창의성을 가진 민족은 드물 것이다. 소금에 절인 채소인 '저' 한 가지를 놓고 끊임없이 생각하고 새로운 재료를 넣어 시도해 만들다보니 200여 가지가 된 것이다.

과학적인 지혜가 담긴 김치의 종류는 계속 늘어났을 뿐만 아니라 각 지방마다 새로운 김치가 나왔다. 가령 한반도 남쪽인 전라도에서는 고들빼기김치가 유명하고, 중부의 개성에서는 보쌈김치가 유명한 것이 그런 예다. 제주도의 동지김치, 충청남도 홍성의 호박김치, 경기도 이천의 게걸무김치, 강화도의 순무김치 같은 것은 물산의 제한이 오히려 지역을 대표하는 김치가 된 예다. 그러나 요즈음은 이런 지역성은 사라지고 전국의 김치 종류나 맛이 비슷해지고 있어 아쉽다.

이제 김장은 생존의 문제를 넘어 우리 민족의 동질성을 유지하는 매개이자 타인을 배려하고 함께 나누는 공동체문화가 되었다. 가족 간, 이웃 간 관계가 소홀해지는 현대사회에서 가족 혹은 이웃이 함께 모여 정을 나누는 김장은 치유의 행위가 되기도 한다. 겨울엔 배추 몇 포기라도 함께 김장을 해서 나누어보자.

7장

외래 채소지만 괜찮아

서양 채소에서 한국인의 채소로, 양파

한국인의 채소 역사에서 가장 드라마틱한 채소를 꼽으라면 단연 서양 파라는 의미의 양파(洋파, onion)다. 양파의 원산지는 서아시아로 추정되고, 이집트나 이탈리아 등 지중해 연안과 유럽을 경유해서 15세기경 미국으로 건너갔다고 한다. 우리나라에는 조선 말기에 미국이나 일본을 통해 도입된 것으로 짐작되는데, 전래 채소 중에서 그 도입 역사가 가장 짧은 편이다. 그런데도 2016년 현재, 양파는 전통 채소인 무를 제치고 우리나라 1인당 연간 소비량은 28.6킬로그램으로 배추(41.7킬로그램) 다음을 차지하고 있으니 놀랄 수밖에 없다.

7장 외래 채소지만 괜찮아

양파는 종류가 다양한 채소인데, 겉껍질 색깔에 따라 황색, 백색, 적색(자색) 양파로 구분된다. 황색 양파는 전세계 재배면적의 80퍼센트 이상을 차지하는데 육질이 단단하고 저장성이 좋다. 우리나라에서 재배되는 양파의 대부분을 차지한다. 백색 양파는 매운맛이 강하고 저장성은 좋은 편이며, 미국이나 남아메리카에서 주로 이용된다. 적색 양파는 인도 등에서 많이 재배되며, 단맛이 강하고 매운맛은 상대적으로 적은 품종이다.

양파를 가장 많이 즐기는 민족으로 중국인을 들 수 있다. 고기를 즐기는 프랑스 사람들이 날씬하면서 심혈관 질환에 잘 걸리는 않는 이유가 포도주 때문이라는 것을 '프렌치 패러독스'라고 하는데, 이를 빗댄 '차이니즈 패러독스'라는 말도 있다. 기름진 음식을 많이 먹는 중국인이 날씬한 몸매를 유지하고 심장병에 걸리는 빈도가 낮은 이유가 바로 양파라는 것이다. 최근 중국에서 비만이 급격히 증가하는 것으로 보아 양파가 언제까지 역할을 할지는 의문이지만, 오랜 세월 양파는 중국요리에 꼭 이용되는 필수 양념 채소였다.

서양에서도 양파는 중요한 채소다. 고대 그리스에서는 올림픽을 준비하는 운동선수들이 많은 양의 양파를 주스와 생과로 섭취했는데, 양파가 체액의 균형을 바로잡아준다고 믿었기 때문이다. 알렉산더 대왕과 양파 이야기도 유명하다. 고대 그리스의 알렉산더 대왕은 대제국을 건설하면서 수많은 전쟁을 치렀는데, 그때 군사들에게 많은 양의 양파를 먹여 체력을 보강했다는 이야기다.

양파는 왜 건강에 좋은 식품일까? 양파에는 탄수화물, 단백질, 무기물 등이 다량 함유되어 있는 반면, 지방과 나트륨 함량은 낮은 편이다. 또한 포도당, 설탕, 과당, 맥아당 등이 포함되어 있어 특유의 단맛이 난다. 양파 100그램당 칼륨 144밀리그램, 칼슘 16밀리그램, 철 0.4밀리그램, 인 30밀리그램 정도의 무기질이 함유되어 있고, 식이섬유와 엽산도 풍부한 편이다. 비타민C가 10~20밀리그램(100그램당)으로 많이 들어 있으며, 비타민B군도 들어 있다 그리고 휘발성 유황화합물이 많아 코를 찌르고 눈물이 나게 하는 양파 특유의 향을 형성한다. 양파에 열을 가하면 이 성분의 일부가 분해되어 단맛이 증가하는데, 양파를 오래 볶아서 만드는 양파수프는 바로 이런 원리를 이용한 것이다.

그런데 양파의 기능성 성분은 겉껍질에 많은 퀘르세틴 quercetin이다. 항산화 작용으로 혈관벽의 손상을 막고, 나쁜 콜레스테롤LDL 농도를 낮추는 효과가 있어 최근 주목받고 있다. 또한 양파의 글루타티온glutathione은 눈의 수정체가 흐려져 나타나는 백내장 등 각종 눈병의 예방에도 효과가 있다. 양파가 동서양을 막론하고 만병통치의 채소로 주목받아온 데는 다 그 이유가 있다.

양파는 동서양의 음식에 두루 쓰이는 식재료다. 잘게 다지거나 썰어서 양념으로 활용한다. 고기를 연하게 하고, 좋지 않은 잡냄새도 없애줘 서양의 고기요리에 많이 활용되고 기름기가 많은 중국요리에도 없어서는 안 될 재료다. 샐러드 등의 형태로 생식해도 좋고, 열을 가하면 부드럽고 단맛이 강해지므로 수프부터 파이까지 다 이용된다. 매운맛이 덜한 적색 양파는 색을 살려 샐러드 등으로 먹을 수 있다.

우리나라에서는 요리의 부재료로 많이 이용되었다. 최근에는 양파김치를 비롯해 구이나 찜 등 주재료로도 이용이 확대되어 두 번째로 많이 소비하는 채소로 등극했다. 양파를 식초나 간장에 절이는 양파간장초절임이나 양파장아찌는 매운맛을 줄여주면서 저장성도 높이는 음식이다.

양파는 껍질이 잘 마르고 광택이 있고, 둥글고 단단하며, 중량감이 있으며, 색이 선명하고 윤기가 나는 것이 좋다. 구입한 양파는 종이봉투나 망에 넣어 서늘하고 바람이 잘 통하는 곳에 보관하면 된다. 이때 건조한 상태를 유지하는 것이 중요하다. 그런데 퀘르세틴 성분은 바로 양파 껍질에 많으므로 껍질을 벗겨버리지 말고 조리하는 것이 양파를 제대로 먹는 방법이다.

토마토가 빨갛게 익으면 의사 얼굴이 파래진다

건강을 위해서는 채소와 과일을 많이 먹는 것이 좋다. 그러나 과일에는 당분이 많아서 너무 많이 먹는 것이 바람직하지 않다고도 한다. 그러나 토마토는 당 걱정 없이 즐길 수 있는 과일이다. 이 시대의 가장 매력적인 과일을 꼽으라면 토마토가 첫손가락이다. 여름 늦더위가 이어지면 보양식을 찾게 된다. 우리는 보양식 하면 대개 삼계탕, 개고기, 장어 같은 것을 떠올린다. 그러나 이런 고단백 보양식은 고기를 자주 먹지 못하던 과거의 것이고 요즘처럼 영양 과잉 시대에 이상적인 여름 보양식은 바로 토마토다. 토마토는 무더운 여름이 제철이다.

토마토는 전세계인이 즐겨 먹는 건강 과일이지만, 처음부터 환영받은 작물은 아니었다. 토마토는 원래 남미 안데스 산맥에서 태어났다고 추정된다. 그러다가 16세기 초 유럽으로 건너갔는데, 처음에는 독초 취급을 받았다. 그러나 원래 건조하고 햇빛이 많은 곳에서 잘 자라는 토마토는 지중해 연안을 중심으로 재배되면서 그 진가가 알려지고 점차 사랑받으며 유럽 전체로 전파되었다. 이후 토마토는 유럽요리에 빠져서는 안 되는 중요한 식품으로 발전하였다. 재미있게도, 고향을 떠난 지 거의 300년 만에 신대륙인 미국에 다시 소개된 붉은 토마토는, 중국음식으로 알려진 케첩과 결합해 토마토케첩으로 재탄생하였다. 현재 토마토케첩은 전세계인의 식탁에서 빠지지 않는 중요한 소스다.

우리나라에서는 처음에 관상용으로 토마토를 심었다고 전해진다. 토마토는 모두가 알지만 '일년감'을 아는 사람은 드물다. 일년감은 국어사전에 등재된, 토마토의 한글 이름이다. '일 년을 사는 감'이라는 뜻이다. 옛 문헌에는 한자 이름 '일년시一年柿'라고 나온다. 토마토는 한국에 소개된 역사가 의외로 길다. 조선시대 유학자 이수광은《지봉유설》에서 토마토를 감 시(柿) 자를 써서 '남만시南蠻柿'라고 소개했다. '남쪽 오랑캐 땅에서 온 감'이라는 뜻이다.《지봉유설》이 나온 해가 1614년이니 그전에 이미 토마토가 한국에 들어왔음을 알 수 있다.

유럽 속담에 "토마토가 빨갛게 익으면 의사 얼굴이 파랗게 된다."라는 말이 있다. 그만큼 건강에 좋다는 말이다. 어떤 성분이 토마토를 최고의 건강식품으로 만드는지 한번 따져보자.

먼저, 토마토에는 각종 유기산, 아미노산, 루틴, 단백질, 당질, 칼슘, 칼륨, 철, 인, 비타민A, 비타민B_1, 비타민B_2, 비타민C, 식이섬유 같은 많은 영양소가 들어 있다. 비타민C의 경우 토마토 한 개에 하루 섭취 권장량의 절반가량이 들어 있다. 또한 토마토에 함유된 비타민C는 피부에 탄력을 줘 잔주름을 예방하고 멜라닌 색소가 생기는 것을 막아 기미 예방에도 효과가 있다. 아울러 토마토에 많이 들어 있는 칼륨 성분도 매우 중요하다. 칼륨은 체내 나트륨을 몸 밖으로 배출해주는 중요한 역할을 하므로 우리나라 사람들이 짜게 먹는 식습관에서 비롯된 고혈압 예방에도 도움이 된다.

토마토가 건강식품으로 주목받은 가장 큰 이유는 리코펜 lycopene이라는 성분 때문이다. 토마토에는 리코펜, 베타카로틴 등 항산화 물질이 많은 편이다. 토마토가 예쁜 빨간색을 띠는 것은 카로티노이드carotinoid라는 식물영양소 때문인데, 그중에서도 특히 리코펜이 주성분이다. 잘 익은 빨간 토마토 100그램에는 리코펜이 7~12밀리그램 들어 있다. 토마토 한 개가 약 200그램이므로 토마토 한 개를 먹을 때마다 리코펜 20밀리그램 정도를 섭취하는 셈이다. 리코펜의 효과는 노화의 원인이 되는 활성산소를 배출해 세포의 젊음을 유지하는 것이다. 또한 남성의 전립선암, 여성의 유방암, 소화기 계통의 암을 예방하는 데 효과가 있다. 리코펜은 알코올을 분해할 때 생기는 독성물질을 배출하는 역할도 하므로 술 마시기 전에 토마토주스를 마시거나 토마토를 술안주로 먹는 것도 좋다. 그래서 서양에서는 토마토를 해장용으로 먹기도 한다. 토마토는 다이어트에도 제격이다. 토마토 한 개의 열량은 35킬로칼로리에 불과하며 수분과 식이섬유가 많아 포만감을 주기 때문이다. 따라서 식사 전에 토마토를 한 개 먹으면 식사량을 줄이면서 소화를 돕고 신진대사도 촉진하는 효과가 있다.

우리나라에서는 토마토를 주로 과일로 취급했다. 어릴 적, 여름철이면 어머니가 토마토를 썰어서 설탕을 뿌려주던 달달한 맛이 추억으로 남아 있다. 그러나 외국에서는 달랐다. 미국에서는, 세금 문제 때문이기는 했지만, 토마토가 과일이냐 채소냐 하는 법정 시비가 있었다. 결국 대법원에서는 토마토를 채소로 판결했는데, 그만큼 채소로 많이 조리된 것이다. 그래서 서양요리에는 토마토를 이용한 다양한 조리법이 있다.

그럼, 토마토는 어떻게 먹는 것이 좋을까? 토마토는 덜 익어 파란 것보다 빨갛게 완숙된 것이 건강에 유익하다. 빨갛게 익은 토마토에는 리코펜 함량이 특히 많다. 리코펜은 열에 강하고 지용성이라 기름에 볶아 먹으면 체내 흡수율이 높아진다. 따라서 토마토는 열을 가해 조리해서 먹는 것이 좋다. 열을 가하면 리코펜이 토마토 세포벽 밖으로 빠져나와 우리 몸에 잘 흡수된다. 토마토에는 리코펜 외에도 지용성 비타민이 많이 들어 있으므로 올리브유 등 식용유에 익혀 먹는 게 좋다. 토마토를 기름에 볶아 푹 익혀서 퓌레 상태로 만들어두면 다양한 요리에 활용할 수 있다. 잘 익은 토마토를 껍질을 벗기고 으깨면서 체에 걸러 졸인 것이 토마토퓌레인데, 파스타 등에 사용하는 토마토소스는 마늘과 쇠고기를 다져서 올리브유에 볶다가 적포도주를 조금 섞고 토마토퓌레를 넣어서 쉽게 만들 수 있다. 토마토 껍질은 칼집을 살짝 낸 후 끓는 물에 잠깐 담갔다가 건져서 찬물에서 벗기면 손쉽게 벗길 수 있다.

우리나라에서는 19세기 초에 남쪽 오랑캐가 전해준 관상용 식물 정도로 생각해 '남만시'라고 불렸던 토마토지만, 이제는 전 세계인의 건강식품이 되고 우리 식탁에서의 위치도 달라졌다. 우리도 이제는 토마토를 생으로뿐 아니라 올리브유를 뿌려 구워 먹는 등 다양하게 즐기고 있다. 여기에 더해 푸른 토마토로 김치나 장아찌를 담그는 등의 다양한 한국형 채소요리에 응용해보는 것도 좋을 것이다.

줄그을 필요 없는 호박

과거에는 호박 하면 누렇고 쭈글쭈글한 '늙은 호박'을 떠올렸다. 호박은 박과에 속하는데, 늙은 호박은 동양 종이며 원산지는 다른 종과 마찬가지로 중앙아메리카로 보고 있다. 하지만 현대의 호박은 애호박, 주키니, 단호박 등 종류가 다양해졌고 시장도 세분화되었으며 소비량도 증가하고 있다. 멕시코 등 중미에서 태어난 호박은 그곳 원주민에게 중요한 식량이었다. 약 9,000년부터 재배된 것으로 추정되는데, 옥수수나 감자보다 훨씬 먼저 재배가 시작된 것이다. 신대륙의 호박이 전세계로 전파된 것은 1492년 콜럼버스의 아메리카 대륙 발견, 1518년 코르테스의 멕시코 정복 이후로 추정된다. 이후 호박은 포르투갈의 식민지 정복과 함께 유럽과 아시아로 전파되었다.

호박이 우리나라에 들어온 시기는 1600년대 초로 추정된다. 도입 경로는 명확하지 않은데, 포르투갈 상선을 통해 일본이나 중국으로 들어와 우리나라로 전해진 것으로 추측한다. 일본 유래설은 임진왜란 무렵 우리나라에 전해졌다는 설이고, 중국 유래설은 병자호란 무렵 다른 작물들과 함께 전해졌다는 것이다. 그런데 우리 재래종 호박이 일본 종과 형태가 다르고, 중국에서 유래한 작물에 붙여진 호胡라는 접두사가 호박에도 붙었기 때문에 중국설이 좀 더 유력해 보인다. 국내에 호박이 도입된 이후 실제 재배가 널리 확산되기까지는 상당한 시간이 걸렸을 것이다.

호박은 매우 다양한 품종이 존재한다. 전세계적으로는 30여 종의 호박이 있으나, 간단하게 애호박, 단호박, 늙은 호박으로 나누어 고르는 법과 보관법을 살펴보자.

먼저 애호박은 표면이 고르고 흠집이 없으며 꼭지가 신선한 상태로 달려 있는 것이 좋다. 잘랐을 때 씨앗이 너무 크거나 누렇게 뜬 것은 오래된 것이며, 손으로 눌러보아 탄력이 없는 것은 피해야 한다. 보관할 때는 물기를 없애고 수분 흡수력이 좋은 신문지나 종이에 싸 습기가 없는 곳에 차게 두어 싱싱함을 유지한다. 단호박은 색깔이 고르게 짙고 단단하며 크기에 비해 무거운 것이 좋다. 직사광선을 피해 서늘한 곳에 보관하며, 오래 보관해야 할 때는 씨가 있는 무른 부분을 긁어내고 랩으로 싸서 냉동실에 보관한다. 늙은 호박은 크기가 크며 몸체의 윤기가 있고 담황색을 띠고 껍질이 단단한 것이 좋다. 물기가 있으면 상하기 쉬우므로 물기를 잘 제거한 후 비닐봉투에 담아 냉장고에 보관하면 된다.

호박 품종 중에서 오랜 세월 우리 민족과 함께해온 것이 바로 늙은 호박이다. 늙은 호박의 정식 이름은 청둥호박이며, 맷돌호박이라고도 한다. 맷돌호박은 모양이 맷돌처럼 둥글납작하게 생겼다 하여 붙여진 이름이다.

호박은 못생긴 사람에 비유되는 것으로도 억울할 텐데, 아예 이름이 '늙은 호박'이니 어떤 심정일까? 그런데 실제로는 젊은 호박보다 늙은 호박이 영양이 더 많고 쓰임새도 더 다양하다. 서양에서도 핼러윈데이 하면 가장 먼저 떠오르는 것이 늙은 호박으로 만든 장식품이다. 늙은 호박은 여름에 수확하지 않고 완전히 익을 때까지 기다렸다가 겉과 속이 모두 노랗게 되었을 때 수확한 것이다. 늙은 호박은 애호박이나 풋호박에 비해 성숙하다는 의미로 붙여진 이름으로 보면 된다.

세상사를 말할 때는
겉만 보고 말하지 마라
홀로 꽃 피우고 맺힌
호박덩이일지라도

단 한순간도 허투루 살지 않았다
숨 턱턱 막힌 삼복더위와
쳐서 넘은 입동까지도
지칠 줄 몰랐을 저 불 같은 성정

— 박철영, 〈늙은 호박〉 중에서

늙은 호박을 두고 노래한 시인은 호박의 겉만 보고 말하지 말고 늙은 호박이 견뎌낸 시간을 기억하라고 말한다. 그래서일까? 늙은 호박은 늙은 기간만큼 성숙하고 더 많은 영양소를 간직하고 더 많은 효능을 가진다. 사람이나 식품이나 마찬가지다.

호박은 전체가 다 쓸모가 있다. 어린 덩굴과 잎은 익혀서 무쳐 먹거나 쌈을 싸 먹거나 찌개나 국에 넣어 먹고, 미숙과인 애호박은 주로 호박나물이나 호박전 등으로 조리한다. 완숙과인 늙은 호박은 죽을 끓이기도 하고 말려서 겨울에 각종 요리에 쓰기 좋다.

늙은 호박은 여러 측면에서 쓸모가 많은 채소다. 껍질이 단단하여 저장성이 좋기 때문에 식량이 부족하던 조선시대에는 가을부터 이듬해까지 구황식품으로 이용되었다. 호박은 잘 익을수록 당분이 증가해 맛이 달아지니 어린 호박보다는 늙은 호박이 영양이 더 좋다. 그리고 늙은 호박의 당분은 소화 흡수가 잘되어 위장이 약한 사람이나 회복기의 환자에게 유익하며 전분이 풍부하고, 비타민A 함량이 높다.

늙은 호박에서 특히 중요한 성분이 베타카로틴으로, 이 성분 때문에 노란빛을 띤다. 컬러푸드의 대명사로 볼 수 있으며 미국에서는 슈퍼푸드로 선정되기도 했다. 이 베타카로틴은 체내에 들어가면 비타민A로 전환된다. 베타카로틴은 매우 중요한 식물 영양소로서 항산화 기능을 갖기 때문에 체내 면역력 강화에 도움을 주며 최근에는 폐암 예방 효과까지 입증됐다.

또 미네랄 성분이 풍부한데, 미네랄 성분이 혈압을 조정해주기 때문에 저혈압과 고혈압에 두루 좋다. 당뇨병 치료에 도움을 주고, 중풍을 예방하는 효과도 있는 것으로 알려졌다. 식이섬유소도 풍부해 변비 해소에 효과적이고, 피부 미용과 노화 방지는 물론 기운을 북돋아주는 효능이 있다. 특히 호박은 이뇨 작용을 하여 출산한 여성의 부기를 빼는 데 효과가 있다고 과거로부터 알려져왔다. 최근의 실험에 의하면, 호박은 산모의 붓기를 빼는데 효과적일 뿐만 아니라 호박을 주원료로 한 한방 생약재 추출액을 분만 직후 산모가 섭취했더니 적혈구 수치 및 헤모글로빈의 수치가 올라가는 효과를 보였다. 늙은 호박은 여러모로 산모에게 도움이 된다고 입증된 셈이다.

예전에는 늙은 호박 하나를 밭에서 따오면, 과육으로는 죽을 끓이고, 박박 긁어낸 씨를 골라내 깨끗이 씻어 말려 먹었다. 호박씨의 껍질을 벗기느라 손톱이 아팠지만 그렇게 고소한 간식이 없었다. 호박씨에는 필수 아미노산과 비타민E가 들어 있어서 뇌의 혈액 순환과 두뇌 발달에 도움을 준다. 호박씨의 지방에는 불포화지방으로 머리를 좋게 하는 레시틴 성분이 많고, 단백질을 구성하는 필수 아미노산이 많이 들어 있기 때문이다. 또 혈압을 낮춘다는 연구 결과도 있다. 기침이 심할 때 호박씨를 구워서 설탕이나 꿀과 섞어서 먹으면 효과가 있고, 젖이 부족한 산모가 구운 호박씨를 먹으면 젖이 많이 나오는 효과가 있다고 알려져 있다.

늙은 호박으로 만든 요리 중 가장 대중적인 것이 호박죽과 호박범벅이다. 고구마, 팥, 넝쿨콩, 찹쌀, 새알심 등과 함께 만드는 호박범벅은 맛도 좋지만 여러 가지 영양소가 함께 들어가니 더 좋다. 호박의 과육 부분을 쪄서 으깬 뒤 죽처럼 만들면 아이들도 좋아하는 호박죽이 되고 늙은 호박의 당분을 이용한 호박엿도 유명하다. 또 우리거나 졸여서 차로 마실 수도 있다. 호박차는 우리 몸을 따뜻하게 해 혈액 순환을 도와주기 때문에 날씨가 추울 때 마시면 더 좋다.

맛깔나는 붉은색, 당근

당근은 붉은색이 난다고 해서 홍당무라고도 하며, 한자로는 당나복唐蘿蔔, 호나복胡蘿蔔, 홍나복紅蘿蔔이라고 썼다. 우리나라의 기록으로는 《재물보才物譜》(이만영, 1798)와 《임원경제지林園經濟志》(서유구, 1800년대)에 당근죽이 나온다. 당근은 말이나 소의 사료로도 쓰여 '당근과 채찍'이라는 말이 있을 정도다. 당근의 원산지는 아프가니스탄으로 알려져 있으며, 지중해 연안과 중앙아시아에 걸쳐서 재배되었다. 유럽에는 10~13세기에 아랍 지역으로부터 전해졌다. 중국에는 13세기 말 원나라 초기에 중앙아시아로부터 들어왔으며 한국에서는 16세기부터 재배하기 시작했다.

당근에는 맥아당·과당 등의 환원당이 함유되어 있어서 감미가 강하다. 색소 가운데 베타카로틴이 약 60퍼센트를 차지하고 있어, 100그램당 비타민A가 1만 IU 이상 함유되어 있다. 비타민C도 많이 들어 있으나 산화효소가 많아서 갈거나 썰면 쉽게 산화된다.

환절기 건강에는 당근이 최고다. 당근에 풍부한 베타카로틴과 플라보노이드flavonoid, 비타민C 덕분이다. 이런 성분이 면역력을 높이고, 원기 회복에도 도움을 주어 만성피로를 예방하는 역할을 한다. 항산화 작용으로 피부를 맑게 할 뿐 아니라 모발 건조를 막아 윤기가 돌게 하며 탈모 예방에도 효과가 있다고 한다. 당근에는 장의 기능을 정상적으로 도와주는 비피더스균 생성 조력자인 비피더스 인자가 있어서 변비나 과민성 대장염 같은 기능성 장 질환에 도움이 된다. 당근은 암 예방에도 효과가 탁월한데, 미국 암연구소에서 진행된 연구 결과를 보면, 식도암 발병률을 60퍼센트까지 줄이고 위암과 폐암도 예방하는 것으로 나타났다. 이런 효능 때문에 고대 그리스와 로마에서는 해독제로 쓰였고, 인삼 재배가 어려운 일본에서는 인삼에 버금가는 약재로 여겼을 정도다.

다만, 당근은 소화 흡수율이 낮아서 볶거나 익혀서 먹는 게 좋다. 익히지 않을 경우에는 오일 드레싱을 곁들여 먹는다. 육류나 녹황색 채소와 함께 먹으면 단백질이 보충되고 비타민 흡수가 더 잘된다. 다만 무나 오이 같은 채소와 섞어 즙을 내면 비타민C가 파괴된다. 이런 경우는 식초를 넣거나 당근을 익혀서 넣는 것이 좋다. 당근의 베타카로틴 성분은 주로 껍질에 집중되어 있어서 잘 씻어서 껍질째 먹는 것이 좋다.

인류를 기근에서 구한 감자

감자는 우리 식탁에서 늘 만날 수 있는 식재료로 생각해 제철 개념이 없는 편이다. 그러나 감자는 6월부터 10월까지가 제철이라 특히 맛도 좋고 영양도 풍부하다. 감자 하면 포테이토칩이나 프렌치프라이를 떠올려 간식거리로 생각하지만 쌀, 밀, 옥수수와 더불어 세계 4대 식량작물이다. 1845년에서 1852년까지 아일랜드에서 발생한 대기근이 감자 생산량의 감소 때문이라는 사실은 잘 알려져 있는데, 그만큼 인류는 감자에 의존하고 있다.

감자는 약 7,000년 전 페루 남부에서 태어나 안데스 산맥 잉카인의 식량으로 쓰였다. 신대륙 발견으로 다른 많은 작물과 함께 스페인 사람들에 의해 유럽으로 퍼져나가, 현재 전세계인이 사랑하는 작물이 되었다. 처음 유럽 사람들은 감자를 관상용 정원 식물로 키웠고 심지어는 최음제로 오인하기도 했다. 또, 악마의 식물이라 하여 심한 배척을 받기도 했다. 그러나 메마른 땅에서도 잘 자라는 데다 풍부한 탄수화물을 갖고 있어, 곧 유럽의 굶주림을 해결해주는 중요한 작물이 된다. 특히 18~19세기에 세계적으로 급격한 인구 증가가 발생했을 때, 감자는 싸고 실용적인 농작물로 자리 잡았다. 아마도 감자 하면 어두운 배경의 고흐 작품 〈감자 먹는 사람들〉(1853)을 떠올리는 사람도 있을 것인데, 이 당시 감자는 가난한 소작인들의 주식이자 생명줄이었다. 감자는 16세기경 네덜란드의 상인들에 의해 중국에 전래된 것이 우리나라로 들어왔다고 추정된다. 이규경(1788~1863)의 《오주연문장전산고》에는 1824~25년, 명천의 김씨가 북쪽에서 가지고 왔다는 설, 청나라 사람이 인삼을 몰래 캐가려고 조선에 들어왔다가 떨어뜨리고 갔다는 설이 소개되어 있다.

땅 속의 감자를 들어 올리면 '말에 다는 방울들이 모여 있는 것같이 생겼다.' 하여 마령서馬鈴薯라고 불렸는데, 감자甘藷는 '북방에서 온 고구마'라는 뜻인 '북방감저'에서 그 유래를 찾을 수 있는 이름이다. 감자와 고구마는 생긴 모양이 비슷해 이름도 공유했지만, 전혀 다른 작물이다. 감자는 고추, 가지, 토마토, 담배와 함께 가짓과Solanaceae에 속하는 작물이다. 감자에서 식용하는 부위를 흔히 고구마처럼 '뿌리'라고 오해하지만 사실 줄기가 변해 만들어진 땅속줄기로, 고구마 뿌리와는 근본적으로 생성 원인이 다르다.

감자는 영양과 효능도 좋은 편이다. 우선 영양 성분을 살펴보면 감자 100그램에는 수분 75퍼센트, 녹말 13~20퍼센트, 단백질 1.5~2.6퍼센트, 무기질 0.6~1퍼센트, 환원당 0.03밀리그램, 비타민C 10~30밀리그램이 들어 있다. 감자의 주성분은 전분, 즉 탄수화물로, 필수적인 에너지원이다. 또 철분, 칼륨과 같은 중요한 무기질 및 비타민C, 비타민B$_1$, 비타민B$_2$, 니아신 등 인체

그림 17 고흐, 감자 먹는 사람들

에 꼭 필요한 비타민을 함유하고 있다. 감자에는 특히 비타민C
가 많은데, 고혈압이나 암을 예방하고 스트레스로 인한 피로와
권태를 없애는 역할을 한다. 게다가 다른 채소들을 조리할 때는
대부분 비타민C가 파괴되는 데 비해, 감자의 비타민C는 익혀도
쉽게 파괴되지 않는 장점이 있다.

감자에는 수박이나 사과 같은 과일에 비해 칼륨이 4배 이상
함유돼 있다. 칼륨은 나트륨의 배출을 도와, 짜게 먹는 식습관을
가진 한국인에게 유익하다. 소금기 있는 음식을 금방 줄이기 힘
든 당뇨 환자들이 감자를 다른 음식과 함께 먹으면 좋은 효과를
얻을 수 있고, 고혈압 환자의 혈압 조절에도 도움을 준다. 또한,
식물성 섬유질인 펙틴이 들어 있어 변비에 특효가 있다.

감자는 염증 완화, 화상, 고열, 편도선이나 기관지염에 효과가 있다고 알려졌다. 이런 효능은 실험을 통해서도 밝혀지고 있다. 과거 우리나라에서는 감자 생즙을 관절염 및 통증을 억제하는 민간요법으로 사용했다. 실제로 감자 추출물의 항산화 활성을 연구한 결과, 활성산소를 제거해 우수한 환원력을 가진 것으로 검증되었다. 또한, 적색과 보라색 안토시아닌 색소가 풍부하게 함유된 유색 감자 추출물의 항산화 및 항고혈압 활성 연구에서도 항산화, 활성산소 소거 활성 및 항고혈압 활성이 높다고 나타났다. 유색 감자가 시각적인 효과뿐 아니라 기능성이 증대된 식용 감자로서 이용가치가 충분하고 검증된 것이다. 또한, 감자에서 추출한 폴리페놀polyphenol 성분이 콜레스테롤을 투여한 흰쥐의 간장에서 지질 과산화를 억제하는 것을 확인하는 등 감자의 항산화 효능을 밝혀낸 실험이 많다.

그럼, 감자는 어떤 것을 구입해 어떻게 보관하는 것이 좋을까? 표면에 홈집이 없이 매끄럽고 눈이 작은 것을 선택하는데, 무거우면서 단단한 것이 좋다. 싹이 나거나 녹색이 도는 것은 피해야 한다. 싹이 돋은 부분에는 솔라닌이라는 독 성분이 생기므로 싹이 나거나 빛이 푸르게 변한 감자는 먹지 않도록 주의해야 하며, 보관 중에 싹이 난 감자는 씨눈을 깊이 도려내고 사용해야 한다. 감자는 바람이 잘 통하는 곳에 검은 봉지나 신문지, 상자에 넣어 보관하는 것이 좋다. 껍질을 벗긴 감자는 갈변이 일어나기 때문에 찬물에 담갔다가 물기를 뺀 후 비닐봉지나 랩에 싸서 냉장(1~2℃) 보관한다. 껍질을 벗기지 않은 감자는 섭씨 7~10도에서 보관하면 몇 주간 저장할 수 있다. 상온에 보관할 경우에는 일주일 안에 먹는 것이 좋다.

감자의 조리법도 다양하다. 통째로 삶아서 먹는 것이 가장 간단한 방법이지만, 굽거나 기름에 튀겨 먹는 것도 많이 활용된다. 그 밖에 볶음, 전, 탕, 국, 범벅의 재료로 쓰이고, 서양요리에서도 다방면으로 쓰인다. 감자는 공업적 식품가공의 재료로도 널리 활용된다. 감자 녹말은 희석식 소주에 들어가는 주정의 원료로 사용되며 당면 원료로도 이용된다. 함흥냉면의 쫄깃한 면은 지금은 고구마 녹말을 주로 쓰지만, 원래 감자 녹말로 반죽한 것이다.

감자가 제철인 여름에는 맛이 좋은 생감자를 쪄서 그대로 먹으면 그 맛과 영양을 제대로 즐길 수 있다. 아침에 일어나면 유독 잘 붓거나 평소 위궤양으로 고생하고 있다면 생감자즙이나 감자수프, 감잣국 등을 섭취하면 더욱 좋다. 가능하다면 기름에 튀기는 조리 방법은 피하는 것이 감자를 제대로 즐기는 방법이 될 것이다. 또한, 감자에 설탕으로 간을 하면 설탕을 대사하는 과정에서 비타민B_1이 소비되어 영양학적으로 좋지 않다.

8장

계절의 맛,
계절을 가리지 않는 맛

봄나물의 제왕, 두릅

길고 긴 겨울을 보내고 나면 우리 몸은 자연히 나른해진다.
이를 춘곤증이라고 한다. 그런데 우리 조상들은 이에 대한 해결
책도 같이 가지고 있었다. 바로 봄이면 산과 들에 지천으로 나
는 봄나물이다. 봄이 되면 겨울 동안 떨어진 면역력을 회복하고
춘곤증을 이기기 위해 제철 봄나물을 먹는다. 특히 봄에 새로
나는 어린 싹 대부분은 약한 쓴맛을 갖는데, 이 쓴맛이 열을 내
리고 몸이 무거운 것을 치료하며 입맛도 돋운다.

이렇게 산과 들에 지천으로 나는 나물 중에서도 으뜸이 바로
두릅이다. 두릅은 두릅나무에 달리는 새순을 말하는데 그 독특

두릅 동아시아에 분포하는 두릅나무과의 낙엽활엽교목. 이른 봄에 나는 어린 순을 나물로 먹는다.
1~2분간 데쳐 초고추장에 찍어 먹으면 특유의 향을 즐길 수 있다.

한 향이 일품이다. 두릅나무는 두 종류가 있다. 하나는 땅두릅으로, 작은 나무처럼 보이지만 풀이다. 4~5월에 돋아나는 새순을 땅을 파서 잘라내 먹는다. 키가 3~4미터나 자라는 두릅나무는 가지에 달리는 새순을 봄에 따서 먹는다. 그래서 두릅의 한자 이름은 나무의 머리 채소라는 뜻으로 '목두채木頭菜'다.

두릅은 쓸모가 많다. 봄철의 어린 순을 먹고, 열매, 껍질, 뿌리는 모두 한약재로 사용한다. 두릅은 채소치고는 비교적 단백질이 많으며, 섬유질과 칼슘, 철분 같은 무기질과 비타민B$_1$, 비타민B$_2$, 비타민C 등이 풍부하다. 특히 쌉쌀한 맛을 내는 사포닌 성분이 혈액 순환을 돕고 혈당을 내리고 혈중지질을 낮춰준다. 두릅은 또한 간에 쌓인 독소를 풀어내는 효능이 있고, 피와 정신을 맑게 한다. 냉이, 달래, 쑥, 원추리, 돌나물 등 숱한 봄나물이 있지만 사포닌 성분 때문에 두릅을 최고로 친다.

두릅은 어떻게 조리해 먹는 것이 좋을까? 껍질부터 순, 잎, 뿌리까지 버릴 것이 하나도 없는 두릅은 살짝 데쳐서 초고추장에 찍어 먹는 방법이 가장 많이 쓰이지만, 산적, 잡채, 김치 등 어떤 요리에도 향긋하게 잘 어울린다. 두릅의 쓴맛은 몸에 좋은 성분이지만, 거슬린다면 끓는 물에 데쳐 쓴맛을 우려낸다. 어리고 연한 것을 골라 껍질째 옅은 소금물에 삶아 찬물에 헹궈 건진다. 삶은 두릅을 상온에 오래 두면 색깔이 변하므로 주의한다. 오래 보관하고 싶으면 소금에 절이거나 얼리면 된다.

봄이 되면 다른 호사를 누리지 못하더라도, 나물의 제왕 두릅으로 향긋한 봄 향기를 느끼는 호사만은 놓치지 말자.

봄나물의 결정판, 오신채

나물은 뭐니 뭐니 해도 봄의 음식이다. 우리 민족이 긴 겨울을 지나고 봄이 오면 반드시 먹었던 음식 또한 오신반五辛盤 혹은 오신채五辛菜 (혹은 오훈채)였다. 오신채 또는 오신반이란 매운맛이 나는 다섯 가지 색깔의 햇나물 모둠음식인데, 파, 마늘, 달래, 부추, 염교 같은 자극적이고 향이 강한 식물을 말한다. 불교나 도교에서는 금하지만 일반 민속에서는 화합과 융화를 상징하는 식품으로 여겨 입춘立春에 꼭 먹었다. 영양학적으로 보면 겨우내 결핍된 신선한 채소를 보충하기 위함이었다. 시대와 지방에 따라 오신채를 상징하는 나물 종류는 다 달랐다. 하지만 원래는 경기도의 산이 많은 지역에서 긴 겨울을 지나고 나오는 햇나물을 눈 밑에서 캐낸 것을 가리킨다. 이를 임금에게 진상해 수라상에 반드시 올렸다 한다. 그러면 임금은 신하들에게 이 오신채를 하사해 함께 나누어 먹으며 왕과 신하 간의 결속을 다졌다.

白蔥黃韭與靑芹 하얀 파와 노란 부추와 푸른 미나리
甘菜芥芽供五辛 승검초와 개자로 오신채를 이바지하네.
春入千門纖手送 봄에 아녀자들이 캐서 궁궐에 보내는데
滿盤香味動牙脣 그릇 가득 향긋한 맛 입맛을 돋구네.

— 홍석모, 〈도하세시기속시都下歲時紀俗詩〉 중 '채반菜盤'

이후 민간에서도 이를 본받아 입춘절식立春節食을 먹는 풍습이 생겼다. 여러 가지 나물 가운데 노랗고 붉고 파랗고 검고 흰 다섯 가지 나물을 골라 무쳤는데, 오행의 철학을 밥상에서 실천한 것이다. 노란색의 싹을 한복판에 무쳐놓고 동서남북에 청, 적, 흑, 백의 나물을 놓았는데, 이런 배치는 임금을 중심으로 하여 사색당쟁을 초월하라는 의미라고 한다.

또한, 이 험한 세상을 살아가면서 겪는 괴로움[人生五苦]처럼 맵고 쓰고 시고 짜고 쏘는 맛의 오신채를 먹음으로써 견디라는 교훈도 담겨 있다. 오색 나물은 각각 인(仁-간-청색), 의(義-폐-백색), 예(禮-심장-적색), 지(志-신장-흑색), 신(信-비장-황색)을 상징한다.

더운 여름철의 아삭한 위로, 오이

오이는 우리가 여름철에 즐겨 먹는 채소다. 덥고 짜증나는 여름철이면 그 아삭아삭한 식감과 산뜻한 맛으로 사람들을 유혹한다. 오이는 생으로도 먹고 김치나 장아찌로 담가 먹으며 오이선이라는 아름다운 음식으로도 만들어 먹는다. 오랫동안 우리 민족과 함께한 우리 채소지만 세계인이 함께 즐기는 채소이기도 하다. 오이피클도 서양인이 즐기는 음식이다.

오이는 최소한 3,000년 전부터 재배한 것으로 추정되는데, 원산지는 인도의 서북부 히말라야 지방과 네팔로 추정한다. 우리나라에는 1,500여 년 전쯤인 삼국시대에 중국으로부터 도입된 것으로 보이니 오래된 셈이다.

오이는 박을 뜻하는 '과瓜' 자 돌림 채소의 하나로, 과 자 돌림 채소는 그 종류가 매우 다양하다. 물외를 일컫는 호과胡瓜, 동아로 불리는 동과冬瓜, 참외를 가리키는 첨과甛瓜, 호박을 뜻하는 남과南瓜, 수박을 가리키는 서과西瓜, 수세미를 일컫는 사과絲瓜, 조롱박을 가리키는 포과匏瓜 등이다. 지금의 오이는 황과黃瓜라고 불렸다. 오이는 박과에 속하는 한해살이 덩굴식물이다. 영어로 오이를 뜻하는 cucumber는 어원이 재미있다. 라틴어에서 유래되었는데, 가운데가 빈 그릇이라는 의미라고 한다. 오이를 길게 잘라 두 조각을 내면 그 모양이 그릇과 비슷한데 이에서 유래된 듯하다. 중국인도 오이를 즐겨 먹었다. 중국에는 오이를 먹으면 미인이 된다는 말이 있으며, 미인에게서는 언제나 오이 냄새가 난다고 해 여성들이 생오이를 가슴에 품고 다닌 일까지 있었다고 한다. 최근에는 오이의 미백 성분이 밝혀져 오이를 얼굴에 붙이는 마사지도 하니, 예로부터 미인과 오이는 불가분의 관계인 듯하다.

오이는 굵기가 머리에서 끝부분까지 일정하고 곧은 것이 좋다. 한쪽 끝은 가늘고 다른 쪽 끝만 유난히 굵은 것은 씨가 많아 좋지 않다. 중간에 우툴두툴한 돌기가 많아야 싱싱한 것으로, 겉껍질이 마르지 않도록 종이로 싼 다음 냉장고에 넣어두면 일주일 정도 보관할 수 있다.

오이는 95퍼센트 이상이 수분으로 이루어져 있어 영양소는 적은 편이다. 그러나 비타민C, 칼륨, 무기질이 풍부한 식품이라 영양 과잉인 현대인에게 알맞은 채소다. 특히 오이는 푸른 색깔, 아삭하게 씹히는 식감, 산뜻한 향으로 우리 식탁을 향기롭게 해주는 채소인데, 오이의 산뜻한 향은 '오이 알코올(2, 6-노나디엔올)'이라는 성분 때문이다. 오이의 쓴맛을 내는 '엘라테린elaterin'과 '쿠쿠르비타신cucurbitacin'이라는 성분은 소화 작용을 돕는다. 특히 취청오이에 GABA, 오이 알코올, 아스파라긴산, 글루탐산 등의 함량이 높으며 부위별로는 품종에 관계없이 쓴 꼭지 부위에 많이 있어 꼭지를 활용하는 것이 좋다.

오이는 조리 방법에 따라 종류를 선택하는데, 백오이(반백계 오이), 취청오이(청장계 오이), 가시오이, 청풍오이, 노각으로 나눌 수 있다. 반백계 오이는 연녹색을 띠며, 쓴맛이 덜하고 고소하므로 생채, 오이소박이, 오이지 등으로 쓰인다. 취청오이는 주로 절임이나 김치에 이용되고, 돌기가 많이 돋아 있는 가시오이는 씹히는 맛이 좋아 생으로 샐러드에 넣거나 비빔면에 넣으면 좋다. 늙은 오이라는 뜻의 노각은 늦여름에 나오는데, 껍질을 벗겨 초고추장으로 무치면 맛있다. 오이무름국은 노각의 씨를 빼고 고기와 두부를 섞은 소를 넣어서 고추장을 풀어 끓인 국으로, 여름철 더위를 식혀주는 음식으로 많이 먹었다. 오이를 넣은 고추장찌개나 지짐이, 찜도 많이 해 먹었는데, 오이를 찌개에 넣으면 국물이 시원하고 오이 살이 무르지 않아 활용할 만하다. 오이는 생으로 쌈장이나 고추장을 찍어 먹어도 좋고, 썰어서 드레싱을 뿌려 샐러드처럼 먹기도 하며 생채와 나물로도 만들어 먹는다. 오이나물은 아삭아삭 씹는 맛이 아주 좋다. 오이장아찌, 오이지 등을 만들어 오래 두고 먹을 수도 있다. 오이깍두기와 오이소박이도 여름철 별미 김치다. 소금이나 간장에 오래 절이는 장아찌 외에 오이급장과도 있다. 급장과(갑장과)는 급하게 익혀 먹는 장아찌라는 뜻인데, 오이를 소금에 절여 쇠고기나 버섯 등을 함께 넣고 볶아 먹는 요리다.

보양식보다 상추

여름철이면 아무래도 잘 지치고 기운이 떨어진다. 이럴 때 허약해진 몸에 원기를 주기 위해서 삼계탕 같은 보양식을 주로 찾는다. 그러나 이렇게 열량 높은 육류 대신에 여름철 눈부시게 아름다운 초록 잎의 쌈채소에 맛있는 강된장이나 약고추장을 올려 한입 가득 싸 먹는 것도 여름철 보양식으로 단연 최고다.

　상추의 옛 이름은 부루이며 한자로는 와거萵苣 혹은 와채萵菜라고 썼다. 지금도 북한에서는 상추쌈을 부루쌈이라고 부른다. 상추는 유럽 및 아시아 서부 지역이 원산지로 알려져 있는데, 우리나라에는 삼국시대에 전래되었다고 한다. 상추 재배의 역사는 무척 길어서, 기원전 4500년경의 이집트 피라미드 벽화에 작물로 기록되기도 했고, 기원전 550년경에는 페르시아 왕의 식탁에 올랐다는 기록도 남아 있다. 중국에서는 당나라 때인 713년 기록에 처음 등장한다.

　상추는 주로 쌈으로 싸 먹지만 겉절이로도 이용된다. 최근에는 상추물김치, 상추전, 상추나물 등으로 더욱 다양하게 이용되고 있다. 상추의 성분은 94퍼센트가 수분이고, 단백질 1.8퍼센트, 무기염류 0.7퍼센트가 함유되어 있다 또한, 비타민C와 카로틴도 들어 있다. 상추 줄기를 꺾으면 우윳빛 즙액이 나오는데, 예부터 이것이 정력을 강화해준다고 알려졌다. 그런데 과학적으로도 상추 줄기의 액에는 락투세린lactucerin, 락투신lactucin이라는 물질이 들어 있어서 진통 및 최면 효과가 있다. 상추를 많이 먹으면 잠이 온다는 속설도 근거가 있는 셈이다. 청상추에는 클로로필이라는 엽록소가 들어 있고, 적상추에는 안토시아닌이라는 색소가 들어 있어 항산화 작용을 하고 암을 예방하는 효과도 볼 수 있다. 상추에는 특히 육류에 부족한 비타민C와 베타카로틴, 섬유질이 풍부해서, 고기를 먹을 때 곁들이면 좋다. 체내 콜레스테롤이 쌓이는 것을 막아주고 피를 맑게 해준다.

여름에는 진초록색의 식물영양소가 풍부한 상추쌈에 맛난 쌈장 곁들여 먹으면서 무더위를 날려보자. 상추만으로 아쉽다면 삼겹살 한 점 곁들여 먹어도 좋고, 고등어조림이나 꽁치조림을 곁들여도 좋다. 상추쌈을 생각하니 벌써 입안 가득 침이 고인다.

가을철의 보약, 버섯

뜨거운 여름이 가고 가을이 되면 여름 내내 지쳤던 몸에 활력을 주는 음식을 찾게 된다. 가을은 수확의 계절이라 풍요롭고 다양한 먹거리가 우리를 유혹하지만, 그래도 꼭 한 가지 추천하라면 버섯을 들고 싶다. 버섯은 독특한 향기와 맛을 갖고 있기 때문에 우리나라뿐 아니라 세계 어느 나라에서나 애용되는 식품이다. 세상에는 2만여 종의 버섯이 있는데, 먹을 수 있는 것은 1,800여 종이라 한다.

우리나라 문헌에 버섯이 처음으로 등장한 것은 삼국시대다. 《삼국사기》에 왕에게 진상한 기록이 나온다. 고려시대에 이르면 오늘날의 대표적인 버섯인 송이버섯이 이인로의 《파한집》에 나오고, 우리나라에서 가장 오래된 의약서인 《향약구급방》과 이규보의 《동국이상국집》에는 마고蘑菰, 즉 표고버섯이 처음 등장한다. 조선시대에는 버섯의 종류, 특징, 약용법 등을 기록한 책이 여럿 간행됐는데, 이로써 옛날부터 버섯이 귀한 식재료였음을 알 수 있다. 우리나라에서는 송이버섯, 표고버섯, 느타리버섯, 싸리버섯, 능이버섯, 팽이버섯, 목이버섯, 양송이버섯, 석이버섯 등을 흔히 먹는다. 양송이는 세계적으로 널리 재배되는 버섯이다.

거의 모든 버섯에 들어 있는 식이섬유는 장의 연동 운동을 활발하게 해 변비 해소에 효과가 좋고, 설사, 위장 장애, 여드름 등 변비 때문에 생기는 여러 가지 질병도 예방한다. 또한, 혈중 콜레스테롤 수치를 떨어뜨려 고지혈증, 동맥경화 등을 예방하고 혈당 조절 효과가 있어서 당뇨병 예방에도 좋다. 특히 버섯은 채식을 할 경우 결핍되기 쉬운 비타민B 복합체와 칼슘 흡수를 촉진하는 비타민D의 선구물질인 프로비타민D를 공급하기 때문에, 채식 위주의 식단에서 결코 빼놓을 수 없는 식품이다.

새송이버섯은 자연산 송이와 맛이 비슷하지만 느타리버섯의 일종이다. 비타민C가 느타리버섯의 7배, 팽이버섯의 10배로 매우 높은 편이고, 양질의 단백질과 비타민B₂, 비타민D가 풍부해 영양 면에서도 송이 대용으로 손색이 없다. 영지버섯은 중국에서 2,000년 전부터 최고의 약초로 알려졌다. 명나라의 이시진은 《본초강목》에서 "만병을 다스리는 신초神草로서 장복하면 몸이 가벼워지고 늙지 않으며 수명을 연장시켜 신선이 된다."라고 했다.

이렇게 버섯은 종류가 다양하지만 일반적으로 버섯의 특징은 그 풍미와 맛에 있다. 향기의 성분은 렌티오닌lenthionine, 계피산 메틸methyl cinnamate 등이며, 맛 성분은 글루타민, 글루탐산, 알라닌 등의 아미노산으로 알려져 있다. 식용 버섯은 섭씨 5~10도에서 신선한 상태로 저장하거나 햇빛 또는 화력으로 건조해 저장성을 높인다. 특히 햇빛으로 건조하면 버섯에 함유된 에르고스테롤이 비타민D로 바뀐다.

버섯의 효과는 현대 과학적 연구에서도 속속 밝혀지고 있다. 미국의 터프츠대학교에서는 《영양학Journal of Nutrition》 최신호(2009년 5월)를 통해 "버섯은 그 속에 들어 있는 진균이 면역 체계를 강화시켜 박테리아와 바이러스의 감염을 차단하는 효과가 있다."라는 연구 결과를 발표했다. 또한 "버섯은 우리 몸을 감염으로부터 방어하는 데 중요한 역할을 하는 호르몬 유사 단백질 시토카인cytokine의 혈중 수치를 증가시킴으로써 면역력을 높인다."라고도 했다.

그러면 버섯은 어떻게 조리해 먹으면 좋을까? 표고버섯은 예로부터 불로장수의 묘약으로 여겨졌다. 중국에서는 표고버섯을 생기와 정력을 솟아나게 하며 감기에 잘 듣고 혈액 흐름을 좋게 하며 기운 보강에 좋다고 높이 쳤다. 표고버섯 특유의 독특한 감칠맛은 조리하면 더 강해지고, 향과 영양 성분은 생것보다 말린 것에 더 많다. 표고버섯은 돼지고기와 함께 먹으면 좋은데, 표고버섯의 향미와 감칠맛이 돼지고기의 누린내를 없애고 콜레스테롤의 위험도 막기 때문이다. 느타리버섯은 암 환자가 투병할 때 겪는 탈모, 구토 등 부작용에 효과가 있다는 연구 결과가 발표되기도 했는데 볶음, 산적, 전 등에 고루 이용할 수 있다. 한약재로 쓰일 뿐 아니라 잡채 등 각종 요리에 널리 쓰이는 목이버섯은 식이섬유가 주성분이고 단백질이나 비타민 등도 골고루 들어 있다. 목이버섯을 먹으면 대장 내에서 물을 흡수해서 변의 양을 많게 하는 등 변비 개선에 큰 효과를 볼 수 있다.

버섯은 상하기 쉬우므로 빨리 먹는 것이 좋다. 신선도가 떨어진 버섯은 중독의 원인이 되기 때문이다. 버섯을 보관하는 방법으로 염장, 건조, 냉장 등이 있다. 안전하면서도 일반적인 방법은 버섯을 삶아 소금을 뿌려 절이는 방법이다. 통조림이나 병조림으로 저장하기도 한다. 표고버섯은 생것으로 냉동시켜도 좋다. 다른 버섯은 소금을 쓰지 않고 삶아서 냉장고에 넣어두면 일주일 정도 보관할 수 있다.

버섯은 지금 가장 '핫한' 식재료다. 버섯은 오래전, 인류가 원시사회를 구성할 때부터 먹기 시작해 중세에는 버섯의 영양학적 기능성이 밝혀져 약재로 이용되었다. 근대에 이르러서는 인공 재배가 시작되었고, 현대에 와서는 신선식품 상태에서 버섯의 대량 생산이 가능해져 서민이 고루 즐기는 식품이 되었다. 농촌진흥청 자료에 따르면, 현재 버섯 생산액만 약 400억 달러를 넘는 거대한 시장이라고 한다.

그러니 버섯의 향이 가장 좋고 또 맛도 최고에 달하는 가을에는 반드시 챙겨 먹어보자. 생으로도 좋고 구이, 전골, 찜, 볶음으로도 좋고 또 잡채나 찌개 등 다양한 요리에 넣어서 먹어도 좋다. 여름의 폭염을 잘 이겨내고 맞이하는 가을은, 버섯이 있어서 더 행복하다는 소리가 나옴직한 계절이다.

곡물에서 채소를 얻는 지혜, 콩나물과 숙주나물

우리가 활용하는 채소 중 매우 독특한 것이 있다. 바로 콩나물과 숙주나물이다. 두 나물은 곡물인 콩(황두)과 녹두를 인위적으로 발아시켜 싹을 틔운 것이다. 콩나물과 숙주나물은 산과 들에서 나거나 밭에서 재배하는 채소와 다른 셈이다.

숙주나물은 예로부터 많이 먹어, 제사상에 올리는 삼색 나물 중 흰색을 담당하는 나물로 오래전부터 쓰였다. 홍만선의《산림경제》에 숙주나물이 다음과 같이 소개된다.

녹두綠豆를 가려서 깨끗이 씻고 물에 넣어 이틀 밤 담가둔다. 물기를 흡수하여 팽창하면 새로 물로 씻어서 그늘에 말린다. 지면을 깨끗이 하여 물로 축이고 한 겹으로 갈대로 만든 노석蘆席을 깐다. 여기에 콩豆를 펴고 분재로 덮어둔다. 하루 두 번 물을 뿌려서 싹의 길이가 1촌 정도 되기를 기다린다. 콩 껍질을 씻어내고 끓는 물에 데쳐 생강, 식초, 기름, 소금으로 양념하여 먹는다.

《만기요람萬機要覽》(1808)에는 숙주나물을 녹두장음綠豆長音이라 했다. 그런데 숙주나물이라는 이름은 서울에서만 쓰고 서울 이외의 지방에서는 녹두나물이라고 한다. 이렇게 서울에서 군이 숙주나물이라고 부르는 데에는 전해오는 이야기가 있다. 세조 때 단종을 배신한 신숙주의 이름에서 성을 지우고 숙주나물이라고 한다는 것이다. 녹두나물은 잘 쉬는데 신숙주의 변절을 이에 빗대 나물 이름으로 했다는 것이다. 게다가 숙주나물은 만두소로 많이 쓰이는데, 이때 숙주나물 짓이기듯이 신숙주를 짓이기자는 의미도 있다고 《조선무쌍신식요리제법》에 나온다. 얼마 전 종가음식 발굴을 위한 조사로 고령신씨 종가댁을 방문한 적이 있다. 이 댁의 내림음식을 물으니 '숙주나물'을 알려주셨다. 그런데 그 스토리는 전혀 달랐다. 오히려 신숙주가 녹두나물을 좋아해서 임금이 숙주나물이라는 이름을 하사했다는 것이다. 숙주나물 하나에 얽힌 스토리가 이렇게도 다를 수 있다는 사실을 알게 된 재미있는 경험이었다.

숙주나물에는 단백질과 비타민C가 비교적 많이 함유되어 있어서 건강에 좋다. 특히 비만인에게 좋은데 숙주나물에 섬유소가 풍부하고 지방대사를 도와주는 비타민B₂가 풍부하기 때문이다. 이 외에도 칼슘과 칼륨도 풍부해 나트륨 배출을 도와주어 고혈압에도 좋은 나물이다.

그럼, 숙주는 어떻게 먹는 것이 좋을까? 우리는 주로 나물로 무쳐서 먹는다. 머리나 꼬리를 다듬어서 끓는 물에 데쳐 무치는데, 식초를 넣은 초나물을 많이 하며 고기를 넣으면 더욱 맛이 좋다. 근대 조리서인 《조선무쌍신식요리제법》에서는 "숙주 꼬리를 따고 데쳐서 물에 흔들어 꼭 짜서 소금과 기름에 무쳐 먹으면 고소하고 아삭거린다."라고 했다. 같은 책에서 초나물에 관해서는 "숙주와 미나리를 데쳐 [물기를] 짜놓고 장과 초, 기름, 깨소금, 고춧가루를 넣는다. 파를 데쳐 넣고 물쑥을 넣어 먹는데 양지머리의 차돌박이나 제육을 썰어 넣으면 좋다. 움파를 많이 데쳐 넣는 것이 좋다."라고 했다. 이 외에도 숙주는 빈대떡에 넣어 부쳐 먹기도 하고 쌀국수에 넣어 먹기도 한다. 추석의 절식으로도 숙주나물은 빠지지 않으며, 제례상차림의 중요한 나물이다. 잘 변하고 상하기 때문에 만드는 즉시 먹고 오래 보관하지 않는 것이 좋다.

콩나물은 콩을 길러서 싹을 내어 먹는 나물이다. 콩은 거름 한 번 주지 않아도 어디서나 잘 자라고 종류만 해도 서른 가지가 넘는다고 한다. 이 가운데 콩나물로 쓰기에 적합한 것은 쥐눈이콩, 기름콩 등 알맹이가 작은 흰콩이다. 콩의 원산지는 만주 지방이며, 야생 콩을 재배하여 먹기 시작한 것도 우리 조상이다. 콩으로 메주를 쑤어 장을 담그고, 콩나물을 길러 먹고, 두부를 만들었다. 고려 고종 때의 《향약구급방》에 대두황大豆黃이라는 이름으로 등장하며, 조선시대의 《산림경제》에는 두아채豆芽菜라는 이름으로 소개되며 조리법도 수록되어 있다.

이웃 일본이나 중국, 동남아시아에서는 콩나물보다, 녹두로 기른 숙주나물을 많이 먹는다. 서양에서도 녹두나물은 간혹 먹어도 콩나물은 먹지 않는다. 콩이 콩나물이 되는 것을 보고 털이 있고 다리가 하나 달린 유령이 들어 있다고 생각했고, 고대 그리스와 로마부터 콩나물을 먹으면 광기와 악몽에 시달린다는 부정적 이미지가 있었기 때문이라고 하는데 확실하지는 않다.

콩은 "밭에서 나는 쇠고기"라는 말대로 단백질과 지방이 풍부한 영양 식품이지만 비타민C는 없다. 그런데 콩나물로 자라면 비타민C가 생긴다. 콩나물로 국을 끓이면 단백질 성분이 대부분 수용성으로 바뀌어 소화 흡수가 잘되며 그중에 아스파라긴산이라는 감칠맛을 내는 성분이 콩나물국의 독특한 향미를 내는데, 바로 이 성분이 피로 회복과 숙취 해소에 큰 효과가 있다. 특히 뿌리에 많이 들어 있으므로 뿌리를 떼어내지 않고 먹는 것이 좋다. 요즘에는 이 성분으로 숙취 음료를 개발해 좋은 반응을 얻고 있다. 해장국으로 콩나물국이 좋은 데는 다 이유가 있었던 것이다.

콩나물은 집에서도 쉽게 기를 수 있다. 콩을 씻는 과정에서 표피가 부분적으로 파괴되어 수분이 잘 침투하면 발아가 촉진되므로 깨끗이 씻고 공기가 들어가게 자주 저어주며 4~6시간 물에 담갔다가 물이 잘 빠지는 용기에 담아 기른다. 5~6시간 간격으로 물을 주는데, 7일이 지나면 잔뿌리가 많이 생긴다.

콩나물은 주로 물에 데쳐서 양념을 넣고 무치는데 1940년대 요리책에서는 콩나물을 삶지 않고 날것을 기름을 두르고 볶는 조리법이 나온다. 또한, 《조선무쌍신식요리제법》에서는 "콩나물은 뿌리를 따고 씻은 후에 고기와 함께 장을 넣고 볶거나 무나물같이 고명하여 먹기도 한다. 볶을 때 먼저 기름을 조금 넣고 볶으면 연하다."라고 했다. 1800년대 후반의 조리서인 《시의전서 是議全書》에서는 콩나물을 거두절미하여 볶는다고 했다.

콩나물을 이용한 음식은 전라북도에서 특히 발달했다. 예전부터 전라도 콩나물은 맛있기로 이름이 나 있고 전주비빔밥에도 반드시 콩나물이 들어가고 콩나물국을 함께 낸다. 여러 가지 재료에 겨자로 양념한 콩나물잡채도 별미다. 익산 지방의 콩나물 김치는 유명하다. 한편, 콩나물과 엿을 사기그릇에 담아서 아랫목에 묻어두었다가 삭힌 액은 감기 몸살에 효과가 있다고 한다.

3부

다양한
채소 조리의 세계

우리가 세계적인 채소 소비국이 될 수 있었던 것은 산이 많은 지형 조건으로 산나물과 들나물이 풍부한 덕도 있지만, 우리 민족의 탁월한 미감으로 채소를 다양하게 조리한 것도 그 이유의 하나다. 사실 채소는 일부러 찾아서 먹을 만큼 그리 맛있는 식재료는 아니다. 고기를 좋아하고 밝히는 것은 인류 보편적인 현상이지만, 채소를 밝히는 민족은 드물다. 물론 바로 이 점이 비만이라는 인류 건강상 최대의 고민을 낳았지만 말이다.

세계 대부분의 민족은 채소를 먹고 살아간다. 세계 여러 민족의 다양한 채소요리를 다 알지는 못해도 우리처럼 다양한 채소 조리법이 발달한 민족도 드물 것으로 짐작된다. 우리 민족이 채소를 맛있게 먹기 위해 얼마나 고심을 했는지 알 수 있는, 셀 수 없이 다양한 조리법이 과거로부터 전해 내려온다. 그중 일반적인 채소 조리법을 묶어서 분류해보니 대략 10여 종류로 대별된다. 여기에서는 대표적인 채소 조리법을 종류별로 살펴보고, 고조리서에 나오는 채소 조리법도 살펴보려 한다. 또한 세계의 채소요리와 비교적 전통 채소 조리법을 가지고 있는 북한의 채소요리도 살펴보겠다.

9장

다양한 채소 조리법

나물죽

채소는 우리 민족에게 생명줄과 같은 역할을 해왔다. 곡물 부족으로 인한 굶주림을 산나물과 들나물로 때워서 살아남았다고 해도 과언이 아니다. 나물을 이용한 조리법 중 굶주림 해결에 가장 많이 이용된 것은 바로 죽이었다. 기본적으로 쌀이 부족했으며 다른 잡곡까지 합쳐도 항상 곡물이 부족했는데, 이를 해결하기 위해 죽을 쑤어 먹었다. 곡물로 죽을 쑤면 양도 많아지고 소화에도 좋다. 이 곡물죽에 나물을 뜯어다가 넣은 나물죽을 쑤어 일상식으로 먹기도 하고, 구황식으로도 활용했다.

나물죽은 그야말로 우리 민족의 생존 조리법이었다. 조선시대 조리서에 등장하는 나물죽은 수도 없이 많다. 곡물에다가 온갖 나물을 넣고 죽을 끓였다고 보면 된다. 무죽, 당근죽, 쇠비름죽, 근대죽, 시금치죽, 냉이죽, 미나리죽, 아욱죽 등은 구황식일 뿐 아니라 일상식이기도 했다. 참깨죽, 마죽, 복령죽, 대추죽, 밤죽, 행인죽, 연밥죽, 가시연밥죽, 연근죽, 마름죽, 들깨죽, 잣죽, 방풍죽, 도토리죽, 생강죽, 호두죽, 개암죽, 지황죽, 구기죽 등은 별미로 먹기도 했다.

한편, 우리 조상들은 나물죽에서 풍류를 찾기도 했다. 매화꽃잎을 넣고 끓이는 매죽이나 방풍죽 등은 채소의 향을 즐기는 풍류죽이었다.

채소국

우리 민족을 국물민족이라고 하는데, 그만큼 국을 사랑한다는 의미다. 오죽하면 "너 그렇게 하면 국물도 없어."라는 말까지 있겠는가? 국이 없으면 밥을 못 먹는 사람도 있을 만큼, 우리 민족에게 국은 매우 중요한 음식이다. 국은 끓이는 재료도 매우 다양하다. 설렁탕, 곰탕, 갈비탕처럼 몸이 허할 때 찾는 고깃국도 많지만 여러 가지 채소를 활용한 나물국이야말로 그 종류가 많다.

국의 재료로 활용되는 채소는 다양하다. 아마도 거의 모든 채소가 국의 재료로 활용되는 것으로 보인다. 봄에 끓이는 냉잇국, 쑥국, 소루쟁잇국이 대표적이고, 뭇국, 배춧국, 우거짓국, 콩나물국도 한국인의 대표적인 채소국이다. 여름에는 오이를 이용한 오이무름국을 끓였고, 가을에는 비싼 송이를 사용한 송잇국도 많이 끓였으며 토란국은 가을철의 대표적인 계절음식이다. 지금은 거의 사라졌지만, 순채를 활용한 국인 순채갱도 조리서에 귀한 국으로 나온다. 물에서 자라는 다년생 식물인 순채는 과거에 즐겨 먹던 고급 식재료인데, 점액에 싸인 어린 잎을 주로 먹는다. 이 잎을 꿀물에 마시곤 했다고 한다. 그러나 현재 순채는 소량만 생산되고 있으며 그나마 일본에 거의 수출되고 있어 맛보기가 어렵다.

채소를 삶아 넣고 끓인 국은 지혜의 국이라고 부르고 싶다. 쌀뜨물에 삶아낸 나물을 넣고 된장을 풀어 끓인 국이다. 나물에는 비타민이 많다. 그리고 쌀을 씻고 난 쌀뜨물에도 수용성 비타민이 남아 있게 마련이고 거기다 당질 성분이 있다. 된장은 뭐니 뭐니 해도 우리 민족의 유일한 콩 단백질 공급원이 아닌가? 거기다 멸치라도 넣으면 그야말로 당질, 단백질, 비타민, 무기질의 훌륭한 급원음식 역할을 했다.

채소찜

찜요리는 갈비찜, 닭찜, 생선찜같이 육류나 어패류를 이용한 요리가 일반적이다. 그러나 채소 역시 좋은 찜요리의 식재료로 활용되었다. 호박찜, 배추속대찜 그리고 고급스러운 죽순찜, 오이찜, 무찜, 송이찜에 동아찜까지, 최고 수준의 찜요리가 있다.

여기서는 오이찜, 송이찜 그리고 동아찜의 조리법을 소개하고
자 한다. 오이찜이나 가지찜은 1600년대의 고조리서《음식디미
방》에 나오는데, 가지찜의 조리법은 다음과 같다. "가지 꼭지를
자르지 않고 네 쪽으로 쪼개 물에 담갔다가 독한 물이 우러나거
든 아주 단 된장을 걸러서 기름, 진가루(밀가루), 후추, 천초, 초,
채썬 파로 양념하여 사발에 담아 솥에 중탕하여 무르게 쪄서
쓰고, 오이찜도 이와 마찬가지로 한다." 보편적인 채소찜 조리법
이라고 볼 수 있다.

1766년에 편찬된《증보산림경제》에는 좀 더 고급한 채소찜이
등장한다. '황과란黃瓜爛'이라는 이름의 음식이 그것이다. 황과는
오이를 말하므로 오이찜으로 볼 수 있다. "늙은 오이를 껍질 벗
겨 오이 배의 삼면에 칼을 넣어 속을 대강 파내고 따로 쇠고기
와 여러 재료, 밀가루를 조금 섞어 배에 채운 다음 장수醬水에다
푹 삶는다."라고 조리법을 설명하고 있다.

송이찜이나 죽순찜의 경우는 '외증법煨蒸法'이 중요한 조리법
으로 등장한다. 잿불에 묻어 찌는 방법인데,《임원경제지》에 나
온다.《임원경제지》는《어우야담》을 인용해 스님들의 죽순찜 요
리를 소개한다. "8월이면 스님들이 밀가루와 참기름, 장을 가지
고 산 깊은 곳에 들어가서 어린 송이를 따고 줄기를 십자로 쪼
개 유장을 바르고 진흙을 발라서 쌓아올린 장작에 불을 질러
구워 먹는데, 그 향이 넘치고 맛이 천하일품"이라고 했다. 비슷하
게 송이를 외증하는 방법이《증보산림경제》,《수문사설謏聞事說》
(1700년대) 등에도 나온다.

가장 화려한 외증법 요리는 동아를 이용한 '동과찜'인 듯하다. 《규합총서》에는 "작은 동과의 꼭지 부분을 칼로 도려내고 속을 파낸 다음 돼지고기, 쇠고기, 백자, 계, 초 등 양념을 이겨 가득히 채우고 꼭지를 다시 덮고 진흙을 발라 강한 불에 구워서 쓴다."라고 했다. 외증으로 서서히 채소를 익혀 부드러운 맛을 내고 그 향을 제대로 즐기는 최고의 찜요리다.

숙채

우리나라 나물요리의 대표 선수는 숙채라고 할 수 있다. 숙채 혹은 숙채나물이란 채소를 살짝 데치거나 삶거나 찌거나 볶은 후 갖은양념에 무쳐서 먹는 것이다. 채소를 삶기 전에는 부피가 커도 일단 삶고 나면 수분이 빠지기 때문에 채소의 양이 확 줄어든다. 그래서 부담 없이 많은 양을 먹을 수 있게 된다. 또한 나물을 무치는 데 들어가는 재료 대부분이 생리활성 효과가 뛰어난 것이다. 우리가 양념[藥念]이라고 하는 물질이다. 섬유소를 충분히 섭취하면서 열량은 적고 양은 많기 때문에 포만감을 느끼고, 거기다 약이 되는 양념까지 첨가해서 먹으니 이보다 더 건강한 음식은 다른 나라에서 찾아보기 힘들다.

그런데 데치는 것과 삶는 것의 차이점은 무엇일까? 둘 다 물을 이용한 조리법이다. 데치는 것은 다음 조리의 준비 작업으로 볼 수 있고, 삶는 것은 양념을 가해 조리를 마무리하는 것으로 설명할 수 있다. 채소에 장이나 초를 넣어 주물러 무쳐낸 음식은 중국이나 일본에도 있다. 그러나 우리는 팔팔 끓는 물에 시간을 따져 살짝 데쳐내고 다양한 양념을 사용하며 또 손맛을 강조해 오물조물 무치는 것이 특징이다.

무침은 거의 모든 채소로 할 수 있는 조리법이다. 그렇지만 살짝 데치거나 좀 더 시간을 들여 데치는 등 채소마다의 조리 요령이 따로 있다. 두릅나물, 가지나물, 원추리나물, 순채나물, 마름나물, 박나물 그리고 무를 이용한 나복숙채나물이 데치는 방법을 이용한 음식이다. 봄이 되면 입맛을 돋우는 두릅나물은 팔팔 끓는 물에 살짝 데쳐 초고추장에 찍어 먹는 최고의 봄나물이다. 과거의 중요한 식재료였던 동아를 나물로 만드는 '동화돈채법'이 《음식디미방》에 소개되어 있는데, 동아를 납작하게 썰어 데친 후 기름장, 겨자, 식초, 간장에 무친 것이다.

그런데 조금 질기거나 아린 맛이 있는 산나물인 죽순, 고비, 고사리, 더덕, 도라지 등은 살짝 데치는 것이 아니라 충분히 삶아야 한다. 특히 죽순은 날것이 몸에 해로우므로 껍질째 데쳐낸 다음 충분히 삶아야 한다. 조선 후기의 조리서인 《시의전서》에는 "좋은 도라지를 삶아서 물에 우려내 엇비슷하게 썰어 진장에 볶아 깨소금, 기름, 고춧가루를 넣고 무친다."라고 했는데 더덕이나 고비, 고사리도 마찬가지로 조리한다. 삶아서 다시 볶고, 양념해서 무치는 과정까지, 섬세한 조리법이다. 채소의 질긴 정도와 성분 특성에 따라 조리법이 세세히 구분되어 있다. 그러니 우리의 채소문화가 유달리 발전할 수밖에 없었던 것이다.

숙채법은 나물에 있을지도 모르는 독성을 제거하는 데 결정적인 역할을 한다. 예를 들어 비름나물에는 수은이 포함되어 있는데, 3분 정도 데친 다음 깨끗이 씻어서 조리하면 상당 부분의 수은을 제거할 수 있다.

생채

생채나물은 채소를 깨끗이 씻어 생으로 먹는 것이다. 소금에 약간 절이거나 간장, 초고추장, 겨자, 식초 등으로 무쳐 먹는다. 서양에서 채소를 주로 먹는 방식인 샐러드와 가장 비슷한 조리법이다. 서양의 샐러드가 생채소에 소스를 뿌려 먹는 것이라면, 우리 생채는 역시 특유의 손맛으로 조물조물 무쳐 먹는다는 조리 방법상의 차이가 있다. 요즘에도 즐겨 먹는 무생채, 도라지생채, 오이생채 등이 대표적이다.

그런데 이 생채법은 조선시대 조리서에서는 거의 보이지 않고 주로 데쳐 먹는 숙채법이 많이 나온다. 우리가 들나물이나 산나물 같은 야생 나물을 많이 먹었기 때문에 쓴맛, 떫은맛, 아린 맛을 제거하기 위해 숙채법을 많이 쓴 탓이라고 볼 수 있다. 그러나 채소가 순하고 부드러워 그 질감을 살리고 싶은 경우는 생채법을 활용해 나물을 만들어 먹었다.

채소전

전은 우리의 대표적인 조리법이다. 기름을 이용한 조리 방법인데, 서양의 튀김요리에 대응하는 것이 우리의 전요리다. 고기를 부친 육전이나 흰살생선을 이용한 생선전이 보편적이기는 하지만, 다양한 채소를 이용한 전요리도 많이 발달했다. 《임원경제지》에는 죽순, 생강, 토란, 연근 등에 옷을 입혀서 기름을 두르고 지져낸 채소전이 소개되어 있다. 이 조리법은 중국의 《산가청공》에서 인용한 것이라고 밝히고 있어, 전요리의 기원을 중국으로 볼 수 있다. 그러나 중국에서는 주로 기름에 튀기는 조리법을 쓰고 한국에서는 지지는 형태로 자리 잡았다. 미나리전, 배추전, 무전, 호박전이 대표적인 채소전이며, 한식 중 최근 세계인에게 인기를 끌고 있는 파전도 채소전의 일종이라고 볼 수 있다.

채소볶음

채소를 강한 불에 볶아 먹는 조리법은 중식의 채소요리에 많이 등장한다. 그러나 우리의 채소 조리법에도 볶음이 있었다. 《옹희잡지》(1800) 중 '전유채煎油菜 총론'에 "소식가素食家(고기반찬을 먹지 않는 사람)는 기름에 지지거나 볶는 조리법을 가지고 있으며, 여기에 갖은양념을 넣어 먹으며 나름대로 각별한 조리법이 있다."라고 했다. 《음식디미방》의 잡채 만드는 법이나 《증보산림경제》의 '개말가법芥末茄法'이 대표적인데, 개말가법은 가지를 볶고 식혀서 겨잣가루를 섞은 다음 항아리에 보관하는 방법이다. 《규합총서》에는 죽순채와 월과채가 나오는데, 죽순채는 죽순을 쇠고기 등과 함께 볶아 먹는 요리이고, 월과채는 호박을 돼지고기, 쇠고기 등과 함께 볶아 양념해 먹는 요리다. 이처럼 우리 조상들은 나물을 볶는 방법도 많이 활용했다.

채소구이

불에 굽는 구이법도 육류나 어패류에 주로 활용되는 조리법이지만, 채소를 이용한 구이 조리법도 오래전부터 이용되었다. 번철이 나오기 전에는 주로 꼬챙이에 꿰어서 굽는 '적炙'이 많이 이용되었다. 맥적처럼 쇠고기나 돼지고기를 이용한 적요리도 있고, 생선을 이용한 어적요리도 유명하다. 그러나 채소적도 1500~1600년대 조리서에 등장한다. 《음식디미방》에는 채소를 구운 요리로 '동화적(동아적)'과 '가지느르미'가 나온다. 동아적은 "동아를 썰어 고기 산적 꿰듯이 꿰어 설적을 꿰듯이 하여 칼로 양쪽을 조금씩 베되 촘촘히 벤다. 석쇠에 놓고 약한 불로 무르게 굽되 기름장을 발라서 굽고, 마늘이나 생강을 잘게 다져서 베어 벌린 사이에 다 스며들게 넣고 초를 얹어 쓰라."고 했다.

또 다른 채소구이인 '가지느르미'는 "가지로 설적을 [만들듯이] 단 간장, 기름, 밀가루를 얹어 굽는다. 가장 단 간장국에 골파를 넣고 기름과 밀가루를 타서 즙을 맛있게 하여 그 가지적을 두 젓가락같이 어슷어슷하게 썰어 쓴다."고 했다. 이후 편찬된 조리서인 《주방문》에 더덕구이, 《규합총서》에 당귀산적, 《시의전서》에 송이산적, 승검초산적, 더덕구이, 당귀산적 등이 나오는데,

채소구이가 상당히 고급요리였음을 알 수 있다.

선

'선膳'이라고 하면 오이선, 호박선, 두부선 등 채소에 소를 넣고 찐 음식을 가리킨다. 많은 이가 탄복하는 아름다운 한국 채소음식의 한 종류다. 고조리서에는 청어선이나 양선처럼 동물성 재료로 만든 선음식도 등장한다. 그런데 이들 음식을 살펴보면 소를 넣거나 찜을 하는 요리가 아니라서 선이 어떤 음식인지 명확히 파악하기가 어렵다.

그런 가운데, 가장 오래된 한글 조리서인 《음식디미방》에는 '동과선'이 등장해 선음식의 원형을 볼 수 있다. 이에 따르면 "늙은 동아를 도독하게 저며서 살짝 데쳐내 간장에 기름을 넣고 슴슴하게 끓인 다음 삶은 동아를 건져서 물에 담가둔다. 한참 만에 물을 따라 버리고 다시 새 간장에 생강을 다져 넣고 달여서 쓸 때 초를 친다."라고 했다. 찜도 아니고 소를 넣지도 않았다.

이렇게 우리나라 음식 조리법을 공부하다 보면 음식명과 조리법에서 혼란스러울 때가 많다. 당연하다. 음식은 시대를 따라 끊임없이 변하기 때문이다. 이렇게 찌지도 않고 소를 넣지도 않고 동식물성 재료를 다 사용한 조리법에서 출발한 '선'이지만 현재의 선은 주로 식물성 재료에 소를 넣고 쪄낸 아름다운 음식으로 정착했다. 오이선, 호박선, 두부선 등은 외국인이 가장 아름다운 채소요리라고 극찬하는 한국음식의 최고봉이다.

강회

선 못지않게 아름다운 채소음식이 바로 '강회'다. 보통 회라고 하면 날로 먹는 음식을 말하고 생선회나 육회가 대표적이다. 그런데 채소로도 회를 만들어 먹었는데, 살짝 물에 데쳐 장에 찍어 먹는 음식이다. 많이 먹는 것으로 '미나리강회'와 '파강회'가 있다. 미나리나 쪽파를 끓는 물에 살짝 데쳐서 상투 모양으로 도르르 감아 초고추장에 찍어 먹는 음식이 바로 강회다. 봄철에 나오는 향기로운 두릅을 살짝 데쳐 초고추장에 찍어 먹는 것을 '두릅회'라고 부르고, 가을이면 나오는 송이버섯을 얇게 썰어 그대로 참기름소금장에 찍어 먹는 것은 '송이회'라고 한다.

강회는 조선시대 조리서에는 보이지 않는다. 그러다가 구한말의 《시의전서》에 등장하는데, "미나리를 다듬어 끓는 물에 데쳐서 상투 모양으로 도르르 감는다. 고추채, 계란채, 석이채, 양지머리, 차돌박이를 채치고 실백자는 가운데 세우고 다른 채친 재료들을 옆으로 돌려가며 색색이 세워서 감는다. 접시에 초고추장을 곁들인다."라고 설명해놓았다. 여러 부재료가 곁들여진 화려한 '미나리강회'다.

잡채

현재 한국음식 중 외국인에게도 사랑받는 대표적인 음식에 잡채가 있다. 그런데 잡채라고 하면 당면과 고기가 들어간 형태를 떠올리지, 채소요리라고 생각하지 않는다. 그러나 잡채는 채소요리에서 출발했다. 1600~1700년대 조리서에 등장하는 잡채에는 고기나 생선이 쓰이지 않았다. 여러 가지 채소를 재료로 섞어 쓰는 잡생숙채로 볼 수 있다. 그리고 즙을 쳐서 먹었다. 먼저《음식디미방》에 등장하는 잡채 조리법이다. "오이, 무, 녹두기름(숙주나물) 등은 날로, 도라지, 거여목, 박고지 등은 삶아 가늘게 찢어놓고 양념을 한다. 각색 재료를 가늘게 한 치씩 썰어 각각 기름간장에 볶아 교합하거나 각각 임의로 하되 큰 대접에 담는다. 즙을 느리고 된 것은 정중하게 붓고 천초, 후추, 생강을 뿌린다." 또 1700년대의 조리서《음식보》에도 "각색 나물을 곱게 채썰어서 기름장에 볶아 꾸며놓고 즙을 쳐 쓰라."고 되어 있다.

잡채는 예로부터 시대와 지역에 따라 다양한 재료를 활용해 만들었다.《음식디미방》에는 외, 무, 댓무, 참버섯, 석이, 표고, 송이는 생으로 쓰고, 도라지, 거여목, 박고지, 냉이, 미나리, 파, 두릅, 고사리, 시금치, 동아, 가지와 생치(꿩)를 삶아 섞는다고 했으나, 1896년에 나온《규곤요람》에는 숙주나물, 미나리, 곤자소니와 양에 육회를 볶아 무쳐낸다고 해, 그 재료의 종류가 현저히 간소화되고 고기가 재료로 추가된 것을 알 수 있다. 또한 1924년에 나온《조선무쌍신식요리제법》에서는 도라지, 미나리, 목이, 황화채, 고기, 표고버섯, 움파 등을 이용한다고 했다. 그러니까 우리가 잡채라고 할 때 제일 먼저 떠올리는 당면은 어디에도 등장하지 않는다. 이후 식품공업의 발달로 '중국 면'이라는 뜻이 당면이 들어가고, 고기볶음도 추가되면서 지금과 같은 잡채가 재탄생한 것이다. 그러나 잡채가 우리의 전통적인 채소조리임에는 틀림없다고 보인다. 시대에 따라 변모했을 뿐이다.

조선시대에 잡채가 얼마나 맛있는 고급음식이었는지를 알려주는 이야기가 전해진다. 광해군 때의 이충은 왕이 잔치를 베풀때 잡채를 맛있게 만들어 바쳐 호조판서가 되었다고 한다. 그래서 당시 사람들은 이를 풍자해 "잡채판서雜菜判書의 노력을 당해낼 사람이 없다."라고 했다니, 예나 지금이나 음식 대접은 욕망충족의 지름길이었던 모양이다.

튀각과 부각

채소로 만드는 음식 중에 독특한 것으로 튀각과 부각을 들수 있다. 튀김은 일반적으로 많은 기름에 넣어서 가열하여 부풀린 것으로, 튀김 조리법은 중국이나 서양에서 많이 발달했다. 그런데 우리나라에도《증보산림경제》에는 '전천초방煎川椒方'이라고 해 찹쌀가루에 천초가루를 섞어 떡가래 모양으로 빚어서 건조한 다음 향유에 넣어 튀기는 방법이 나오는데, 중국요리를 인용한 것으로 보인다. 이 외에 채소를 재료로 쓴 튀김요리를 찾기는 어렵다.

그런데《규합총서》에서는 해태(김)로 호두와 잣을 싸서 매듭묶음 한 것을 튀기는 '승초전'이라는 요리를 소개하고 있으며, 파래와 다시마를 튀긴 요리도 등장한다. 이것이 바로 튀각인데, 조리법은 '전煎하다' 혹은 '지지다'로 쓰고 있다. 튀기다는 의미의 '작炸'을 쓰는 조리법은 거의 없고 옷을 입히는 방법도 사용되지 않는다. 서명응徐命膺(1716~1787)의 《고사십이집攷事十二集》(1787)에는 다시마를 '전유煎油'한 것이 '투곽鬪藿'이며, 이는 채식가의 찬이 된다고 했다.

이를 통해 조리법을 다시 정리하면, 옷을 입혀 튀기는 것은 튀김이며 옷을 입히지 않고 튀기는 것은 '튀각'이라고 할 수 있다. 우리 조상들은 주로 다시마, 파래, 김 등 해조류를 기름에 튀겨 먹는 것을 즐겼다.

튀김과 튀각의 중간 형태라고 볼 수 있는 것이 '부각'이다. 이는 다시마와 김 같은 해조류에 찹쌀풀을 발라서 건조한 후 튀겨내는 것이다. 부각은 해조류 외에도 다양한 채소를 재료로 활용했다. 가죽나무 순, 고추, 깻잎, 연근 같은 것들이다. 가죽부각은 봄에 딴 가죽나무의 새순을 쓴다. 가죽나무 새순을 찌거나 데쳐서 2~3일 정도 말린 후 찹쌀풀을 발라서 다시 일주일 정도 바싹 말린다. 그것을 잘 보관해두고 필요할 때마다 꺼내서 참기름에 노릇노릇하게 구워 먹거나 튀겨 먹는 것이다. 부각은 사찰의 대표적인 음식으로, 승려들에게 부족한 지방 보충에 중요한 역할을 한다.

한편 김이나 미역을 기름에 볶아서 소금으로 간을 하여 반찬으로 쓰기도 하는데, 이를 도울 좌(佐) 자를 써서 좌반이라고 불렀다.

장아찌

장아찌는 채소 저장 방법의 하나다. 채소가 나지 않는 철에 먹을 수 있게 채소를 절여서 저장해두고 먹는 음식을 장아찌라고 불렀다. 소금이나 간장, 된장, 고추장, 식초, 젓갈, 술지게미 등에 절였는데, 무, 마늘, 마늘종, 고추, 깻잎 등으로 많이 만들었다. 지방에 따라서는 더덕, 도라지, 천초(초피), 감 등으로도 만들어 먹었다.

간장, 된장 등 장에 절인 것이 많아 한자로는 장과醬瓜 또는 장저醬菹라고 쓰며, 계절마다 담그는 장아찌의 종류가 다양하다. 오랫동안 저장한 장아찌는 먹기 직전에 꺼내 물에 한 번 정도 헹구어 짠맛을 제거한 후에 갖은양념으로 무쳐 먹거나 조미하지 않고 그대로 썰어 밥반찬으로 먹었다. 장맛이 채소에 고루 배어들고 미생물에 의해 발효되어 독특한 맛과 향이 있으며 식감이 아삭해 저장음식임에도 신선한 느낌을 준다. 예로부터 장아찌는 채소가 부족한 겨울철에 김치와 더불어 비타민을 공급해주는 중요한 식품 중 하나였다. 소금에 절인 무장아찌나 배추장아찌가 김치로 발달했다고 본다.

장아찌의 일종으로, 갑장과 혹은 숙장과가 있다. 갑장과(급장과)는 갑자기 급하게 만드는 장과다. 채소를 소금에 절인 다음 볶아서 만든다. 볶아서 만들기 때문에 익을 숙(熟) 자를 써서 숙장과로도 불린다. 주로 오이, 무, 열무, 배추 속대, 실파, 미나리 등으로 담그는데, 대개 양념한 쇠고기를 볶아서 같이 무친다.

10장

한국인의 쌈문화

채소 조리법을 얘기하면서 빼놓을 수 없는 것이 바로 우리만의 독특한 식사법인 '쌈'이다. 무언가를 싸서 먹는 식습관은 어느 문화에나 있다. 밀가루로 빚은 피나 라이스페이퍼에 여러 재료를 싸서 먹는 음식은 만두, 춘권, 라비올리 등 다양한 형태와 이름으로 전세계에 퍼져 있다. 그러나 채소를 쌈 재료로 쓰는 경우는 거의 없다. 우리의 쌈은 조리를 했다고도 할 수 있고 하지 않았다고도 할 수 있다는 점에서 더욱 특이한 음식이다.

채소 중에서 잎이 큰 상추, 곰취, 소루쟁이 같은 산채는 물론이고 깻잎, 호박잎, 배춧잎, 미나리, 쑥갓, 콩잎도 쌈 재료로 쓰였다. 최근에는 케일, 신선초, 겨자 잎 같은 서양 채소까지 전부 쌈 채소로 만든다. 넙적한 채소 위에 밥과 쌈장을 얹어 입이 미어지게 먹고 있는 걸 보면 즐겁다. 무엇이든지 쌀 수 있는 독특한 쌈문화 아니 보자기문화의 결정판이다.

원나라에서 유행한 고려의 천금채

그래도 과거부터 쌈 중에서 으뜸으로 생각한 것은 상추쌈이었다. 상추쌈을 볼 때 나는 고려시대에 원나라로 보내진 공녀貢女들이 생각난다. 대부분 궁녀나 시녀가 되어 평생 고향을 그리워하며 살았을 것이다. 특히 고향 음식에 대한 향수가 컸을 것이다. 그들은 궁중의 뜰에 고려의 상추를 심어 쌈을 싸 먹으면서 고향에 대한 그리움을 달랬던 것이다. 이것을 눈여겨보다 우연히 먹어본 몽골인들 사이에 상추쌈의 인기가 높아져 상추 씨의 값이 천금같이 비싸졌다고 한다. 상추의 독특한 향이나 채소음식의 장점이 그들에게 인기를 끌었을 것이다.

원나라에서 우리나라로 들어온 음식의 종류가 많지만, 우리나라의 상추도 원나라로 가서 값비싼 천금채의 대접을 받았다. 우리가 늘 즐겨 먹는 상추는 삼국시대부터 먹어온 채소다. 그런데 별나게 중국인이 상추 종자를 비싼 값을 치르고 구입하는 사태가 벌어진 시대가 있었던 셈이다. 또한 원나라의 시인 양윤부楊允孚는 고려인의 상추쌈을 다음과 같은 시로 노래했다.

해당화는 꽃이 붉어 더욱 좋고
살구는 누래서 보기 좋구나.

더 좋은 것은 고려의 상추로고

마고의 향기보다 그윽하다.

  우리 기록에도 상추쌈을 비롯한 여러 가지 쌈에 관한 기록이

많이 있다. 《농가월령가》의 오월령에는 "아기 어멈 방아 찧어 들

바라지 점심 하소. 보리밥과 찬국에 고추장 상추쌈을 식구를 헤

아리되 넉넉히 능을 두소."라고 읊은 대목이 있는데, 여름철 농

촌에서 땀 흘리며 밭일하다 들밥으로 상추쌈을 먹는 광경을 쉽

게 그려볼 수 있다. 별다른 찬이 없어도 봄부터 가을까지는 밭

이나 들에서 나는 채소로 두루 쌈을 싸서 먹었다. 또한 겨울철

에도 마른 나물을 불려서 싸 먹거나 김쌈을 즐겼다. 《동국세시

기》에서는 정월 대보름에 배춧잎과 김으로 밥을 싸서 먹는 복福

쌈이 있다고 했다. 또한 우리 민족의 풍속지라 할 만큼 민족 고

유의 생활풍습을 상세히 묘사하고 있는 조선 후기 기속시에도

곳곳에 쌈문화가 반영되어 있는데, 정월 대보름의 풍속을 노래

한 김려金鑢(1766~1822)의 시 〈상원리곡上元俚曲〉에도 대보름날

복쌈에 관한 대목이 있다.

熊蔬裹飯海衣如 곰취에 쌈을 싸고 김으로도 쌈을 싸

渾室冠童匝坐茹 온 집안 어른 아이 둘러앉아 함께 먹네.

三嚥齊嚀三十斛 세 쌈을 먹으면 서른 섬이라 부르니

來秋甌竇滿田車 올 가을엔 작은 밭에도 풍년이 들겠지.

                              ― 김려의 〈상원리곡〉 중

복쌈을 여러 개를 만들어 그릇에 노적 쌓듯이 높이 쌓아서 성주님께 올린 다음에 먹으면 복이 온다고 한다. 복쌈은 첫째, 복을 기원하고 곡식 농사를 잘되게 해달라는 뜻으로, 둘째, 여름의 더위를 예방하기 위해 먹는다. 또한, 묵나물 이파리나 김, 무, 배추 절인 것으로 밥을 싸서 한 움큼씩 삼키며 '열 섬이오' '스무 섬이오' '서른 섬이오' 하고 외치는데, 이 또한 풍년을 바라는 기원이다. 굶주림으로부터의 해방과 풍요로운 삶을 바라는 민중의 희망을 잘 나타내고 있다.

요리책에 등장한 쌈 먹는 법

근대로 들어선 1924년에 이용기가 쓴 《조선무쌍신식요리제법 朝鮮無雙新式料理製法》에도 '쌈 먹는 법[食包法]'이 자세히 기록되어 있다. 그런데 사실 쌈을 싸 먹는 법을 알리기보다 쌈 먹는 풍경을 적나라하게 그리고 있는데, 근대의 위생관념에서 이 쌈을 비위생적이라 평하는 것이 흥미롭다.

대체 쌈이라 하는 것은 언제부터 난 것이며 누가 실업시 시작하얏는지 맛은 잇을 듯하나 이러캐 거취장스럽고 창피한 것은 음식 중에 다시 업나니 가량 생치쌈을 크게 하야 먹는 것을 아니 먹는 외국 사람이 보면 손바닥에다가 생치를 날거로 균菌이 잇는지 업는지 몰으고 보자가리 피고 밥덩이를 노코 고초장을 뒤발을 하고 주추돌만치 뭉쳐서 입은 적고 쌈은 크니 억지로 너을제 눈을 부릅쓰

머위 국화과의 여러해살이풀로, 한국과 일본에 분포한다. 한국에서는 제주도와 울릉도, 남부 지방에 주로 자란다. 잎은 쌈을 싸 먹거나 장아찌를 담가 먹고, 줄기는 질긴 껍질을 벗긴 후 나물로 무쳐서 먹는다.

고 식식거리며 쌈을 흘리고 나야 쌈을 한 개를 먹나니 이 형상을 아니 먹는 사람세리 보고 나서 말할 지경이민 먹는 것이 씀직씀직하고 위태롭고 더럽고 무슨 맛을 저대도록 김히아라서 먹는고 하면서 한바탕 박장대소할 것은 염니어슬듯 하노라.

일제강점기에 쓰여진 이 책은, 제목에서도 알 수 있듯이 우리나라 음식뿐 아니라 중국음식, 일본음식, 서양음식 조리법까지 망라해 63영역에 걸쳐 790여 종의 다양한 요리 만드는 법이 기록되어 있다. 이 책에서는 쌈 먹는 것에 관해 "쌈이라 하는 것은 언제부터 난 것인지 알 수 없고 맛은 있지만 손바닥에 날것을 올려놓고 입을 크게 벌려서 먹는 모양은 비위생적이며 쌈을 먹지 않는 사람이 볼 때는 더러워 보일 수 있다."라고 평가했다. 당시로서는 사람들의 미생물이나 위생에 관한 지식이 부족했기 때문에 충분히 수긍할 수 있는 우려다.

《조선무쌍신식요리제법》에서 소개하는 쌈 종류에는 생치쌈(상추쌈), 김쌈, 깻잎쌈, 취쌈, 배추속대쌈, 김치쌈, 호박잎쌈, 피마자잎쌈 등이 있다. 생치쌈에서 쌈을 헹구는 마지막 물에 기름을 떨어뜨려 씻으면 부드럽고 체하지 않는다고 했는데, 이는 기름이 지용성 비타민의 흡수를 돕는다는 점에서 나름의 합리성을 가진다. 또한 상추에 쑥갓, 파, 갓, 깻잎, 방아 잎, 고수 등 다양한 채소를 곁들여 다양한 맛과 영양소를 섭취하는 조상들의 지혜를 엿볼 수 있다. 쌈밥은 비빔밥을 싸 먹는 것이 제일이며 웅어, 도미, 새우, 두부, 꼴뚜기 등을 기름에 볶아 매운 고추장을 넣고 끓여 쌈에 먹는 것도 매우 좋으며, 너무 매운 것을 먹으면 입이 아프기 때문에 상추쌈에 김을 구워 얹어도 좋다고 했다.

생치쌈 : 쌈은 생치입히 주쟝이니 졋나기 젼에 그림이 업는 걸로 졍하게 씨서서 나죵 씻슬졔 기름을 멧숫가락 치고 건지면 기름이 생치에 올나 물에는 한 방울도 업나니 그리하야 먹으면 부드럽고 쳬하지를 아니한다 하나니라. 생치 위에 노아 먹는 것은 쑥갓과 새파와 상갓과 쎄입과 방아입과 고수풀과 다 식성대로 생치에 겻드려 먹나니라. 밥은 부빈밥을 싸 먹는 것이 졔일이요 그다음은 한밥을 싸 먹는 것이 죠코 고초쟝은 국든지 가늘든지 슴슴하게 하는대 웅어나 도미나 새우나 두부를 넛는 것이니 웅이나 새우는 잔게 의여서 너코 졍육과 파와 설당과 기름을 치고 눌지 안케 지어가며 익히라. 생쇨둑이나 마론쇨둑이 물리게나 너어도 죠흐되 쏘는 매운 고쵸쟝에 살코기를 만이나도하야 너코 파와 실백 너코 기름 만이 치고 싀려서 쌈에 먹는 것도 매우 죠흐나 매운 것을 먹으면 입아구니가 일인하야 견딜 수가 업나니라. 생치쌈에 김을 두엇다가 구워서 쌈 위에 인지 먹어도 죠흐니라.

근대 요리책인 방신영의 《우리나라 음식 만드는 법》에도 '쌈 준비하는 법'이 자세히 나와 있다. 다양한 채소 잎을 이용한 쌈 종류를 소개하고 있는데, 김치를 씻어서 고기양념장을 넣어 싸 먹는 김치잎쌈도 소개하고 있다. 이렇게 쌈도 중요한 음식으로 이미 근대 조리서에서 다루어지고 있었으니, 과연 쌈의 민족이라고 할 만하다.

[표 3.1] 《우리나라 음식 만드는 법》에 나오는 쌈 준비하는 법[15]

종류	계절	방법
배추속대쌈	겨울, 여름	1) 배추 속대 노란 속잎을 골라서 잘 씻어서 마지막으로 씻는 물에는 참기름을 한 큰 사시(숟가락)를 쳐서 배춧잎을 헤워 건져서 접시에 담아놓고, 2) 고추장을 맛있게 준비해서 싸서 식사할지니라. (비고) 고추장 찌개에 생선웅어를 넣어서 찌는 것이 쌈에는 격에 맞고, 볶은 고추장으로 싸도 좋고 찌개는 물을 좀 바특하게 하는 것이 좋다.
상추잎쌈	여름	1) 상추 잎을 한 잎씩 볕에 비추어보면 하얗게 벌레줄이 있으니 골라내고 아무 흔적이 없이 깨끗한 것으로 골라서 잘 씻어 가지고, 2)마지막 번 씻을 물에는 기름을 한 큰 사시쯤 쳐서 섞어가지고 상추를 헤워내서 접시에 놓고, 3) 웅어고추장찌개를 해서 먹거나 또는 볶은 고추장을 놓아 싸서 먹으라.
호박잎쌈	여름, 가을	1) 호박 순에서 어리고 연한 속잎을 따서 물에 두세 번 씻어가지고 마른 행주로 꼭꼭 눌러 물기 없이 해서, 2) 줄거리를 조금씩 꺾으면서 잡아당겨 잎에 있는 실을 떼어낸 후에, 3) 밥솥에 얹어서 찌든지 겅그레(찜기)를 놓고 찌든지 해서, 4) 고추장을 놓고 밥을 싸서 먹는 것이다.
아주까리 잎쌈	사계절	1) 아주까리 속잎 연한 것을 오래 삶아서 물에 담가 쓴맛을 우려서 꼭 짜가지고, 2) 우육을 곱게 다져서 갖은양념을 해서 잎사귀와 한데 섞고 간을 맞추어 물을 치고, 3) 잘 익도록 볶아서 그릇에 모양 있게 한 잎씩 펴서 담고 깨소금과 고춧가루를 뿌려서 놓고, 4) 먹는 법은 취쌈과 같이 먹는 것이다. (비고) 데칠 때에 잎을 많이 모아서 삶아서 말려두고 일 년 동안 늘 쓸 수 있다.
김치잎쌈	겨울	1) 통배추 잎사귀를 골라서 한 번 손빨리 빨아서 냄비에 담고, 2) 고기를 곱게 다져서 냄비에 넣고, 3) 여러 가지 양념을 다 넣고 잘 섞고 물을 한 홉쯤 붓고 폭 졸여서 놓고, 4) 밥에 싸서 먹는다.
김쌈	겨울	1) 김을 티를 다 뜯고 손바닥에 한 장씩 놓고 마주 비벼서 모래를 떨어넣고, 2) 김을 한 장을 펴놓고 닭의 깃이나 혹은 숟가락 등으로 기름을 묻혀서 김에 골고루 얇게 바르고 소금을 골고루 뿌리고, 3) 또다시 김 한 장을 위에 얹고 또 기름을 바르고 소금을 뿌려서 이대로 다 한 후에, 4) 석쇠를 놓고 잠깐잠깐 손빨리 골고루 구워서 이 여러 장을 차곡차곡 놓아가지고 칼로 사면 가장자리를 얇게 돌려 베고, 5) 그다음으로는 한복판을 길이로 칼로 벤 다음 다시 가로 네 토막이나 혹 다섯 토막에 썰어서 접시에 담고, 짧은 꼬챙이로 꽂아서 날아 떨어지지 않게 하라. (비고) 식사 시에는 젓가락으로 하나씩 집어 밥에 넣고 젓가락으로 밥을 겹쳐 싸 집에서 식사하라.

종류	계절	방법
취쌈	사계절	1) 취를 물에 삶아서 우려 쓴맛을 제한 후에, 2) 고기를 곱게 다져서 여러 가지 양념을 해서 취에 한데 섞어서, 3) 냄비에 볶을 것이니 물을 반 홉쯤 치고 간을 맞추어 잘 볶아서 얌전히 담아놓고 (한 잎씩 펴서 접시에 담아놓으라), 4) 맛있는 고추장을 밥에 놓고 취 잎을 그 위에 덮고서 젓가락으로 밥을 싸 집어 식사한다. (비고) 취는 용문산에서 나는 곰취와 석왕사에서 나오는 취가 제일 좋다고 일컫는다.
깻잎쌈	봄	1) 연한 깻잎을 잘 씻어서 끓는 물에 살짝 데쳐가지고 냉수에 헤워서 꼭 짜서 냄비에 담아놓고, 2) 고기를 곱게 다져서 갖은양념을 해서 냄비에 넣고 물 한 종지쯤 붓고 볶아서 취쌈 먹는 법과 같이 먹는다. (비고) 1) 약고추장을 만들거나 혹은 맛있는 고추장에 설탕과 기름과 초를 알맞게 타서 섞어놓아도 좋다. 2) 취쌈이나 깻잎이나 혹은 콩잎을 준비할 때에 잎사귀 하나를 펴놓고 고기 준비한 것을 잎사귀 위에 펴놓고 또 잎을 놓고 이렇게 한 후에 슴슴하게 만든 국물을 조금만 붓고 폭 끓여서 그대로 접시에 담아놓으라.

쌈문화의 결정판, 구절판

쌈 하면 주로 채소 잎에 밥이나 고기, 쌈장 등을 싸 먹지만, 거꾸로 얄팍한 밀전병에 여러 가지 나물을 싸서 먹는 음식이 있으니, 이것이 우리나라 대표 한식으로 알려져 있는 '구절판'이다. 구절판은 아무래도 고급음식으로 분류되지만 그 내용은 쌈문화의 결정판이다. 실제로 깨끗한 교자상 차림에 올라가 있는 구절판을 보고 있노라면 아름답다는 생각이 든다.

구절판이란 9개의 칸으로 나누어진 그릇을 뜻하는데, 각각의 칸마다 서로 개성이 다른 음식들을 담는다. 반질반질한 칠기 찬합에 색 맞추어 담긴 음식 재료들은 정말 아름다워 먹기가 아깝다는 생각도 든다. 이 음식에 담긴 음식철학을 알고 먹는다면 더 맛있을 것이다.

중국에서 기원전에 시작된 음양오행 철학은 삼국시대경 우리나라에 들어와 깊은 영향을 끼친다. 음양오행설은 한국 전통음식에도 많은 영향을 끼쳤다. 전통음식 중에 이를 실현하고 있는 것이 많다. 그러나 그중에서도 음양오행의 철학이 가장 잘 드러난 음식이 구절판이다. 즉, 음(식물성 식품)과 양(동물성 식품)의 식재료를 적절히 조화하고, 오색(청, 적, 황, 백, 흑)과 오미(신맛, 쓴맛, 단맛, 매운맛, 짠맛)의 적절한 조화를 아낌없이 보여주는 음식이 구절판이다. 이렇게 다양한 식재료의 다양한 맛을 한 번에 느끼며 먹을 수 있도록 가운데 칸에는 밀전병을 놓아 함께 싸 먹도록 한 것이다. 그러니 쌈문화의 최고 음식이라고 할 만하지 않겠는가?

이렇게 다양한 채소류(오이, 숙주나물, 당근), 육류(쇠고기, 천엽), 버섯류(석이버섯, 표고버섯), 해산물(해삼, 전복), 황백의 달걀지단을 얇디얇게 부친 밀전병에 싸서 새콤한 초간장에 찍어 먹는 맛을 어디에다 비길까? 또한 구절판은 영양의 조화를 함께 구현한다. 탄수화물(밀전병), 단백질(쇠고기, 달걀), 지방(볶을 때 쓰는 식물성 기름), 비타민(각종 채소와 버섯류), 무기질(천엽과 수산물)의 5대 영양소가 함께 어우러진 음식인 것이다.

이렇게 우리의 쌈은 구절판이라는 격식 있고 화려한 음식으로 격상되어 쌈문화의 극치를 이루었다.

명이나물 산마늘이라고도 부른다. 백합과의 여러해살이풀로, 보릿고개 때 목숨(명)을 이어주는 풀이라 해서 명이나물이다. 연한 잎을 잎자루째 뜯어 나물로 먹는데, 장아찌를 담그거나 쌈으로 먹는다.

고조리서를 통해 본
채소 조리법의 세계

　우리나라의 나물문화를 제대로 이해하기 위해서는 과거로부
터 이어지는 채소 조리법을 제대로 살펴볼 필요가 있다. 지금
우리가 잊고 있는 채소나 조리법은 무엇인지 확인해볼 수 있기
때문이다. 그런데 우리나라에서 조리서 편찬은 조선시대부터
이루어졌으므로, 그 이전 시대의 조리법은 문헌을 통해 확인할
수가 없다. 그래서 중국의 조리서 《제민요술》과 《거가필용》 속
채소 조리법을 먼저 확인해보고자 한다. 아무래도 한국의 음식
은 중국의 음식문화에서 많은 영향을 받았으므로, 조선시대 이
전 채소 조리법의 단서를 이들 중국 고조리서에서 찾아볼 수
있다.

《제민요술》과《거가필용》속 채소 조리법

《제민요술齊民要術》은 북위北魏의 고양태수高陽太守 가사협賈思勰이 편찬한 것으로서 10권에 이른다. 이 책의 찬년은 532~549년으로 추정되는데, 중국에서 지금까지 전해지는 종합적 농서로는 가장 오래된 것이다. 이 책이 저술된 고양(현재의 산둥성)은 상고시대부터 한민족과 관련이 깊은 지역이고 우리 문화와 교류가 밀접했으므로, 《제민요술》[16]은 우리나라의 고대 음식을 추정하고 한중일 3국의 음식문화를 비교하는 데 소중한 자료다.

총 10권으로 정리된 《제민요술》에서 조리 가공이 정리된 부분은 7~9권인데, 이 중에서 8권에 주로 채소 조리법을 기술한 '소식素食' 부분이 있다. 따라서 이를 중심으로 살펴보려 한다. 여기서 소식은 고기나 생선을 갖추지 않은 음식, 즉 채식 위주의 소박한 음식을 말한다고 볼 수 있다. 채식을 '소식蔬食'이라고도 하는데, 이는 《거가필용》도 마찬가지다.

《제민요술》의 채소 조리법을 지금과 비교하면 다른 부분도 많고, 우선 생소한 채소 이름이 많이 나온다. 거의 1,500여 년 전, 그것도 중국의 조리법이니 당연하다. 이를 감안하고 살펴보자.

먼저, 소식에 사용된 재료를 보면 채소 종류로는 파, 부추, 호근(胡芹, 미나리), 동아, 월과, 박, 한과漢瓜, 생강, 김, 배추, 순무, 아욱, 비름, 버섯, 가지 등을 사용했으며, 조미료용으로는 염시, 염교, 혼시(渾豉, 메주의 일종), 소금, 산초가루, 파, 마늘, 귤껍질, 귤, 향장 등이 사용되었다.

[표 3.2] 《제민요술》의 채소 조리법

항목	조리법
蔥韭羹法 총구갱법	물에 기름을 넣고 끓여 파와 부추를 5푼 길이로 썰어 끓을 때 다 넣고 호근, 소금, 된장과 쌀을 갈아 넣는 법
瓠羹 호갱	물에 기름을 넣고 끓여 파와 부추를 5푼 길이로 썬 것을 끓을 때 다 넣고 호근, 소금, 된장과 쌀을 갈아 넣는 법
膏煎紫菜 고전자채	마른 김을 기름에 넣고 튀기며, 먹을 수 있으면 다시 튀기지 않고 찢어서 담은 것은 포와 같음.
薤白烝 해백증	찹쌀 1섬을 잘 찧어 된장 3되를 넣어 끓인 뒤에 즙을 취하고, 이 즙에 쌀을 담가서 물을 붓는다. 쌀이 불면 건져서 쌀을 된장즙 속에 담근다. 쌀을 건진 후, 여기에 파, 염교 등을 1치 정도로 썰어 1섬 정도를 만들어 두 개의 시루에 나누어 넣고 김이 오르면 된장즙 5되를 뿌리는 방법
膩托飯 소탁반	탁(托, 밀가루) 2말, 물 1섬을 사용하는데 백미 3되를 황흑색으로 볶아 탁과 합쳐 세 번 끓이며, 끓으면 비단으로 걸러 즙을 얻는데, 맑아지면 소(膩, 연유) 1되를 넣는 방법
蜜薑 밀강	생강 1근을 깨끗이 씻어 껍질을 벗기고 산자(笑子, 산가지) 모양으로 자르고 물 2되를 넣고 끓여 거품을 걷고 꿀 2되를 넣어 다시 끓여 거품을 걷는 방법
焦瓜瓠法 부과호법	동아, 월과, 박, 한과를 모두 껍질을 벗기고 너비 1치, 길이 3치로 모나게 자른다. 먼저 구리솥 바닥에 채소를 깔고 다음에 고기를 올리는데 고기가 없으면 들기름을 대용한다. 과, 다음에 박, 다음에 파 줄기, 소금, 된장, 산초가루, 이러한 순서로 놓아 그릇에 가득 차도록 담는다. 물을 조금 넣고 약간 적셔질 정도로 부(焦)로 익힌다.
焦漢瓜法 부한과법	한과에다 향장, 총백(파 흰대), 참기름을 넣어 부로 한다. 물을 넣지 않는 것도 좋다.
焦菌法 부균법	버섯은 소금물로 씻어 흙을 털고 쪄서 김이 오르면 내려 그늘에서 말린다. 먼저 잘게 썬 총백과 참기름(들기름도 좋다)을 섞어서 볶아 향을 내고 다시 많은 총백과 혼시(渾豉), 소금, 산초가루를 버섯에 같이 넣고 부로 한다.
焦茄子法 부가지법	어린 가지를 네 쪽으로 쪼개어 끓는 물에 데쳐 아린 기를 뺀다. 잘게 썬 파 줄기를 기름에 볶아 향을 내고 들기름이면 더욱 좋다. 향장청(香醬淸)과 총백 썬 것 및 가지를 같이 넣고, 부로 익혀 산초, 생강가루를 넣는다.

채소음식의 조리법은 다양했다. 먼저 물에 기름을 넣고 끓인 다음에 채소를 넣는 총구갱과 호갱이 있으며, 증기를 이용해 쪄 낸 유시와 해백증, 기름에 튀기는 고전자채, 물에 끓이는 소탁반,

꿀을 넣고 끓이는 밀강이 나온다. 그리고 '부燌' 조리법이 있다. 이는 물은 소량을 넣고 불은 약하게 해 기름을 치고 푹 익히는 법을 말한다. 부과호법, 부한과법, 부균법 그리고 부가자법이 이런 조리법이다. 이렇게 기름을 사용하여 볶는 조리법을 많이 사용했다. 우리같이 주로 물에 데치거나 삶아서 양념하는 나물 조리법과는 다소 차이를 보인다.

《거가필용居家必用》[17]은 우리나라에서는 고려 말인 원나라 때 편찬된 조리서로, 여기에도 채소음식은 '소식疏食 편'에 기록되어 있다. '소식 편'은 채소의 보관 방법이나 채소로 만든 음식의 제법을 소개한 부분으로, 총 35항목이 나온다. 녹두로 숙주나물을 키워 먹는 법, 다양한 채소를 말려두었다 필요할 때 쓰는 법, 각종 양념, 술·소금·식초·설탕*·지게미·장 등에 절여서 장아찌 만드는 법, 튀겨서 부각을 만들어서 채소의 맛과 저장성을 높이는 법 등 다양한 채소 활용법이 제시되어 있다. 《거가필용》의 이런 조리법은 이후 《요록》, 《산림경제》, 《증보산림경제》, 《박해통고》, 《고사신서》, 《해동농서》, 《농정회요》, 《임원경제지》, 《오주연문장전산고》, 《시의전서》 같은 조선시대 음식 관련 고문헌이나 조리서에서도 인용되었다.

《거가필용》의 조리법을 자세히 살펴보면 우리가 현재 주로 먹는 나물 조리법과는 다소 다르다. 《거가필용》 속 채소 조리법은

---

* 중국에는 당나라 때 사신을 통해 설탕이 들어갔고, 송나라 때부터 사탕수수를 재배해서 설탕을 생산했다고 한다. 우리나라에는 송나라에서 후추와 함께 들어온 것으로 추성된다.

[표 3.3] 《거가필용》 속 소식 항목과 조리법

항목	조리법
造菜鮝法 조채상법	넓게 편 부추 위에 쌀가루와 범벅한 양념(진피, 축사, 팥, 살구 씨, 감초, 소회향, 회향, 산초)을 켜켜로 끼얹어 쪄낸 후 작게 잘라 콩가루를 묻혀 튀겨 보관하는 방법
食香瓜兒 식향과아	얇게 썰어 소금에 절인 채과(菜瓜)를 소금물에 데친 후 햇볕에 말려, 끓인 식초와 양념과 고루 버무린 후 바싹 말려 저장하는 방법
食香茄兒 식향가아	끓는 물에 데친 어린 가지의 물기를 짜서 소금에 절여 햇볕에 말린 후 생강채, 귤피채, 자소, 설탕, 끓인 식초와 버무려 햇볕에 말려 저장하는 방법
食香蘿蔔 식향나복	깍둑썰기한 무를 소금에 절였다 햇볕에 말린 후 생강채, 귤피채, 소회향, 회향, 끓인 식초와 버무려 햇볕에 말려 저장하는 방법
蒸乾菜法 증건채법	3, 4월에 크고 좋은 채소를 골라서 햇볕에 대강 말려 살짝 데쳐 다시 말린 후 각종 양념을 넣고 푹 끓여서 햇볕에 말려 잠깐 쪄서 저장했다가, 밥 위에 쪄 먹는 방법
糟瓜菜法 조과채법	석회와 백반 끓인 물에 담가두었던 오이를 끓인 술, 술지게미, 소금에 버무려 절였다가 꺼내 말린 후 새로 술지게미, 소금, 끓인 술을 부어 저장하는 방법
糟茄兒法 조가아법	8, 9월 사이 어린 가지를 끓여서 식힌 물, 술지게미, 소금과 골고루 섞어 항아리에 저장하는 방법
造脆薑法 조취강법	껍질 벗긴 연한 생강을 감초, 백지, 영릉향과 함께 끓여서 익으면, 얇게 편으로 썰어서 부드럽게 먹는 방법
五味薑方 오미강방	다섯 가지 맛이 나는 생강을 만드는 방법으로, 납작하게 썬 어린 생강에 백매와 볶은 소금을 버무려 햇볕에 말렸다가 다시 감송, 감초, 단향가루를 섞어 말려서 저장한다.
造糟薑法 조조강법	지게미로 생강을 조리하는 법으로 사일(社日) 전에 캔 생강을 끓인 술, 술지게미, 소금을 섞은 항아리에 넣고, 위에 설탕 한 덩어리를 올려 저장한다
造醋薑法 조초강법	생강을 볶은 소금에 절여두었다가, 거기서 나온 소금물과 식초를 넣어서 함께 끓인 후 식혀서 저장하는 방법
蒜茄兒法 산가아법	가지를 식초를 넣은 물에 살짝 데쳐서 물기를 뺀 후 마늘과 소금, 식촛물을 고루 섞어 항아리에 저장하는 방법
蒜黃瓜法 산황과법	오이를 식초를 넣은 물에 살짝 데쳐서 물기를 뺀 후 마늘과 소금, 식촛물을 고루 섞어 저장하는 방법
蒜冬瓜法 산동과법	껍질과 속을 발라낸 큰 동아를 길쭉하게 잘라 백반과 석회 탄 물에 데쳐서 물기를 뺀 후 소금, 마늘, 끓인 식초와 섞어 담가 저장하는 방법
醃韭花法 엄구화법	꽃받침을 제거한 부추꽃(구화)을 소금과 같이 짓찧어서 저장해두는 방법

항목	조리법
醃塩韮法 엄염구법	부추와 소금을 한 켜씩 깔고, 여러 차례 뒤집어주며 저장하는 방법으로, 참기름을 살짝 치면 맛이 좋다.
胡蘿蔔菜 호나복채	납작하게 썬 당근에 갓을 넣어 식초를 치고 살짝 데쳐 먹거나, 갓과 천초, 사천고추, 소회향, 회향, 생강채, 귤피채, 소금 등의 양념으로 고루 버무려 먹는 방법
假蒿笋法 가와순법	껍질을 벗긴 금봉화 줄기를 껍질을 벗기고 말려서 술지게미에 넣어두었다가 먹는 방법
胡蘿蔔鮓 호라복자	납작하게 썬 당근을 대강 데쳐서 말려서 파, 소회향, 화초, 홍국, 소금을 넣어 고루 버무려두었다 먹는 방법
造荻白鮓 조교백자	납작하게 썬 교백(자오바이)을 대강 데쳐서, 파, 소회향, 화초, 홍국, 소금을 넣어 고루 버무려두었다 먹는 방법
造熟笋鮓 조숙순자	납작하게 썬 죽순을 대강 삶아서 파, 소회향, 화초, 홍국, 소금을 넣어 고루 버무려두었다 먹는 방법
造蒲笋鮓 조포순자	얇게 저민 죽순을 잘라 끓는 물에 데쳐 베주머니로 물기를 짜서 말린 후 생강채 등의 재료를 고루 섞어 하룻밤 재웠다 먹는 방법
造藕稍鮓 조우초자	연근을 잘라 물에 데친 후 소금에 절였다가 물기를 없앤 후 파, 기름, 생강, 귤피채, 소회향, 회향, 멥쌀밥, 홍국과 고루 섞은 후 연잎으로 싸서 하룻밤 묵힌 후 먹는 방법
造瀋菜法 조제채법	채소를 끓인 소금물에 살짝 담갔다가 꺼내 항아리에 채소 한 켜, 노강 한 켜를 번갈아 넣었다 몇 번 뒤집어 돌로 눌러 만드는 방법
相公虀法 상공제법	무, 상추 줄기, 무청, 배추를 잘라 소금에 절였다가 끓는 물에 데친 후 새 물에 담그되 식초와 간장을 넣어 끓인 물을 부어 만드는 방법. 우물 속에 차게 보관하면 좋다.
芥末茄兒 개말가아	가지를 잘라 햇볕에 말렸다가 기름과 소금에 볶아서 식으면 겨잣가루와 살짝 버무려 저장해두는 방법
造瓜虀法 조과제법	싱싱한 참외 안에 소금을 넣어 물기를 제거하고, 장과 고루 섞어 햇볕에서 뒤집으면서 말려 저장하는 방법
醬瓜茄法 장과가법	장황을 깐 항아리 안에 오이와 가지를 한 켜, 소금 한 켜를 번갈아 넣어 7일간 절인 후 그대로 햇볕을 쬐거나, 오이와 가지를 꺼내 말려 먹는 방법
收乾藥菜法 수건약채법	구기, 지황, 감국, 청양우슬, 괴아, 백출, 춘아, 차전, 황정, 합환, 당록, 결명, 목료, 우엉, 마, 백합을 말려두는 방법. 쓸 때 물에 담갔다 삶아서 양념하여 볶아서 먹는 방법
曬蒜薹法 쇄산대법	마늘종을 소금물에 데쳐 햇볕에 말려두었다가 끓는 물에 담갔다 꺼내 양념해서 무쳐 먹는 방법

항목	조리법
曬藤花法 쇄등화법	등나무꽃을 따서 꽃대를 없애고 소금물을 고루 끼얹어 푹 찐 후 햇볕에 말려두었다가 쓰는 방법
曬海菊花 쇄해국화	끓는 물에 데친 유채꽃을 물기를 빼 소금에 절인 후 햇볕에 말려 저장하는 방법
曬笋乾法 쇄순건법	껍질을 벗겨 썬 죽순을 끓는 물이나 소금물에 데쳐 햇볕에 말려 저장하는 방법. 쌀뜨물에 담갔다 쓰는 방법
造紅花子法 조홍화자법	홍화 씨를 짓찧고 끓는 물에 넣어서 즙을 우려내 솥에서 졸이다 초를 살짝 쳐서 응고시켜 먹는 방법
造豆芽菜 조두아채	물에 불린 녹두를 자리에 깔고 동이로 덮어둔 뒤, 매일 두 번씩 물을 뿌려 숙주나물을 키우고, 이것을 끓는 물에 데쳐 생강, 식초, 기름, 소금의 양념에 버무려 먹는 방법

주로 소금과 장류에 절여 오래 저장하는 방식이다. 따라서 채소를 생채로 양념해서 무쳐 먹거나 데치거나 삶아서 양념하는 현재 나물 조리방식과는 차이가 있다. 그리고 양념도 주로 강한 향신료로서 우리가 주로 사용하는 양념과는 차이가 있다.

조선시대 고조리서의 채소음식[18]

여기서는 조선시대 고조리서 총 10종에 나타난 채소 조리법을 고찰할 것이다. 조선시대에 나온 조리서는 채소를 이용한 조리법을 다양하게 소개하고 있는데, 특히 침채류인 김치나 저 담그는 법, 그리고 장아찌류 담그는 법 등이 수록되어 있어서 저장법을 중시하고 있었음을 알 수 있다. 무엇보다 나물이라는 한글 용어가 등장한 것이 주목되는데, 한글 고조리서인《음식디미방》(1670)에 '비시느물 쓰는 법'이 나오고, 이후 1800년대의 《주식시의》에서 '호박나물'이라는 표현이 나온다. 이 외의 조리서에서는 나물류를 대부분 '치(채)'라는 용어로 설명하고 있었다.

나물이라는 용어가 이 시기에 널리 사용되지 않은 것인지, 혹은 조리서에 등장하기에는 적합하지 않은 서민적인 조리법이어서 다루지 않은 것인지 의문이다. 그러나 당시의 조리서에 나물 조리법이 나오지 않는다 해서 나물이라는 음식이 없었다고 볼 수는 없다. 1809년 《규합총서》에는 나물 대신 '나무새'라는 표현을 썼고, 동춘당 은진송씨 가문에서 발견된 《주식시의》에서 비로소 '호박나물 술안주법'이 등장해 나물이라는 한글 용어가 보인다. 그리고 1800년대의 《시의전서》에는 '채'와 '나물'이 혼용되어 나온다.

산가요록[19]

《산가요록山家要錄》은 1450년경 세조대의 어의御醫를 지낸 전순의全循義가 편찬한 우리나라에서 가장 오래된 최초의 식품서다. 《산가요록》은 작물, 원예, 축산, 양잠, 식품 등을 총망라한 농서農書이면서 술, 밥, 죽, 국, 떡, 두부 등 229가지의 조리법을 수록한 책으로, 1400년대의 식생활 문화를 비롯한 방대한 음식의 다양한 조리법을 한눈에 볼 수 있다.

채소음식으로는 침채류와 절임류 등 저장을 위한 음식이 주로 소개되고, 구이요리인 산삼좌반과 표고좌반, 도라지를 발효시키는 도라지식해가 나오는데, 일반적인 나물 조리법은 보이지 않는다.

[표 3.4] 《산가요록》에 기록된 채소 조리법

분류		음식명		주 재료	재료 (재료 가짓수)	조리법
음식 분류	원문 분류	원문명	현대 어명			
병 과 류	과 정 류	冬瓜煎果 (동과전과)	동아 정과	동아	동아, 꿀, 생강, 조 개껍데기, 태운 재 (5)	동아 썰기 → 태운 재와 섞기 → 숙성 → 재 씻어내고 꿀에 조리기 → 조린 동아 다른 꿀에 섞기 → 잘게 썬 생강 섞어 보관
		生薑煎果 (생강전과)	생강 정과	생강	생강, 꿀 (2)	생강 얇게 썰기 → 꿀을 섞어 조리 기 → 다시 꿀에 섞기
구 이 류	좌 반 류	山蔘佐飯 (산삼좌반)	더덕 자반	더덕	더덕, 간장, 고기 가루, 기름, 밀가 루 (5)	더덕 삶아 껍질 벗기기 → 납작하 게 두드리기 → 간장에 담가 숙성 후 말리기 → 고기가루와 기름 섞어 발라 굽거나 지지기(밀가루와 같이 섞어서 만들기도 함.)
		蕈古佐飯 (표고좌반)	표고 자반	표고 버섯	표고버섯, 간장, 산초가루 (3)	표고버섯 씻어 간장에 숙성 → 산초 가루 바르기 → 그늘에 말리기

식료찬요 [20]

《식료찬요食療纂要》는 조리서라기보다는 우리나라 최초의 식이 요법서로, 일상생활에서 쉽게 구할 수 있는 음식을 통해 질병을 치료하는 식의食醫 또는 식치食治 방법을 기록했다. 《산가요록》과 마찬가지로 어의인 전순의의 저작이다. 모두 45가지 질병을 치료하는 식이요법을 소개하며, 간단한 조리법까지 기술하고 있다.

[표 3.5] 《식료찬요》에 기록된 채소 조리법

분류		질병		주재료	조리법
음식 분류	원문 분류	원문명	현대 어명		
나물류	-	제열/불면증 (諸熱 附不得眠)	열병	아욱	아욱을 문드러지도록 삶고 마늘에 버무려서 먹는다.
구이류/ 찜류		심복통/옆구리 결림증 (心腹痛 附脇痛)		무	무를 통째로 굽거나 삶아 먹는다.
		해수/천식 (咳嗽 附喘)		무	무를 통째로 구워 삶거나 국으로 끓여 먹는다.
구이류/ 찜류/ 국류	-	비위/반위 (脾胃 附反胃)		무	무를 통째로 굽거나 삶고 혹은 국을 끓여 먹는다.
복음류/ 국류	-	제갈(諸渴)		부추 싹	부추 싹을 날마다 3~5량씩 볶거나 국으로 만들어 먹되 소금을 넣지 않으면 효과가 매우 좋다.
		제리(諸痢)	이질	부추	부추로 국이나 죽을 만들어 먹거나 데치거나 볶아 먹는다.
찜류	-	산후질병(産後諸疾)	출산 후 이질	염교	염교를 삶아 먹는다.
생으로 섭식	-	비위/반위 (脾胃 附反胃)		순무	순무를 임의대로 먹는다.
		더위증(諸暑)		생강	생강 큰 것 한 덩어리를 급히 씹고 냉수를 먹는다.
		제열/불면증 (諸熱 附不得眠)	열병	죽순	죽순을 임의대로 먹는다.
		황달(黃疸)		순무	순무를 임의대로 먹는다.
		수종(水腫)	신장병	동아	동아를 적당량 임의대로 먹는다.
		제갈(諸渴)	당뇨	동아	동아를 임의대로 먹는다.
		대변불통 (大便不通)	변비	고수 나물	고수나물을 임의대로 먹는다.
병과류	-	비위/반위 (脾胃 附反胃)	위병	무	무를 꿀에 넣고 달여 조금씩 씹어서 복용한다.

수운잡방[21]

1500년대에 쓰여진 《수운잡방需雲雜方》은 조선시대 중기의 음식과 조리법을 살펴볼 수 있는 조리서다. 경북 안동의 엄격한 유학자인 김유金綏(1491~1555년)의 저작으로, 음식의 조리와 가공 방법 106가지를 한문으로 기록한 문화재급 조리서다. 채소음식으로 다수의 김치류와 장아찌류가 기록되어 있고, 그 외에 두부 만들기와 더덕자반이 소개된다.

[표 3.6] 《수운잡방》에 기록된 채소 조리법의 종류와 재료

분류		음식명		주재료	재료 (재료 가짓수)	조리법
음식 분류	원문 분류	원문명	현대 어명			
병과류	-	東瓜正果 (동과정과)	동아 정과	동아	동아, 방분, 조청, 꿀, 후춧가루(5)	동아 손질하기 → 하룻밤 재우기 → 조청, 꿀 넣고 조리기 → 후춧가루 넣기 → 버무리기 → 숙성하기
		生薑正果 (생강정과)	생강 정과	생강	생강, 꿀물 (2)	생강 다듬기 → 편으로 썰기 → 꿀물에 넣고 조리기 → 꿀 첨가 후 보관하기
자반	-	山蔘佐飯 (산삼좌반)	더덕 자반	산더덕	산더덕, 소금, 간장, 참기름 (4)	산더덕 껍질 제거 후 찧기 → 물에 담가 쓴맛 제거 → 익히기 → 소금, 간장, 참기름에 재우기 → 말린 후 후추를 치고 다시 말리기

음식디미방[22]

경북 북부의 안동과 영양 일대에 살았던 안동장씨 장계향이 저술한 음식 조리서다. 《음식디미방飮食知味方》은 음식문화를 전공하는 학자 대부분이 주저 없이 우리나라 최고의 식경食經으로 꼽는 책이다. 더구나 순 한글로 이루어져 있어서 누구나 쉽게 접

근할 수 있으면서도 우리의 빼어난 전통음식 조리법의 정수를 보여주는 책이다. 여성이 쓴 아시아권 최고의 조리서로 인정받고 있다.

여기서 소개되는 채소음식으로 가지찜, 외찜 등의 찜 종류가 있고, 채라는 이름을 가진 요리로 외화채, 잡채, 연근채, 동화돈채가 나온다. 나물이라는 구체적 음식명은 보이지 않지만 '비시ᄂ물 쓰는 법'이라는 항목에서 움채소 가꾸는 방법을 소개한다. 그리고 가지느르미, 동아느르미, 동아젹, 섭산삼법 등이 등장한다.

[표 3.7] 《음식디미방》에 기록된 채소 조리법

분류		음식명		주 재료	재료 (재료 가짓수)	조리법
음식 분류	원문 분류	원문명	현대 어명			
나 물 류	魚肉類 (어육류)	잡치	잡채	버섯	오이, 무, 댓무, 참버섯, 석이버섯, 표고버섯, 송이버섯, 숙주나물, 도라지, 거여목, 박고지, 냉이, 미나리, 파, 두릅, 고사리, 승검초, 동아, 가지, 꿩고기, 생강, 후춧가루, 참기름, 진간장, 밀가루, 기름간장, 천초가루, 즙액 (28)	오이, 무, 댓무, 참, 석이, 표고, 송이버섯, 숙주나물 씻기 → 도라지, 거여목, 박고지, 냉이, 미나리, 파, 두릅, 고사리, 승검초, 동아, 가지, 꿩고기는 데치기 → 양념 만들기 → 가늘게 썬 재료들에 양념 넣어 기름간장에 볶아 섞기 → 큰 대접에 담아 즙액을 뿌리고 천초가루, 후춧가루, 생강 뿌리기
조 림 류	魚肉類 (어육류)	동화 느르미	동아 누르미	늙은 동아	늙은 동아, 소금, 무, 석이버섯, 표고버섯, 참버섯, 후춧가루, 간장국, 기름, 밀가루, 꿩고기 육수, 천초 (3)	늙은 동아를 얇게 저미고 소금을 뿌리기 → 무 채썰고 삶기 → 석이, 표고, 참버섯 다져 후춧가루로 양념하기 → 저며둔 동아로 싸기 → 꼬치에 꿰어 중탕으로 찌기 → 간장국에 기름, 밀가루, 꿩고기 육수를 넣고 후추와 천초로 양념하기 → 꼬치에서 동아를 뽑아 즙액 끼얹기

분류		음식명		주 재료	재료 (재료 가짓수)	조리법
음식 분류	원문 분류	원문명	현대 어명			
조림류	魚肉類 (어육류)	가지 느르미	가지 누르미	가지	가지, 단간장, 기름, 밀가루, 골파 (5)	가지는 적을 만들듯 단간장, 기름, 밀가루를 발라 굽기 → 간장국에 골파를 넣고 기름과 밀가루를 타서 즙을 만들기
선	魚肉類 (어육류)	동화선	동아선	늙은 동아	늙은 동아, 간장, 기름, 생강, 초 (5)	늙은 동아를 도톰하게 저민 후 살짝 데치기 → 간장에 기름을 넣어 붉게 달이기 → 동아 삶은 것을 건져 물기를 없애기 → 달인 간장에 삶은 동아를 버무려 무치기 → 묽어진 간장은 따라 버리고 다시 달인 간장을 넣어 동아와 버무린 후 생강을 짓이겨 넣기 → 낼 때는 초를 쳐서 내기
		동화 돈치	동아 돈채	동아	동아, 기름간장, 겨자, 초, 간장, 깨소금 (6)	동아로 두부 누르미 만들 때 두부 크기로 작게 썰고 살짝 데친 다음 체에 건지기 → 기름간장을 달여 동아를 무치고, 겨자, 초, 간장의 3가지 맛이 알맞게 하기 → 체에 밭인 깨소금과 동아즙을 함께 섞어 버무리기
구이	魚肉類 (어육류)	동화적	동아적	동아	동아, 기름장, 마늘, 생강, 초 (5)	동아를 고기산적 크기로 썰고 꿴 다음 칼로 양 쪽에 칼집을 촘촘하게 내기 → 쇠 위에 놓고 약한 불로 기름간장을 발라 무르게 굽기 → 생강을 잘게 다져 동아에 낸 칼집 사이에 넣고 초를 뿌리기
찜	魚肉類 (어육류)	가지짐	가지찜	가지	가지, 장, 기름, 밀가루, 파, 후춧가루, 천초가루 (7)	가지를 꼭지 쪽은 잘라내지 말고 4쪽을 쪼개기 → 물에 담가 매운맛이 우러나면 달고 걸쭉한 장을 걸러 기름, 밀가루, 파를 썰어 후추, 천초로 양념하기 → 사발에 담아 중탕하기 → 흐물흐물하게 찌기

| 분류 | | 음식명 | | 주 재료 | 재료
(재료 가짓수) | 조리법 |
음식 분류	원문 분류	원문명	현대 어명			
찜	魚肉類 (어육류)	외짐	외찜	오이	오이, 장, 기름, 밀가루, 파, 후춧가루, 천초가루 (7)	오이를 꼭지 쪽은 잘라내지 말고 4쪽을 쪼개기 → 물에 담가 매운맛이 우러나면 달 고 걸쭉한 장을 걸러 기름, 밀 가루, 파를 썰어 후추, 천초로 양념하기 → 사발에 담아 중 탕하기 → 흐물흐물하게 찌기
생 채 류	魚肉類 (어육류)	외화치	오이 화채	오이	오이, 녹두가루, 초간장 (3)	오이를 가늘고 길게 썰어 끓 는 물에 잠깐 넣었다가 건져 물기 빼기 → 녹두가루를 묻 히고 다시 끓는 물에 데쳐 건 지기 → 반복하기 → 찬물에 대강 씻고 물에 담가두기 → 오이가 희게 불면 건져서 초 간장에 무치기
		년근치	연근채	연근	연근, 간장기름, 식초, 밀가루 (4)	연근을 씻어 끓는 물에 살짝 데치기 → 가는 실 줄기를 제 거하고 채치기 → 기름간장에 무쳐 식초 넣기

주찬 [23]

《주찬酒饌》은 조선 후기(1800년대 초)의 것으로 추정되는 저자 미상의 조리서다. 경북 안동에서 발견되었으며, 주로 술과 안주에 관한 조리서다. 여기에서 소개되는 여러 가지 조리법에 관한 명쾌한 서술은 다른 고조리서의 애매한 기술을 해석하는 데 도움이 된다. 채소음식으로 김치류와 장아찌류가 다수 나오고 고사리찜, 오이무름, 동아누르미가 나온다.

[표 3.8] 《주찬》에 기록된 채소 조리법

분류		음식명		주재료	재료 (재료 가짓수)	조리법
음식 분류	원문 분류	원문명	현대 어명			
찜 류	煎煮方 (전자방)	고사리 찜	고사리 찜	고사리	고사리, 여러 가지 양념(파, 마늘, 깨 소금, 후춧가루, 생강), 고명, 장국 물, 참기름, 전분 물, 깨소금, 산초 가루 (8)	고사리 삶기 → 갖은양념과 간 장국물, 참기름 넣고 졸이기 → 전분물 넣기 → 깨소금, 산초가 루 뿌리기
조 림 류	煎煮方 (전자방)	오이 무름	오이 무름	오이	늙은 오이, 어린 오이, 표고, 석이, 생강, 파, 잣, 닭고 기, 녹말, 밀가루, 참기름, 고명, 간 장, 달걀 (14)	오이 손질하기 → 닭고기 다지 기 → 표고, 석이, 생강, 파, 잣, 닭고기를 섞어 반죽하기 → 채 썬 오이와 버무리기 → 만든 소 를 늙은 오이 안에 채워 넣기 → 녹말, 밀가루를 묻혀 참기름에 지지기 → 고명을 넣은 간장국 에 끓이기 → 달걀 풀기 → 오이 토막 썰기
	煎煮方 (전자방)	동아 느르미	동아 누르미	동아	늙은 동아, 간장, 정육/갖은양념, 유장, 녹말, 달걀 (7)	동아 껍질 벗기기 → 얇게 썰기 → 간장에 재우기 → 고기 다지 기 → 양념과 유장 반죽하기 → 동아 썬 것으로 말아 꼬챙이에 꿰기 → 녹말, 달걀 묻혀 지지기 → 간장에 양념하여 녹말물을 풀어 농도 맞추기 → 동아 탕에 끼얹기

증보산림경제[24]

《증보산림경제增補山林經濟》는 유중림이 1766년에 홍만선의
《산림경제》를 증보하여 엮은 농서로서, 16권 12책으로 이루어져
있다. 이 책은 박물지博物志의 성격을 띤 문헌으로 서유구의《임
원경제지》에 영향을 끼쳤다.

[표 3.9] 《증보산림경제》에 기록된 채소 조리법

분류		음식명				
음식 분류	원문 분류	원문명	현대 어명	주재료	재료 (재료 가짓수)	조리법
나 물 류	-	苣蕂菜 (목수채)	거여목 나물	거여목 뿌리	거여목 뿌리, 기름, 소금 (4)	싹이 나지 않은 거여목 뿌리 데치기 → 기름과 소금 첨가
		艾芥菜 (애개채)	쑥갓 나물	쑥갓	쑥갓, 초, 장 (3)	쑥갓 데치기 → 초, 장 넣기
		蒜茄法 (산가법)		가지	가지, 식초, 물, 마늘, 소금 (5)	가지 손질하기 → 식초, 물 섞 어 달이기 → 가지 데치기 → 마늘, 소금, 데친 가지 섞기
		芥末茄法 (개말가법)		가지	가지, 소금, 겨 잣가루, 소금 (4)	가지 손질하기 → 기름에 볶 기 → 식히기 → 겨잣가루와 볶은 가지 섞기 → 항아리에 보관하기
		匏(박)	박나물	박	박, 기름, 장 (3)	달고 늙지 않은 박의 껍질과 속 제거 → 끓는 물에 데치기 물기 → 짜고 기름, 장 넣기 → 자르기
		萵苣臺菜法 (와거대채법)	부로동 나물	부 로 동	연한 부로동, 기름, 장, 석 이, 표고, 참버 섯, 잣 (7)	연한 부로동 끓여 익히기 → 껍질 벗기고 썰기 → 석이, 표 고, 참버섯, 잣, 기름, 장 첨가 하여 볶기
		淹韭菜法 (엄구채법) 1	부추 나물	부추	부추, 소금, 참기름 (3)	부추 씻기 → 말리기 → 사기 그릇에 소금과 부추 층층이 쌓기 → 뒤집어가며 2~3일 절이기 → 항아리에 넣고 소 금물, 참기름, 부추와 잘 버무 린 뒤에 저장하기
		淹韭菜法 (엄구채법) 2	부추 나물	부추	부추, 기름, 장, 초 (4)	부추 손질하기 → 끓는 물에 약간 데치기 → 기름, 장, 초 첨가해서 먹기

253
11장 고조리서를 통해 본 채소 조리법의 세계

분류		음식명		주재료	재료 (재료 가짓수)	조리법
음식 분류	원문 분류	원문명	현대 어명			
병 과 류	薑煎 果子法 정과 만드는 법	蘿菖熟菜法 (나복숙채법)	무나물	무	무, 쇠고기, 꿩 혹은 암탉, 물, 기름, 장, 생 강, 파, 후춧가 루(9)	무 손질하기 → 고기(쇠고기, 꿩고기) 손질하기 → 무와 고 기를 함께 솥에 넣어 삶기 → 졸면 기름과 장 붓기 → 계속 끓여 물이 다 졸아들면 쇠고 기는 버리고 꿩고기만 다지기 → 생강, 파 등의 양념, 무 썰 기 → 무 익히기
		冬瓜正果法 (동과정과법) 1	동아 정과 1	동아	동아, 소라 껍데기를 태워 만든 재, 꿀(3)	늙은 동아 속과 겉껍질 벗기 기 → 단단한 속살 자르기 → 소라 껍데기를 태워 만든 재 로 버무리기 → 숙성 → 잿기 운 씻어 판으로 누르기 → 물 기가 빠지면 썰어 볶기 → 꿀 물과 함께 끓여 조리기 → 다 른 꿀 데워 거품 제거 후 동아 재우기
		冬瓜正果法 (동과정과법) 2	동아 정과 2	동아	동아, 석회 끓인 물, 꿀물 (3)	동아 껍질 제거 → 편으로 썰 기 → 데치기 → 석회 끓인 물 에 4일간 재우기 → 물에 4일 간 재우기 → 꿀물에 끓이기 → 건져 도자기에 보관하기
		蓮藕煎法 (연우전법) 1	연근 정과 1	연근	연근, 소금물, 꿀(3)	연근 데치기 → 껍질 제거 → 연근 채썰기 → 소금물에 담 가 식히기 → 꿀에 담그기 → 조리기
		蓮藕煎法 (연우전법) 2	연근 정과 2	연근	연근, 꿀(2)	연근 썰기 → 꿀, 물 섞어 조 리기 → 거품 걷어내기
		生薑煎法 (생강전법)	생강 정과	생강	생강, 꿀(2)	생강 껍질 제거 → 편 썰어 끓 이기 → 꿀물에 생강 넣어 조 리기 → 꿀 넣기
		竹笋煎法 (죽순전법)	죽순 정과	죽순	죽순, 꿀(2)	죽순 삶기 → 껍질 제거 → 썰 기 → 꿀에 절이기 → 말리기 → 꿀에 넣어 끓이기 → 말린 죽순 넣어 보관하기

분류		음식명		주재료	재료 (재료 가짓수)	조리법
음식 분류	원문 분류	원문명	현대 어명			
병 과 류	薑煎 果子法 정과 만 드는법	桔梗煎法 (길경전법)	도라지 정과	도라지	도라지, 쌀뜨 물, 꿀 (3)	도라지 쌀뜨물 담가 손질하기 → 꿀에 넣어 조리기 → 사기 그릇에 보관하기
구 이 류	-	當歸莖 (당귀경)	당귀 줄기	당귀	당귀 줄기, 기 름, 장물, 밀가 루즙 (4)	당귀 줄기, 기름, 장물과 밀가 루즙 발라 굽기
		松栮 (송이)	송이	송이	송이, 꿩고기, 기름, 장 (4)	송이와 꿩고기를 꼬치로 만 들기 → 기름, 장 발라 반숙이 되도록 굽기
		木頭菜 (목두채)	두릅 나물	두릅 나물	두릅나물, 기 름, 장, 밀가루 즙 (4)	두릅나물 사이에 고기를 끼워 꼬치 만들기 → 기름, 장과 밀 가루즙 발라 굽기
		冬瓜煎法 (동과전법)	동아 지짐	동아	동아, 소금, 기 름, 식초, 생강, 파, 마늘 (7)	동아 썰기 → 소금에 절이기 → 기름 넣고 지지기 → 식초, 생강, 파, 마늘 넣기
		蔥(총)	파	파	파, 기름, 장 물, 밀가루, 초 (5)	파 꼬치에 끼워 평평하게 하 기 → 기름, 장물에 밀가루 섞 어 즙 만들기 → 꼬치에 발라 굽기 → 초 뿌려 먹기
		蒜薹灸法 (산대구법)	마늘종 구이	마늘	마늘종, 기름, 장물, 밀가루, 고기 (5)	마늘종 끓는물에 데치기 → 말리기 → 썰어서 꼬치 만들 기 → 기름, 장물, 밀가루로 만든 즙 바르고 사이에 고기 끼운 후 굽기
볶 음 류	-	冬瓜蒜法 (동과산법)	동아 볶음	동아	동아, 백반, 석회, 소금, 마늘 (5)	동아 손질하기(껍질, 속 제 거) → 채썰기 → 백반, 석회 넣어 끓인 물에 데치기 → 말 리기 → 소금, 마늘 섞어 찧기 → 반죽하여 볶기
조 림 류	-	茄爛法 (가란법)		가지	가지, 고기(쇠 고기, 돼지고 기, 꿩고기), 밀가루 (3)	가지 자르기 → 쇠고기/돼지 고기/꿩고기 핏기 제거하기 → 밀가루로 버무리기 → 고 기 찧고 가지 속에 채우기 → 실로 묶고 간장물에 삶기 → 밀가루 넣고 익히기

분류		음식명		주재료	재료 (재료 가짓수)	조리법
음식 분류	원문 분류	원문명	현대 어명			
조 림 류	-	黃瓜欄法 (황과란법)	노각 조림	늙은 오이	늙은 오이, 쇠 고기, 양념 재 료, 밀가루, 장 물 (5)	늙은 오이 손질하기 → 세 방 향으로 가르기 → 속 제거 → 쇠고기 핏물 제거 → 양념 재 료를 넣어 다지기 → 밀가루 와 함께 오이 속 채우기 → 장 물에 넣어 끓이기
		蔓菁煮 (만청증)	순무 조림	순무	순무, 장물, 어 육, 마른 새우 가루 (4)	순무 뿌리, 잎 씻기 → 어육, 마른 새우가루 첨가 → 장물 에 찌기
		芋(우)	토란 조림	토란	토란, 기름, 장 물 (3)	토란 손질하기 → 기름 넣고 볶기 → 장물에 넣고 끓이기

규합총서[25]

《규합총서(규합총셔)》는 1809년 빙허각 이씨가 부녀자들을
위해 가정살림의 지침을 기록한 문헌이다. 《규합총서》는 주사
의酒食議, 봉임칙縫紝則, 산가락山家樂, 청낭결靑囊訣, 술수략術數略*
의 5권으로 구성되어 있다. 이 중 주사의에 반찬 만들기가 수록
되어 있으며 각종 채소음식 만드는 방법이 소개된다. 빙허각 이
씨는 인용한 책 이름을 각 사항에 작은 글씨로 표기했고, 각 항

---

* 주사의는 장 담그기, 술 빚기, 밥과 반찬 만들기, 떡과 과줄(꿀과 기름을 섞은 밀가루 반
죽을 판에 박아서 모양을 낸 후 기름에 지진 과자) 만들기, 기름 짜기 등 식생활에 관한
내용을 담고 있으며, 봉임칙은 옷 만드는 법, 염색과 수놓기, 양잠과 길쌈 같은 의생활,
각종 그릇과 구들 관리, 돈 관리, 심지어 화장법까지를 다룬다.
산가락은 밭 갈기, 과실수 기르기, 꽃 기르기에서 가축과 꿀벌 기르기 등 농업과 농가
운영에 관해 다루며, 청낭결은 태교와 육아에서 각종 치료, 구급법을 다룬다. 현재 확인
되지 않은 술수략에는 집터, 청소 및 여러 환란에 대처하는 방법들이 기록되어 있었다
고 한다.

목 끝에 자신이 직접 실행해본 결과 등을 작은 글씨로 밝혀놓았다.

[표 3.10]《규합총서》에 기록된 채소 조리법

분류		음식명		주재료	재료 (재료 가짓수)	조리법
음식 분류	원문 분류	원문명	현대 어명			
나 물 류	나무새 붙이	듁슌치	죽순 나물	죽순	죽순, 쇠고기, 꿩고기, 표고버 섯, 석이버섯, 후춧가루, 양념, 기름, 밀가루 (9)	죽순 저미기 → 데치기 → 쇠고기, 꿩고기 다져 넣기 → 표고버섯, 석이버섯 넣 기 → 후춧가루로 양념하기 → 밀가루 넣어 기름에 볶 기
		월과치	호박 나물	호박	호박, 돼지고기, 쇠고기, 파, 고 추, 석이버섯, 기름, 깨소금 (8)	호박 썰기 → 돼지고기 저 미기 → 쇠고기 다지기 → 파, 고추, 석이버섯 넣기 → 호박, 고기 기름에 볶기
적 류	나무새 붙이	신감치	승검초 산적	승검초	승검초(또는 움 파), 소 안심살 (또는 꿩), 갖 은양념, 밀가루 (4)	승검초 다듬기 → 데치기 → 껍질 제거 → 안심살과 함께 산적꼬치에 꿰기 → 갖은양념 바르기 → 굽기
찜 류	나무새 붙이	송이씸	송이찜	송이	송이, 밀가루, 달걀, 지단, 후 춧가루, 잣가루 〈소〉 쇠고기, 돼 지고기, 두부, 기름장, 갖은양 념 (11)	송이 손질 후 저미기 → 쇠 고기, 돼지고기 다진 후 두 부와 섞기 → 기름과 갖은 양념 섞어 소 만들기 → 송 이 저민 것으로 소 덮기 → 밀가루, 달걀을 씌워 지지 기 → 국에 꾸미, 달걀 풀어 끓이기 → 송이 지진 것 넣 고 끓이기 → 채썬 지단, 후 춧가루, 잣가루 뿌리기
병 과 류	나무새 붙이	동과선	동아선	동아	동아, 기름, 겨 자, 꿀 (4)	동아 썰기 → 기름에 볶기 → 겨자 개기 → 겨자, 꿀 넣어 동아 담그기

분류		음식명		주재료	재료 (재료 가짓수)	조리법
음식 분류	원문 분류	원문명	현대 어명			
병 과 류	나무새 붙이	년근 정과	연근 정과	연근	연근, 꿀물, 백 청 (3)	연근 세척하기 → 썰기 → 꿀물에 데치기 → 백청 넣기
		전동과 정과	동아 정과	동아	동아, 재, 꿀, 백 청 (4)	동아 속 긁기 → 알맞은 크 기로 썰기 → 재를 물에 타 서 동아 담그기 → 꿀물에 데쳐 잿물 우려내기 → 백 청 붓기

임원경제지-정조지[26]

《임원경제지林園經濟志》는 서유구徐有榘(1764~1845)가 편찬한 농업 위주의 백과사전으로, '임원십육지'라고도 불린다. 113권 52책 250만 자에 이르는 방대한 분량으로, '조선 농업과 일상생활의 경제학'을 집대성했다. 이 책은 당시에 나와 있던 국내의 여러 농서와 중국 문헌 등 900여 종을 참고하여 편찬한 것으로, 18세기 말 조선 농업의 실상을 한눈에 파악할 수 있는 귀중한 자료다. 이 중 '정조지鼎俎志'가 음식에 관한 항목이다.

서유구는 앞서 소개한 《규합총서》의 저자 빙허각 이씨의 시동생으로, 빙허각은 서유구의 형인 서유본徐有本(1762~1822)의 부인이다. 서유구의 집안은 이용후생을 강조하는 실학자 집안으로, 서유본과 서유구의 아버지인 서호수徐浩修(1736~1799)는 《해동농서海東農書》의 저자다.

[표 3.11] 《임원경제지》에 기록된 채소 조리법

분류		음식명		주재료	재료 (재료 가짓수)	조리법
음식 분류	원문 분류	원문명	현대 어명			
병 과 류	蜜煎菓 (밀전과)	蜜煎藕方 (밀전우방)	연근 정과	연근	연근, 물, 소금, 꿀 (4)	연근 껍질 벗기기 → 연근 썰어 데치기 → 연근을 소금물에 2시간 담가두기 → 연근 건져 꿀에 담가 짠맛을 빼기 → 꿀을 넣어 약한 불에서 호박색이 날 때까지 조리기
		蜜煎五味子方(밀전오미자방)	오미자 정과	오미자	오미자, 연지, 꿀, 녹말 (4)	오미자를 미지근한 물에 담가 하룻동안 우리기 → 색이 연하면 연지로 색을 맞추기 → 꿀과 녹말을 섞어 조리기 → 찬 곳에 두고 얇게 썰기
		蜜煎竹筍方(밀전죽순방)	죽순 정과	죽순	죽순, 꿀 (2)	죽순 삶기 → 껍질 벗기고 적당히 자르기 → 꿀에 담갔다가 건져서 말리기
		蜜煎麥門冬方(밀전맥문동방)	맥문동 정과	맥문동	맥문동, 꿀, 엿 (3)	맥문동의 뿌리심 제거하기 → 찧어서 즙을 내 꿀과 섞기 → 자주 저어 엿과 같이 되면 옹기에 담기
		蜜煎桔梗方(밀전길경방)	도라지 정과	도라지	도라지, 쌀뜨물, 꿀 (3)	도라지를 쌀뜨물에 담그기 → 껍질을 벗기고 삶기 → 꿀을 부어 달이기 → 꿀이 배면 다시 꿀을 넣기 → 햇볕에 말려 자기에 저장하기
	蜜煎菓 (밀전과)	蜜煎薑方 (밀전강방)	생강 정과	생강	생강, 백반, 꿀 (3)	생강 씻어 데치기 → 백반을 물에 풀어 하루 재우기 → 생강을 백반물에 하룻밤 담그기 → 꿀에 조려 식히기 → 자기에 담기
		生薑果方 (생강과방)	생강란	생강	생강, 꿀, 엿, 잣가루 (4)	생강을 물에 담가두기 → 껍질을 벗기고 다지기 → 꿀과 엿을 녹이기 → 다진 생강을 넣고 호박색이 될 때까지 조리기 → 네모난 모양으로 만들어 잣가루 묻히기

분류		음식명		주재료	재료 (재료 가짓수)	조리법
음식 분류	원문 분류	원문명	현대 어명			
병 과 류	糖煎菓 (당전과)	糖煎藕方 (당전우방)	연근 정과	연근	연근, 설탕, 금앵말(장미 과에 속하는 상록관목의 열매가루), 꿀 (4)	연근 잘라 햇볕에 말리기 → 설 탕을 금앵말과 꿀을 넣어 진흙 으로 밀봉하기 → 은근한 불로 삶기
	脯菓 (포과)	山藥茶 食方(산약 다식방)	마다식	마	마, 꿀, 계핏 가루, 천초가 루 (4)	마를 쪄서 껍질 벗기기 → 마를 찧어 체에 내려 꿀로 반죽하기 → 계핏가루, 천초가루를 넣고 다식판에 찍기
	脯菓 (포과)	薑粉錠方 (강분정방)	생강 다식	생강	생강, 단 가 루, 꿀, 설탕 (4)	생강 갈아 찧어 등청하여 앙금을 볕에 말리기 → 단 가 루, 꿀, 설탕으로 반죽하여 다 식판에 찍기
구이 (튀김) 류	煮葉菜 (자엽채)	煮菊苗方 (자국묘방)	국화 지짐	국화잎	국화 잎, 녹 두가루, 기 름, 오이, 간 장, 식초 (6)	국화 잎 데치기 → 녹두가루 입 히기 → 팬에 기름 두르고 지지 기 → 오이 씨 제거하고 어슷 하게 썰기 → 오이를 소금에 절 였다가 살짝 볶기 → 국화 잎과 오이에 간장과 식초를 넣고 버 무리기
	煨炙菜 (외증채)	松耳炙方 (송이적방)	송이 구이	송이 버섯	송이버섯, 참기름, 간장 (3)	송이버섯 흙 털기 → 이등분하 기 → 참기름과 간장을 섞은 유 장 만들기 → 송이버섯에 유장 발라 석쇠에 굽기
		蔥炙方 (총적방)	움파 꼬치	움파	움파, 밀가 루, 물, 간장, 소금, 참기 름, 기름, 식 초 (8)	움파 썰기 → 소금물에 데친 후 헹구기 → 데친 움파 편편하게 두드리기 → 움파를 꼬치에 꿰 기 → 밀가루즙 바르기 → 팬에 움파 지지기 → 식초를 뿌려 먹 기
		南瓜炙方 (남과적방)	호박 꼬치	늙은 호박, 송이 버섯	늙은 호박, 송이버섯, 참기름, 간장 (4)	늙은 호박 껍질 벗기고 썰기 → 송이버섯 반으로 가르기 → 꼬 치에 호박과 송이버섯을 꿰기 → 유장 발라 굽기

분류		음식명		주재료	재료 (재료 가짓수)	조리법
음식 분류	원문 분류	원문명	현대 어명			
구이 (튀김) 류	油煎菜 (유전채)	通神餅方 (통신병방)	생강 튀김	생강, 대파	생강, 대파, 밀가루, 튀김 기름, 밀가 루, 물, 소금 (7)	생강 껍질 벗기고 얇게 썰기 → 찬물에 담가 매운맛 빼기 → 대 파 어슷하게 썰기 → 밀가루즙 만들기 → 생강과 대파에 밀가 루즙 묻히기 → 기름에 튀기기
	煨菓 (외과)	土芝丹方 (토지단방)	토란 구이	토란	토란, 술, 술 지게미, 소금 (4)	토란을 젖은 종이에 싸기 → 술 과 술지게미를 바르고 굽기
		煨甘藷方 (외감저방)	고구마 구이	고구마	고구마 (1)	고구마 삶거나 굽거나 찌기
회 류	煮葉菜 (자엽채)	木頭菜方 (목두채방)	두릅 회	두릅	두릅, 초간 장, 참기름, 소금 (4)	소금물에 두릅 삶기 → 찬물에 담가 쓴맛 빼기 → 물기 짜기 → 초간장으로 무치거나 참기 름과 소금에 무치기
무침 류	虀菜 (제채)	胡荽虀方 (호유제방)	고수 초무침	고수	고수, 소금, 물, 식초 (4)	고수 데치기 → 소금물에 담그 기 → 세척하기 → 소금, 식초 넣어 담그기
포 류	乾菜 (건채)	牛蒡脯方 (우방포방)	우엉 포	우엉	우엉, 소금, 간장, 소회 향, 생강, 천 초, 숙유 (7)	우엉을 캐서 껍질 벗기기 → 깨 끗이 씻어 삶기 → 납작하게 두 드려 소금, 간장, 시라, 생강, 천초, 숙유 갈은 것을 섞어 재 우기
		蕉脯方 (초포방)	파초 포	파초	파초, 소금, 간장, 무이, 천초, 마른 생강, 숙유, 후추 (8)	파초를 편으로 썰어 잿물에 삶 기 → 맑은 물에 삶기를 여러 번 하여 잿맛을 없애기 → 소 금, 간장, 무이, 천초, 마른 생 강, 숙유, 후추 등을 갈은 것에 하룻밤 재우기 → 불에 쬐어 말 리기 → 마른 것을 방망이로 두 드려 연하게 하기

주식시의[27]

《주식시의酒食是義》는 조선시대 사대부가의 음식 조리책으로 대전 회덕지구의 은진송씨 동춘당 송준길의 9세손인 송영노宋永老(1803~1881)의 부인 연안이씨가 기록하기 시작해 후대까지 계속 이어온 것으로 추정된다. 조선 말기 사대부가의 음식문화를 담고 있는 귀한 조리서다.

[표 3.12] 《주식시의》에 기록된 채소 조리법

분류		음식명		주재료	재료 (재료 가짓수)	조리법
음식 분류	원문 분류	원문명	현대 어명			
나물류	-	호박나물술안쥬	호박나물술안주	호박	호박, 물, 새우젓국, 파, 고추, 돼지고기, 쇠고기 (7)	호박 썰기 → 기름 넣고 익히기 → 새우젓국, 파, 고추 등의 양념하기 → 돼지고기 저며서 넣기 → 쇠고기 두드려 넣기 → 익히기
생채류	-	동아초	동아초	동아	동아, 파, 쇠고기, 제육, 녹말가루, 초장 (6)	동아 썰기 → 참기름에 부치기 → 파, 쇠고기, 제육 두드리기 → 녹말가루 묻히기 → 삶기 → 초장에 양념하기
		외상문체	외상문채	애오이	애오이, 마늘, 파, 생강, 후춧가루, 참기름, 장, 잣가루 (8)	애오이 쪼개기 → 데치기 → 마늘, 파, 생강, 후춧가루, 참기름 넣어 양념하기 → 장에 잣가루 뿌리기
		죽순치	죽순채	죽순	죽순, 고기, 꿩고기, 표고버섯, 석이버섯, 참기름, 밀가루 (7)	죽순 물에 담그기 → 고기, 꿩고기 다지기 → 표고버섯, 석이버섯 넣기 → 양념하기 → 참기름 치기 → 밀가루 넣고 볶기
		전골치소	전골채소	채소	무, 숙주, 검은 버섯, 표고버섯, 미나리, 도라지, 달걀, 고기, 고춧가루, 실고추 (10)	무, 숙주, 검은 버섯, 표고버섯 채썰기 → 달걀 지단 부치기 → 파 썰기 → 고기 다지기 → 고춧가루 묻히기 → 실고추 올리기

분류		음식명		주재료	재료 (재료 가짓수)	조리법
음식 분류	원문 분류	원문명	현대 어명			
단 자 류	-	승금초 단ᄌ	승검초 단자	당귀 싹	당귀 싹, 찹쌀가 루, 꿀, 팥, 잣가 루 (5)	찹쌀가루에 당귀 싹 생잎 찌기 → 찹쌀 가루 섞기 → 절구에 찧기 → 삶기 → 꿀, 볶은 팥 넣기 → 꿀에 무치기 → 잣 가루 묻히기
		토란 단ᄌ	토란 단자	토란	토란, 찹쌀가루, 기름 (3)	토란 삶기 → 껍질 벗기기 → 찹쌀가루 섞기 → 찌기 → 기름에 지지기
		감자 단ᄌ	감자 단자	감자	감자, 찹쌀가루 (2)	감자 말리기 → 감자가루 만들기 → 찹 쌀가루 섞기 → 찌기
찜 류	-	석이전	석이전	석이 버섯	석이버섯, 물, 기 름, 꿀, 찹쌀가루, 대추, 밤, 잣가루 (8)	석이버섯 말려서 빻기 → 물에 개기 → 기름 두르기 → 꿀에 재우기 → 찹쌀가 루 넣기 → 대추, 밤 채썰어 뿌리기 → 찌기
		잡과전	잡과편	석이 버섯	석이버섯, 날밤, 잣, 찹쌀가루, 계 핏가루, 꿀물, 기 름 (7)	날밤, 석이버섯, 잣 다지기 → 그 위에 찹쌀가루, 계핏가루 내린 것 얇게 펴기 → 양념 뿌리기 → 석이버섯에 찹쌀가 루 묻히기 → 그 위에 양념 뿌리기 → 기름 바르고 찌기
		슈죠의	수교의	오이	오이, 쇠고기, 닭 고기, 후춧가루, 마늘, 파, 깨소금, 양념, 기름, 간장, 밀가루 (11)	오이 채썰기 → 쇠고기, 닭고기, 후춧가 루, 마늘, 파, 깨소금, 양념 갖추어 넣기 → 기름 치기 → 간장으로 간하기 → 볶 은 오이와 섞기 → 밀가루 반죽하여 얇 게 밀기 → 만두와 같이 빚기 → 찌기
		도랏찜	도라지 찜	도라지	도라지, 간장, 고 기, 밀가루, 달걀, 표고버섯, 다시 마, 생강, 파, 후 춧가루, 잣가루 (11)	도라지 삶기 → 물기 제거 → 간장으로 간하기 → 칼등으로 두드리기 → 고기 볶기 → 도라지 사이에 고기를 넣고 밀 가루, 달걀 묻히기 → 부치기 → 표고버 섯, 다시마, 장국에 넣어 끓이기 → 밀 가루, 집간장으로 간하기 → 생강, 파, 양념 넣기 → 후춧가루, 잣가루 뿌리기
		송이찜	송이찜	송이 버섯	송이, 쇠고기, 돼 지고기, 두부, 유 장, 밀가루, 달걀, 석이버섯, 후춧가 루, 잣가루 (10)	송이 손질하기 → 얇게 저미기 → 쇠고 기, 돼지고기 다지기 → 고기 다진 것에 두부 섞기 → 위의 것을 송이 저민 것을 마주 덮어 밀가루, 달걀 묻혀 지지기 → 밀가루, 달걀 풀어 국 끓이기 → 송이 지진 것 넣기 → 후춧가루, 잣가루 뿌리 기

분류		음식명		주재료	재료 (재료 가짓수)	조리법
음식 분류	원문 분류	원문명	현대 어명			
적류	–	고초적	고추적	고추	풋고추, 돼지고 기, 쇠고기, 닭고 기, 밀가루, 기름 (6)	풋고추 손질하기(씨 제거) → 돼지고 기, 쇠고기, 닭고기 다지기 → 풋고추 속에 다진 고기 넣기 → 밀가루 씌워 기 름에 부치기

시의전서[28]

《시의전서是議全書》는 1800년 말의 조리서로 추정되며 저자
는 알 수 없다. 1911년에 설립된 대구인쇄합자회사大邱印刷合資會
社에서 인쇄한 상주군청의 편면괘지片面罫紙에 모필로 적어놓은
것이 발견되었는데, 이것은 1919년에 심환진沈晥鎭이 상주군수
로 부임해 그곳의 반가에 소장되어 있던 조리책 하나를 빌려서
괘지에 필사해둔 것이 그의 며느리 홍정洪貞에게 전해진 것이라
고 한다.

[표 3.13] 《시의전서》에 기록된 채소 조리법

분류		음식명		주재료	재료 (재료 가짓수)	조리법
음식 분류	원문 분류	원문명	현대 어명			
나 물 류	숙 채	호박 문쥬법	호박 문주법	어린 호박	애호박, 쇠고기, 표 고버섯, 석이버섯, 달걀, 간장, 다진 파, 다진 마늘, 참기 름, 후춧가루, 식초 (11)	애호박 꼭지 도려내고 속 파기 → 호 박 밑둥은 수평으로 자르기 → 쇠고 기 다지기 → 버섯, 지단 채치기 → 쇠고기, 표고버섯, 석이버섯 양념하 기 → 속 파낸 호박에 양념한 재료 넣 고 찌기 → 접시에 통으로 세워 담고, 초장 곁들이기

분류		음식명				
음식 분류	원문 분류	원문명	현대 어명	주재료	재료 (재료 가짓수)	조리법
찜 류	찜	松耳 (송이찜)	송이찜	송이 버섯	송이버섯, 쇠고기, 돼지고기, 두부, 간 장, 다진 파, 다진 마늘, 깨소금, 참기 름, 후춧가루, 밀가 루, 달걀, 기름, 육 수, 잣가루 (15)	송이 껍질 벗기기 → 쇠고기와 돼지 고기를 가늘게 다지기 → 다진 고기 를 두부와 섞고 기름장을 넣어 간 맞 추기 → 여러 가지 양념하기 → 양념 한 소를 송이 저민 것에 덮어 밀가루 묻히기 → 밀가루 묻힌 송이에 달걀 씌워 지지기 → 국에 고기를 많이 넣 고 밀가루와 달걀 풀어 끓이기 → 송 이 지진 것을 국에 넣고 다시 끓이기 → 달걀을 황백으로 부쳐 채치기 → 후춧가루와 잣가루 뿌리기
		竹筍 (죽순찜)	죽순찜	죽순	죽순, 쇠고기, 꿩고 기, 간장, 다진파, 다 진 마늘, 참기름, 밀 가루 (8)	죽순 4등분한 후 얇게 썰어 데치기 → 쇠고기, 꿩고기 다져 양념하기 → 양념된 고기를 볶다 즙 나오면 밀가 루 넣고 볶기 → 죽순 넣고 볶기
선 류	선	菘 (비추선)	배추선	배추 속대	배추 속대, 쇠고기, 미나리, 표고버섯, 느타리버섯, 석이버 섯, 파, 실고추, 겨 자즙, 간장, 꿀, 다 진 파, 다진 마늘, 깨소금, 참기름, 후 춧가루 (16)	배추 속대 잘라 소금 넣고 살짝 데치 기 → 재료를 모두 채치기 → 준비된 재료를 모두 섞어 양념에 버무려 볶 기 → 겨자즙 곁들이기
		南瓜 (호박선)	호박선	애호박	애호박, 쇠고기, 표 고버섯, 느타리버 섯, 석이버섯, 달걀, 실고추, 간장, 식초, 꿀, 다진 파, 다진 마늘, 참기름, 후춧 가루, 잣가루 (15)	호박 길이로 반 가르고 어슷하게 칼 집 세 번 넣고 자르기 → 호박 찌기 → 쇠고기 다져 양념하기 → 버섯들 채치기 → 준비된 재료를 섞어 소를 만들어 호박 칼집 사이에 넣기 → 초 간장에 꿀을 섞어 호박에 끼얹고 실 고추, 지단채, 석이채, 잣가루를 고명 으로 얹기
		외선	오이선	오이	오이, 쇠고기, 표고 버섯, 느타리버섯, 석이버섯, 달걀, 실 고추, 간장, 식초, 꿀, 다진 파, 다진 마늘, 참기름, 후춧 가루, 잣가루 (15)	오이 길이로 반 가르고 어슷하게 칼 집 세 번 넣고 자르기 → 쇠고기 다져 양념하기 → 버섯들 채치기 → 쇠고 기, 표고버섯, 느타리버섯 볶은 것을 칼집 넣은 곳 사이에 넣기 → 초간장 에 꿀을 섞어 오이에 끼얹고 실고추, 지단채, 석이채, 잣가루를 고명으로 얹기

분류		음식명		주재료	재료 (재료 가짓수)	조리법
음식 분류	원문 분류	원문명	현대 어명			
선 류	선	苦草 (고초선)	고추선	풋고추	풋고추, 쇠고기, 달 걀, 밀가루, 식용유, 소금, 다진 파, 다진 마늘, 깨소금, 참기 름, 후춧가루, 간장, 식초 (13)	풋고추 가운데 잘라 씨 제거 후 소금 넣고 살짝 데치기 → 쇠고기 다져 양 념하기 → 풋고추 안쪽에 밀가루 묻 혀 쇠고기 양념 넣기 → 밀가루 묻히 고 달걀 씌워 부치기 → 초장 만들어 함께 내기
쌈 류	쌈	荏葉 (세닙쌈)	깻잎쌈	깻잎	깻잎, 쇠고기, 소금, 다진 파, 다진 마늘, 깨소금, 참기름, 후 춧가루, 고춧가루 (9)	깻잎 데치기 → 줄기 제거 후 펼쳐 식 히기 → 쇠고기 다져 양념하기 → 깻 잎 두 장과 양념한 쇠고기 켜켜이 놓 기 → 깨소금, 고춧가루 뿌려 밥솥에 찌기 → 화로에 끓인 후 깨소금 뿌리 기
병 과 류	정 과	人蔘 (인삼정 과)	인삼 정과	인삼 뿌리	인삼 뿌리, 꿀 (2)	인삼을 삶아 충분히 우려낸 뒤 저며 서 한 번 삶아내고 다시 새 물을 붓고 삶기 → 꿀을 조금 타서 넣고 삶다가 나중에 꿀을 더 넣고 조려 물이 없어 지고 엉기어 끈끈하게 되면 먹기
음 청 류	음 청 류	蓴菜 (슌치로 화치ᄒ난 법)	순채로 화채 만드는 법	순채	순채, 녹말가루, 오 미자국, 물, 꿀, 잣 (6)	순채의 꼭지를 따서 씻고 녹말가루를 묻히기 → 물이 팔팔 끓을 때 잠깐 삶 아 건지고 냉수에 씻어낸 후 오미자 국에 꿀을 타고 잣 띄우기

조선시대의 특별한 움채소들

요새 새싹채소라는 것이 유행이다. 그런데 이 현대적 채소로 생각되는 새싹채소는 무려 500여 년 전의 한글 조리서인《음식디미방》(1670)에 이미 등장한다. '비시느물 쓰는 법'이라는 제목으로 소개되는 것이다.

마구간 앞에 움을 파고 거름과 흙을 깔고 신감채후甘菜, 산갓[山芥], 파, 마늘의 씨앗을 심고 그 위에 거름을 펴부으면 움 안이 더워져서 채소의 싹이 자라니, 그것을 겨울에 먹는다는 것이다. 산갓은 이른 봄눈이 녹을 때 산속에 자라는 갓나물이고, 신감채는 움에서 기르는 당귀의 싹으로 승검초라고도 한다.

그러니까 새싹나물은 겨울에 봄나물 맛을 느끼기 위해 특별히 재배한 나물로, 지금으로 치면 온실재배를 한 것과 마찬가지로 볼 수 있다.

비시나물 쓰는 법

마구 압픠 움흘 뭇고 걸흄과 흙 실고 식엄초 산갓 파 마늘 시무고 움 우희 걸흄 더퍼두면 그 움이 더워 그 나믈이 됴커든 겨울 쓰면 됴흐니라. 외 가지도 그리 흐겨을 나느니라.

제철이 아닌 나물 쓰는 법

마구간 앞에 움을 묻고 거름과 흙을 깔고 승검초, 산갓, 파, 마늘을 심어라. 움 위에 거름(=짚풀 따위)을 덮어 두면 움이 따뜻해져 그 나물이 좋으니, 겨울에 [꺼내] 쓰면 좋다. 오이, 가지도 그렇게 하면 겨울을 날 수 있느니라.

여기서 비시나물은 비시非時, 즉 때가 아닌 나물이라는 것이다. 그런데 북한에서 발행된 조리서[29]를 보니 바로 비시나물이 소개되어 있었다.

《음식디미방》과 마찬가지로 겨울철 움에서 때아니게 자란 싹으로 만든 나물이라는 것이다. 지금같이 비닐하우스 재배로 때아닌 채소를 맛보는 것이 아니니 더욱 특별하다. 이 재료로는 당귀 싹, 산갓, 움파, 움마늘을 쓰고 있으니 《음식디미방》에서 다룬 재료와 같다. 반가웠다. 북한에서 《음식디미방》의 나물을 만날 수 있다니 말이다.

나는 원래 파를 좋아하지만 파 중에서도 겨울철 노란빛의 움파는 얼마나 맛있는지 모른다. 그래서 이 특별한 움파로 만든 움파나물, 움파산적 등의 음식도 많다. 조선시대에는 겨울철 이렇게 고이 기른 특별한 움파를 먹으며 그 맛을 즐겼던 것이다.

근대 조리서 속 채소음식

우리나라의 근대를 구분하는 기준은 다양하지만, 여기에서는 1876년 개항을 기점으로, 1900년대 이후의 시기에 발간된 조리서에 나타난 채소음식의 조리법을 살펴보고자 한다. 이 시기에 발간된 총 12권의 조리서를 대상으로 하는데, 이 중 김치와 관련된 조리법은 대상에 포함시키지 않았다.

먼저, 1800년대 말에서 1900년대 초에 쓰인 것으로 추정되는 《반찬등속》이 있다. 이 책에는 김치류와 다양한 짠지류가 소개되었는데 짠지, 무짠지, 고추잎짠지, 배추짠지, 마늘짠지, 파짠지, 박짠지 등으로, 조기, 문어, 전복 등이 들어가는 호화로운 짠지다. 이 책은 충청도 청주 상신리에 거주하던 진주강씨 문중의 며느리인 밀양손씨가 썼다고 전한다. 여기서 소개하는 음식 재료 중에는 내륙인 청주에서 구할 수 어려운 해물도 있고, 과줄, 떡 같은 의례용 음식도 있으므로, 청주 양반가의 음식을 가늠해 볼 수 있다.

《부인필지婦人必知》는 1915년에 쓰인 것으로, 빙허각 이씨의 《규합총서》의 요약본인 《간본규합총서》를 필사한 것으로 알려져 있다. 1책 2권으로, 상권에는 음식에 관한 내용이, 하권에는 의복, 방적, 잠상, 도침법, 세의법, 좀 못 먹게 하는 법, 수놓는 법 등 일상생활에 필요한 내용이 서술되어 있다. 채소음식으로는 송이찜과 죽순채, 월과채, 동아선 등이 있다.

방신영의 《조선요리제법朝鮮料理製法》은 1917년에 초판이 나왔

[표 3.14] 《부인필지》[30]에 기록된 채소 조리법

분류	음식명(현대)	재료(가짓수)	조리법
나물류	죽순채	죽순, 황육, 생치, 표고, 석이, 고추, 파, 기름, 밀가루 (9)	죽순 썰고 데치기 → 황육, 생치 다지고 양념해 기름과 밀가루 넣기
	월과채 (호박채)	황육, 제육, 파, 표고, 석이, 호박, 기름, 소금 (8)	호박 썰기 → 황육, 제육 다지기 → 파, 표고, 석이 등을 함께 볶기
찜류	송이찜 (송이찜)	송이, 황육, 제육, 두부, 유장, 달걀, 밀가루, 후추, 잣가루 (9)	황육, 제육, 두부로 소 만들기 → 달걀옷을 입혀 송이 지지기 → 끓이기
조림류	동화선 (동화선)	동화, 기름, 겨자, 꿀 (4)	동화 썰기 → 기름으로 지지기
병과류	토련병 (토란병)	토란, 찹쌀가루, 참기름 (3)	토란 삶기 → 찹쌀가루에 섞어 찌기 → 참기름에 지지기
	나복병	무, 소금물, 쌀가루 (3)	무 썰기 → 소금물에 담그기 → 쌀가루 묻히기 → 시루에 찌기
	생강정과 (생강정과)	생강, 꿀물 (2)	생강 삶기 → 꿀물에 넣고 조리기

고, 이후 1939년 《조선요리제법》(한성도서주식회사 발행), 1952년 《우리나라 음식 만드는 법》(청구문화사 발행), 1958년에 《우리나라 음식 만드는 법》(장충도서출판사 발행) 등으로 증보, 개정되었다. 여기서는 1921년의 개정판을 살펴보겠다. 이 책에는 13종의 장아찌류, 5종의 지짐이류, 4종의 찜류 등이 채소음식으로 소개되는데, 그 외 초와 선, 자반과 튀각, 다식이 있으며, 대표적인 채소 조리법인 쌈류도 소개되었다. 근대기의 대표적인 조리서로서, 여기에 소개되는 채소 조리법은 현대의 음식과 비교해 크게 차이가 나지 않는다.

[표 3.15] 《조선요리제법》[31]에 기록된 채소 조리법

분류		음식명 (현대)	주 재료	재료 (재료 가짓수)	조리법
음식 분류	원문 분류				
나물류	나물	가지 나물	가지	가지, 간장, 기름, 초, 파, 마늘, 고추 (7)	가지 손질해 찌기 → 익은 후 씨 부분 빼고 껍질 벗긴 후 잘게 뜯기 → 간장, 파, 마늘, 고추, 초, 기름 넣고 무치기
		고비 나물	고비	고비, 쇠고기, 깨소금, 파, 간장, 기름, 마늘 (7)	고비 손질 → 고기, 마늘 다지기 → 파 채썰기 → 고비, 고기, 마늘, 파, 깨소금, 간장, 기름 넣고 볶기
		도라지 나물	도라지	도라지, 고기, 간장, 고추, 기름, 파, 깨소금 (7)	도라지 손질 → 고기 채썰기 → 파, 고추 다지기 → 도라지, 고기, 파, 고추, 간장, 기름, 깨소금 넣고 볶기 → 채친 달걀 고명 얹기
		무나물	무	무, 파, 생강, 깨소금, 간장, 마늘, 고추 (7)	무 토막 내기 → 고기 다지기 → 파, 생강, 마늘, 고추를 다져 물, 간장, 깨소금 넣고 볶기
		미나리 나물	미나리	미나리, 기름, 간장, 깨소금, 소금, 파, 고추 (7)	미나리 손질 → 소금 뿌려두고 물기 짜기 → 기름에 미나리 지지기 → 노랗게 되면 식히고 다진 고추, 다진 파, 깨소금, 간장 넣고 무치기
		숙주 나물	숙주	숙주, 소금, 파, 마늘, 고추, 초 (6)	숙주 손질 → 끓는 물에 데치기 → 냉수에 식힌 후 물기 짜기 → 소금, 초, 다진 파, 기름 넣고 무치기
		쑥갓 나물	쑥갓	쑥갓, 간장, 기름, 파, 초, 깨소금 (6)	쑥갓 끓는 물에 데치기 → 냉수에 식히기 → 다진 파, 간장, 기름, 초, 깨소금 넣고 무치기 → 깨소금, 고춧가루 뿌리기
		콩나물	콩나물	콩나물, 간장, 기름, 깨소금, 마늘, 생강, 파, 고추 (8)	콩나물 손질 → 기름에 볶기 → 익으면 마늘, 생강, 파, 고추 다져 넣기 → 간장으로 간하기 → 깨소금 치기
		물쑥 나물	물쑥	물쑥, 청포, 간장, 소금, 고추, 기름, 초, 파 (8)	물쑥 데치기 → 청포묵 썰어 넣기 → 파, 고추 다져서 소금, 간장, 고추, 파, 기름과 무치기 → 초 넣기
		풋나물	나물	나물, 간장, 기름, 파, 고추, 깨소금 (6)	나물 데치기 → 고추장, 초, 다진 파, 다진 마늘, 기름, 깨소금 넣고 무치기

분류		음식명 (현대)	주 재료	재료 (재료 가짓수)	조리법
음식 분류	원문 분류				
나 물 류	나 물	시레기 나물 (시래기 나물)	시래기	시래기, 간장, 기름, 깨소금, 고추, 마늘, 파, 고기 (8)	시래기 삶기 → 냉수에 식힌 후 물기 짜기 → 고기, 파, 마늘, 고추 다지기 → 물, 간 장, 기름 넣고 볶기 → 고기가 익으면 깨소 금으로 간하기 → 깨소금, 고춧가루 뿌리기
		호박 나물	애호박	애호박, 고기, 파, 붉 은 햇고추, 소금, 젓 국, 기름, 깨소금, 고 춧가루 (9)	애호박 썰기 → 고기, 붉은 햇고추 다지기 → 파 채썰기 → 애호박, 고기, 햇고추, 파, 소금이나 젓국, 물 넣고 볶기 → 호박이 무 르면 기름과 깨소금 넣고 고춧가루 뿌리기
			말린 호박 오가리	말린 호박 오가리, 간장, 양념 (4)	호박 오가리 물에 불리기 → 간장, 양념 넣 고 볶기
		호박 나물	청둥 호박	청둥호박, 고기, 파, 붉은 햇고추, 소금, 젓국, 기름, 깨소금, 고춧가루 (10)	청둥호박 썰기 → 고기, 붉은 햇고추 다지 기 → 파 채썰기 → 청둥호박, 고기, 햇고 추, 파, 소금이나 젓국, 물을 넣고 볶기 → 호박이 무르면 기름과 깨소금 넣고 고춧가 루 뿌리기
		외나물 (오이 나물)	오이	오이, 고추, 기름, 깨소금, 간장, 파, 마늘, 고기 (8)	속 들지 않은 오이 썰기 → 고기, 고추, 파, 마늘 다지기 → 물과 간장 넣고 익히기 → 깨소금 치기
					오이 속 파내기 → 소금에 절이기 → 물기 빼기 → 기름에 볶기 → 고기 다지고 간장, 양념 넣고 볶기 → 고기가 익으면 볶은 오 이를 넣어 다시 볶기 → 고춧가루, 깨소금 뿌리기
		죽순채	죽순	죽순, 고기, 표고, 석 이, 옥총, 기름, 밀가루 (7)	죽순 손질 → 물에 담가 쓴맛 제거 → 고기, 표고, 석이, 파 채썰기 → 간장, 소금으로 간하기 → 후춧가루, 밀가루, 물에 넣고 끓 이기 → 달걀 지단 채쳐 뿌리기
		월과채 (애호박 나물)	애호박	애호박, 기름, 깨소 금, 간장, 파, 표고, 찹쌀가루, 고기 (8)	애호박 씨 없는 것으로 얇게 썰기 → 쇠고 기 혹은 돼지고기 다지기 → 파, 표고 채썰 기 → 기름, 깨소금, 간장 넣고 볶기 → 쌀 전병 부치기

분류		음식명 (현대)	주 재료	재료 (재료 가짓수)	조리법
음식 분류	원문 분류				
나 물 류	나 물	박나물	박	박, 마늘, 파, 고추, 기름, 간장, 고기 (7)	고기, 마늘, 파, 고추 다지기 → 간장, 기름, 고기 볶기 → 물 넣기 → 박 속 제거 후 썰기 → 고기와 같이 넣어 볶기
		취나물	취	취, 마늘, 파, 고추, 깨소금, 기름, 간장, 고기 (8)	취 삶기 → 고기, 파, 고추 다지기 → 깨소 금, 간장, 기름 넣고 볶기 → 고기가 익으면 취를 넣고 더 볶기
		파나물	파	파, 간장, 기름, 깨소 금, 후추, 고기 (6)	고기 채썰기 → 간장, 깨소금, 후추, 기름 넣고 볶기 → 파를 데쳐서 썰어 넣고 무치 기
		버섯 나물	버섯	버섯, 깨소금, 간장, 파, 기름, 고기 (6)	버섯 불리기 → 채썰기 → 고기, 파 채썰기 → 간장으로 간하기 → 볶기
		두릅 나물	두릅	두릅, 소금, 깨소금, 기름 (4)	두릅 삶아 썰기 → 소금간 하기 → 깨소금, 기름 치고 무치기
		고추닢 나물 (고춧잎 나물)	고춧잎	고춧잎, 간장, 깨소 금, 기름 (4)	고춧잎 데치기 → 간장, 기름, 깨소금에 무 치기
		잡채		당면, 전복, 석이, 표 고, 목이, 달걀, 잣, 소금, 설탕, 숙주, 해 삼, 미나리, 파, 배, 실고추, 간장, 황화 채, 쇠고기, 돼지고 기, 깨소금 (20)	숙주 손질 후 데치기 → 미나리는 소금에 절인 후 기름에 볶기 → 파, 석이, 표고, 목 이는 물에 불려서 채쳐서 기름에 볶기 → 해삼 채썰기 → 고기 채썰어 간장, 파, 후추 넣고 볶기 → 당면 삶기 → 전복 삶고 채썰 기 → 달걀 황백 지단을 부쳐 채썰기 → 한 데 넣어 섞기 → 당면, 설탕 넣고 섞기 → 고명 얹기
	생 숙 채	탄평채 (탕평채)	노랑묵	노랑묵, 간장, 파, 깨 소금, 김, 숙주, 미나 리, 고기, 초, 고추 (10)	다진 고기를 간장, 양념에 볶기 → 숙주 데 치기 → 미나리 소금에 절인 후 볶기 → 고 추, 파 다져 넣기 → 간장, 초, 깨소금 넣기 → 묵 썰어 넣고 데우기 → 실고추 뿌리기
생 채 류	생 채	무생채	무	무, 간장, 기름, 소금, 설탕, 초, 파, 실고추, 배, 깨소금 (10)	무 채썰고 간장에 절이기 → 다진 파, 기름, 설탕, 깨소금, 실고추, 초를 넣고 무치기 → 소금으로 간하기 → 실고추 뿌리기
		도라지 생채	도라지	도라지, 기름, 고추, 파, 소금, 초, 깨소 금, 간장 (8)	도라지 손질 → 간장, 소금으로 간하기 → 파, 고추 다져 넣기 → 초, 깨소금 넣고 간 하기 → 실고추, 깨소금 뿌리기

분류		음식명 (현대)	주 재료	재료 (재료 가짓수)	조리법
음식 분류	원문 분류				
생 채 류	생 채	외생채 (오이생 채)	오이	오이, 간장, 초, 깨소금, 소금, 파, 기름, 고추 (8)	오이 손질 → 파, 고추 다지기 → 양념 넣고 무치기 → 깨소금 뿌리기
		게자채 (겨자채)	겨자	도라지, 겨자, 기름, 소금 (4)	도라지 쓴맛 제거 → 찢고 소금 치기 → 기 름에 바싹 볶기 → 겨자 찍어 먹기
		숙주채	숙주	숙주, 미나리, 깨소 금, 파, 소금, 기름, 초 (7)	숙주 데치기 → 미나리 소금에 절인 후 기 름에 볶기 → 파 채썰고 섞기 → 소금, 초, 고춧가루 넣기
조 림 류	조 림	풋고추 졸임 (풋고추 조림)	풋고추	풋고추, 설탕, 파, 고기, 간장, 기름 (6)	풋고추 삶고 건지기 → 고기, 파, 간장, 설 탕을 넣고 조리기 → 기름 치고 조리기
	지 짐 이	무 지짐이	무	무, 북어, 콩나물, 고기, 파, 고추, 간장 (7)	무, 고기, 파 가늘게 썰기 → 북어 불리기 → 콩나물 손질 → 고추 다지기 → 간장과 물에 넣고 끓이기
		우거지 지짐이	우거지	우거지, 된장, 고추장, 무, 고기, 파 (6)	우거지 데치기 → 고기, 무, 파 썰기 → 된 장, 고추장, 물 넣고 끓이기
		외지짐이 (오이지 짐이)	오이	오이, 파, 고추장, 고기, 버섯 (5)	오이, 고기, 버섯 썰기 → 고추장, 물 넣고 끓이기
		왁적이	무	무, 고추, 간장, 고기, 깨소금, 파 (6)	무, 고기, 파 썰기 → 고추 다지기 → 간장, 깨소금, 물 넣고 끓이기
		호박 지짐이	애호박	애호박, 된장, 고기, 파 (4)	고기, 파 썰기 → 물 붓고 끓이기 → 고기 익으면 된장, 호박 썰어 넣고 끓이기
찜 류	찜	송이찜	송이	송이, 고기, 후추, 석이, 밀가루, 두부, 파, 표고, 깨소금, 잣, 달걀 (11)	송이 손질 → 고기완자 만들기 → 송이에 붙 여서 밀가루와 달걀로 옷 입히기 → 지지기 → 맑은 장국에 지져놓은 송이와 밀가루 한 숟가락, 석이, 표고 넣고 끓이기 → 조리고 알 고명 채썰어 얹기 → 잣 뿌리기
		외찜 (오이찜)	오이	오이, 고기, 표고, 석 이, 달걀, 파, 깨소 금, 후추, 밀가루, 간 장 (10)	오이 속 파내기 → 고기완자 만들어 오이 속 채우기 → 대가리 베인 자리에 밀가루 묻히고 달걀 씌워 지지기 → 맑은 장국에 밀가루 풀어 끓이기 → 오이, 표고, 석이 넣 고 끓이기 → 알고명 뿌리기

분류		음식명 (현대)	주 재료	재료 (재료 가짓수)	조리법
음식 분류	원문 분류				
찜 류	찜	애호박 찜	애호박	애호박, 고기, 표고, 밀가루, 석이, 파,깨 소금, 후추, 두부 (9)	애호박 속 파내기 → 고기완자 만들어 애호 박 속 채우기 → 대가리 베인 자리에 밀가 루 묻히고 달걀 씌워 지지기 → 맑은 장국 에 밀가루 풀어 끓이기 → 애호박, 표고, 석 이 넣고 끓이기 → 알고명 뿌리기
		가지찜	가지	가지, 고기, 표고, 석이, 달걀, 파, 깨소 금, 후추, 밀가루, 간장 (10)	가지 속 파내기 → 고기완자 만들어 가지 속 채우기 → 대가리 벤 자리에 밀가루 묻 히고 달걀 씌워 지지기 → 맑은 장국에 밀 가루 풀어 끓이기 → 가지, 표고, 석이 넣고 끓이기 → 알고명 뿌리기
볶 음 류	볶 음	송이 볶음	송이	송이, 고기, 깨소금, 옥총, 파, 간장 (6)	송이 손질해 물에 담가두기 → 파, 고기 썰 기 → 간장, 물 넣고 볶기
무 침 류	무 침	김치 무침	김치	김치, 기름, 깨소금, 간장, 파 (5)	통김치 물에 담가두기 → 파, 고추, 간장, 기름, 깨소금 넣기
		외지무침 (오이지 무침)	오이지	오이지, 고추장, 파, 깨소금, 기름 (5)	오이지를 물에 빨아 짜기 → 양념, 파, 고추 장, 간장 넣고 무치기
		짠지무침	짠지	짠지, 기름, 깨소금, 간장, 파 (5)	짠지 물에 담가두기 → 파, 고추, 간장, 기 름, 깨소금 넣기
전 류	전 유 어	호박 전유어 (호박전)	호박	호박, 기름, 밀가루, 소금 (4)	호박 썰기 → 소금에 절이기 → 밀가루 묻 히고 달걀 씌우기 → 기름에 지지기
		풋고추 전유어 (고추전)	풋고추	풋고추, 밀가루, 깨 소금, 간장, 기름, 두 부, 고기, 파 (8)	풋고추 삶기 → 고기, 파, 두부 다지기 → 양념 섞어 고추 안에 넣기 → 밀가루 묻히 고 달걀 씌우기 → 기름에 지지기
		채소 전유어 (채소전)	배추	배추, 간장, 기름, 달 걀, 후추, 고기, 밀가 루, 깨소금 (8)	채소에 밀가루 묻히고 달걀 씌우기 → 고기 다지고 양념과 섞기 → 채소와 같이 부치기
		버섯 전유어 (버섯전)	석이, 버섯, 표고	석이, 표고, 기름, 밀 가루, 소금, 달걀 (6)	석이는 끓는 물에 손질 → 석이, 표고 채썰 기 → 밀가루, 달걀, 소금, 물 넣기 → 기름 에 지지기
		미나리 전	미나리	미나리, 밀가루, 기 름, 달걀, 소금 (5)	미나리 손질 → 소금 뿌리기 → 밀가루, 달 걀과 섞기 → 기름에 부치기

분류		음식명 (현대)	주재료	재료 (재료 가짓수)	조리법
음식 분류	원문 분류				
전류	전유어	파전	파	파, 밀가루, 기름, 달걀, 소금 (5)	파 손질 → 소금 뿌리기 → 밀가루, 달걀과 섞기 → 기름에 부치기
적류	적	누릅적	고기	고기, 도라지, 박 오가리, 파, 달걀, 기름, 간장, 깨소금, 후추, 밀가루, 꼬챙이 (11)	도라지는 냉수에 담가 쓴맛 제거 → 고기, 박 오가리 썰기 → 파 다지기 → 간장, 깨소금, 후추 치기 → 꼬챙이에 하나씩 끼우기 → 밀가루 묻히고 달걀 씌우기 → 기름에 지지기
		잡누르미 (잡누름적)	도라지	도라지, 고기, 미나리, 깨소금, 후추, 설탕, 간장, 소금, 기름, 표고, 석이, 달걀, 파 (13)	도라지 삶고 찬물에 담가 뜯기 → 고기, 간장, 표고, 석이, 파, 채썰기 → 기름, 깨소금, 후추 넣고 섞기 → 도라지 넣어 섞기 → 미나리 소금에 절이기 → 미나리 기름에 볶기 → 설탕 넣고 볶고 달걀 지단 채썰어 뿌리기
		파산적	파	파, 고기, 후추, 간장, 깨소금, 꼬챙이 (6)	같은 크기로 고기, 파 썰기 → 간장, 깨소금, 후추 넣고 섞기 → 기름 바르고 깨소금 뿌리고 굽기
		송이 산적	송이	송이, 고기, 후추, 꼬챙이, 간장, 깨소금, 기름 (7)	고기, 송이 썰기 → 후추, 간장, 깨소금, 기름 넣고 섞기 → 꼬챙이에 꿰어 굽기
회, 자반, 튀각류	잡목	강회	미나리	미나리, 쇠고기, 돼지고기, 알고명, 실고추, 잣 (6)	미나리 손질 후 데치기 → 쇠고기와 돼지고기 편육, 알고명 채썰기 → 미나리 줄기로 편육, 실고추, 알고명을 상투 모양으로 싸기 → 초고추장 찍기
		매딥자반	다시마	다시마, 통후추, 잣, 설탕, 기름 (5)	다시마 썰기 → 후추, 잣 싸기 → 끓는 기름에 지지기 → 설탕 뿌리기
		튀각	다시마	다시마, 기름, 설탕 (3)	다시마 썰기 → 끓는 기름에 짧은 시간 튀기기 → 설탕 뿌리기
쌈류	쌈	취쌈	취	취, 간장, 고추장, 고기, 깨소금, 기름, 파 (7)	취 삶기 → 고기, 파, 다지기 → 물, 깨소금, 기름, 간장 넣고 끓이기 → 고추장 넣고 먹기
		깨잎쌈 (깻잎쌈)	깻잎	깻잎, 간장, 기름, 고기, 깨소금, 파 (6)	깻잎 데치기 → 고기, 파 다지기 → 간장, 깨소금, 기름, 물 넣고 끓이기 → 고추장 놓아 싸 먹기

분류		음식명 (현대)	주 재료	재료 (재료 가짓수)	조리법
음식 분류	원문 분류				
쌈 류	쌈	피마자 잎쌈	피마자 잎	피마자 잎, 간장, 고기, 깨소금, 기름, 파 (6)	피마자 잎 삶기 → 물에 우려내 쓴맛 제거 → 양념하기 → 볶기
		호박잎 쌈	호박잎	호박잎, 고추장 (2)	호박잎 손질 → 찌기 → 고추장 놓아 싸 먹 기
		배추쌈	배추	배추, 참기름, 고추장 (3)	배추 손질 → 냉수에 참기름 치고 배추 씻 기 → 고추장 끓여서 밥과 함께 싸 먹기
다 식 류	다 식	생강 다식	생강	생강, 녹말, 설탕, 꿀, 계핏가루 (5)	생강 곱게 갈기 → 체에 치기 → 윗물 버리고 얇게 펴기 → 볕에 말리기 → 녹말, 설탕, 꿀, 계핏가루 넣고 반죽 → 다식판에 박기
비 빔 밥 류	밥	부빔밥 (비빔밥)	쌀	쌀, 무, 콩나물, 숙 주, 미나리나물, 깨 소금, 배, 고기, 다시 마, 달걀, 간장, 기 름, 고춧가루, 소금 (14)	고기 채치고, 파 다지기 → 간장, 기름, 깨 소금, 후추 섞어서 볶기 → 섭산적 썰기무, 콩나물 볶기 → 숙주 데쳐서 무치기 → 미 나리 소금에 절인 후 볶기 → 다시마 지지 기 → 달걀 지단 부쳐서 채썰기 → 밥에 모 두 올려 먹기

이용기의 《조선무쌍신식요리제법》는 1924년에 초판이 나왔
는데, 우리나라 요리책 최초로 컬러 인쇄를 한 책이다.《임원경
제지》중 '정조지'를 바탕으로 중요한 사항을 가려내 한글로 옮
겨 뼈대로 삼고, 여기에 새로운 조리법·가공법을 군데군데 삽입
했다. 1924년 출간된 이후 재판을 거쳐 다시 6년 만인 1936년에
는 증보판이 찍혔고 1943년에는 4판이 나올 정도로 인기 요리
책이 되었다.

63영역 790여 종의 음식 조리법을 수록했는데, 채소음식 또
한 나물, 생채, 조림, 찜 등 다양하다. 그중 채소음식이 아닌데 나
물이라는 이름을 가진 것이 있어 이채로운데, 쇠심줄을 불려서

데친 심나물이다. 나물류의 황화채나물과 넘나물은 원추리나물을 뜻하며, 멧나물은 들나물을 총칭한다. 나물을 조리할 때 고기를 함께 사용한 것이 특징이다.

[표 3.16] 《조선무쌍신식요리제법》[32]에 기록된 채소 조리법

분류		음식명	재료(가짓수)	조리법
음식 분류	원문 분류	원문명 (현대)		
나 물 류	나물 만드는 법	무나물	무, 살코기, 파, 생강, 깨소금, 고춧가루 (6)	무 잘게 썰고 파 다지기 → 주물러 볶기 → 섞기
		무김치나물	짠 무김치, 고기, 파 (3)	무김치 굵게 썰어 물에 담그기 → 고기, 파 다져 같이 볶기 → 버무리기
		콩나물	콩나물, 고기, 파 (3)	콩나물 씻기 → 고기, 파 다져 양념 → 볶기
		시래기나물	시래기, 콩나물, 고기, 겨자 (4)	시래기 잘게 썰기 → 콩나물, 고기, 고명 주물러 볶기
		숙주나물	숙주, 소금, 기름 (3)	숙주 데치기 → 소금, 기름에 무치기
		쑥갓나물	쑥갓, 간장, 식초, 기름, 깨소금, 고기 (6)	쑥갓 데치기 → 양념 → 고기 넣고 무치기
		가지나물	가지, 간장, 기름, 깨소금, 식초, 풋고추 (6)	가지 찌기 → 양념 → 풋고추 썰어 무치기
		미나리나물	미나리, 소금, 고기, 깨소금 (4)	미나리 소금에 절이기 → 물기 뺀 후 볶기 → 고기, 깨소금으로 양념하기
		물쑥나물	물쑥, 식초 (2)	물쑥 데치기
		황화채	-	-
		넘나물	-	-
		고비나물	고비, 고기 (2)	고비 데치기 → 고기, 간장, 기름, 깨소금에 무친 후 볶기

분류		음식명		
음식 분류	원문 분류	원문명 (현대)	재료(가짓수)	조리법
나물류	나물 만드는 법	도라지나물	도라지, 고기, 파 (3)	도라지 불리기 → 고기, 파, 기름, 깨소금, 후춧가루 주물러 볶기
		호박나물	애호박, 새우젓국, 고기, 파, 풋고추 (5)	애호박 썰기 → 새우젓국, 고기, 파, 풋고추, 넣어 볶기 → 양념하기
		오이나물	오이, 살코기, 파 (3)	오이 썰기 → 고기, 파, 간장, 후춧가루에 무치기
		멧나물 (들나물)	멧나물 (1)	소금, 기름, 초고추장, 고추장, 초간장에 버무리기
		죽순채	죽순, 쇠고기, 표고버섯, 고추, 밀가루 (5)	죽순 데치기 → 표고, 고춧가루로 양념하기 → 밀가루 넣기
		월과채 (호박나물)	호박, 쇠고기, 돼지고기, 파, 석이 (5)	호박 썰기 → 쇠고기, 돼지고기 다지기 → 파, 후춧가루, 석이 넣기 → 볶기
		파나물	파 (1)	파 데치기 → 무치기 → 고기 볶아 넣기
		순채나물	순채 (1)	데치기
		표고나물	표고버섯, 소금, 기름 (3)	표고 데치기 → 소금, 기름에 무치기
		버섯나물	버섯, 기름, 고기, 소금, 깨소금 (5)	버섯 불리기 → 볶기 → 고기 볶아 넣기
		심나물 (쇠심줄나물)	쇠심줄 (1)	쇠심줄 불리기 → 데치기
		능이나물	능이버섯, 기름, 간장, 고기 (4)	능이 씻어 찢기 → 기름, 간장 치기 → 고기 넣기 → 볶기
		석이나물	석이버섯, 소금, 기름 (3)	석이 불려 삶기 → 소금, 기름에 볶기
		취나물	취 (1)	-
		두릅나물	두릅, 소금, 깨소금 (3)	두릅 어슷썰기 → 소금, 깨소금, 기름 치기
		씀바귀나물	씀바귀, 소금, 기름, 고춧가루 (4)	씀바귀 데쳐 물에 담그기 → 짜서 소금, 기름, 고춧가루에 무치기

분류		음식명		
음식 분류	원문 분류	원문명 (현대)	재료(가짓수)	조리법
나 물 류	나물 만드는 법	박나물	박 (1)	–
		고초닙나물 (고춧잎나물)	고춧잎, 간장, 깨소 금, 기름 (4)	고춧잎 데치기 → 간장, 깨소금, 기름 치기
		기자나물 (구기자나물)	구기자 연한 잎, 참 기름 (2)	구기자 연한 잎 데치기 → 참기름에 무치기
		방풍채	방풍 싹 (1)	방풍 싹 데치기 → 양념하기
		잡채	도라지, 미나리, 목 이버섯, 황화채, 쇠 고기, 돼지고기, 표 고버섯 (7)	도라지 데친 후 소금 치기 → 미나리, 황화채 썰어 볶기 → 목이, 표고 불리 기 → 쇠고기, 돼지고기 양념해 볶기 → 버섯 채쳐 볶기 → 양념해 한데 섞 기
생 채 류	생치 만드는 법	무생채	무, 간장, 식초, 기 름, 깨소금, 설탕, 고춧가루, 생강, 파, 고추, 배 (11)	무 채치기 → 간장에 절이기 → 양념 해 고추, 파, 생강, 배 채쳐 넣기
		오이생채	오이, 고기, 간장, 기름, 식초, 고춧가 루 (6)	오이 채치기 → 고기 볶기 → 양념해 주무르기
		노각생채	노각오이 (1)	노각오이 채치기 → 소금에 절이기 → 양념해 주무르기
		도랏생채 (도라지생채)	도라지 (1)	도라지 양념하여 무치기
		겨자채	도라지, 기름 (2)	도라지 찢기 → 기름에 바싹 볶기
		초나물	숙주, 미나리, 물 쑥, 파 (4)	숙주, 미나리 데치기 → 양념 치기 → 파 데치기 → 물쑥 넣기
전류	전유어 만드는 법	호박전	애호박, 고기, 밀가 루, 달걀 (4)	호박 얇게 썰기 → 소금간 하기 → 고 기 다져 밀가루 묻히기 → 달걀옷 입 혀 지지기
		배추전유어 (배추전)	배추 (1)	–
		비빔밥 전유어 (비빔밥전)	–	비빔밥에 갖은 것을 다 넣고 되직하게 만들기 → 그릇을 펴놓고 숟가락으로 반쯤 떠서 밀가루 묻힌 후 지지기

분류		음식명		
음식 분류	원문 분류	원문명 (현대)	재료(가짓수)	조리법
조림류	지짐이 만드는 법	오이지짐이	오이, 고기, 파, 기름, 깨소금, 달걀, 고추장 (7)	오이 굵게 저미기 → 고기, 파 썰어 기름, 깨소금 치기 → 달걀, 고추장 넣고 끓이기
		무지짐이	무, 북어, 콩나물, 고기, 파 (5)	무 얇게 썰기 → 북어 토막치기 → 콩나물 고기, 파 넣고 끓이기
		호박지짐이	호박, 된장 (2)	–
찜류	씸개 만드는 법	배추찜	배추, 숙주, 무, 돼지고기, 석이, 표고, 목이, 황화채, 미나리, 실고추 (10)	통배추 데치기 → 숙주, 무, 돼지고기 볶기 → 석이, 표고 볶기 → 목이, 황화채 볶기 → 미나리 데치기 → 배추에 소 넣어 동여매 장국에 끓이기
		속대찜(배추 속대찜)	배추 속대 (1)	배추 속대 양념 → 장국에 고기 넣기 → 후춧가루, 파 넣고 끓이기
		황과찜(오이찜)	오이, 쇠고기, 밀가루 (3)	오이 씨 빼기 → 쇠고기 양념하기 → 밀가루 섞어 오이 속에 넣기 → 장국에 찌기
		송이찜	송이버섯, 쇠고기, 돼지고기, 두부, 달걀 (5)	송이 저미기 → 돼지고기, 쇠고기, 두부 섞어 양념 → 속을 덮어 달걀 씌워 지지기 → 장국에 끓이기
		고초보찜 (풋고추찜)	풋고추, 두부, 고기, 생선, 밀가루, 달걀 (6)	풋고추 씨 털기 → 두부, 고기, 생선 넣기 → 밀가루, 달걀 씌워 지지기
적류	적 만드는 법	눌움적 (누릅적)	고기, 도라지, 배추, 박 오가리, 밀가루, 달걀 (6)	고기 썰기 → 도라지, 고기, 배추, 박오가리 썰기 → 양념하기 → 꼬챙이에 끼우기 → 밀가루, 달걀 묻혀 지지기
		잡눌음적 (잡누릅적)	도라지, 고기, 미나리, 밀가루 (4)	도라지, 고기, 미나리 볶기 → 밀가루 물에 타 넣기 → 볶기
		파산적	고기, 움파 (2)	–
		송이산적	송이버섯 (1)	–
선류	선 만드는 법	황파선 (오이선)	오이, 초 (2)	오이 꼭지 따고 씻기 → 물과 초를 타서 오이 삶기
밥류	밥 짓는 법	송이밥	송이, 흰밥 (2)	송이 썰기 → 흰밥이 끓을 때 송이 섞기 → 뜸 들여 퍼내기

《간편조선요리제법》[33]은 이석만이 쓴 요리책으로 1934년에 출간되었다. 저자 이석만은 방신영의 조카로, 책에 나온 채소 조리법은《조선요리제법》과 거의 유사하다.

《사계의 조선요리》는 한국음식 만드는 법 97가지와 당시 유입된 서양음식 만드는 법 11가지 등을 수록했는데, 재료의 분량과 종류를 정확히 밝히고 있으며, 만드는 순서도 명확하게 설명하고 있다. 이 책은 1935년 영목상점鈴木商店에서 발행한 것인데, 영목상점은 당시 '아지노모토味の素(조미료)'를 판매하던 곳이었다. 그래서인지 책 속에서 아지노모토의 경제성, 맛, 영양, 간편함 덕분에 음식의 현대화를 이룰 수 있다고 소개하고 있다. 이 책에서 소개하는 채소음식은 죽순채, 월과채, 겨자채, 탄평채(탕평채) 등 비교적 고급스러운 나물음식이며, 각종 쌈요리에 고기볶음이 들어가고 '아지노모토'를 치는 것이 특징이다.

[표 3.17]《사계의 조선요리》[34]에 기록된 채소 조리법

음식 분류	음식명 (현대)	재료(가짓수)	조리법
나 물 류	죽순채	죽순, 고기, 표고, 석이, 아지노모토, 양파, 기름, 밀가루 (8)	죽순 껍질을 벗기고 씻어 물에 삶기 → 물에 담가 서너 시간 우려 쓴맛 제거하기 → 죽순 건져 냄비에 담고 고기, 표고, 석이, 파를 채썰어 넣기 → 간장과 깨소금으로 간 맞추기 → 후춧가루와 밀가루를 물에 풀어 잘 끓이기 → 아지노모토를 치고 달걀 부친 것 뿌리기
	월과채 (호박나 물)	애호박, 고기, 표고, 찹쌀가루, 마늘, 아지노모토, 파, 기름, 깨소금, 간장 (10)	애호박을 씨 없는 것으로 얇게 썰기 → 쇠고기나 돼지고기 잘게 이겨 넣기 → 파와 물에 불린 표고 채치기 → 간을 맞추어 볶은 후 아지노모토 치기 → 찹쌀전병을 동전만큼씩 부쳐 넣고 먹기

음식 분류	음식명 (현대)	재료(가짓수)	조리법
나 물 류	게자채 (겨자채)	도라지, 겨잣가루, 초, 아 지노모토, 기름, 설탕, 소 금 (7)	도라지를 물을 자주 갈며 2~3일 동안 불려 쓴 맛 빼기 → 도라지 잘게 찢어 물 짜기 → 기름 발라 볶기 → 겨잣가루에 식초, 아지노모토를 치고 설탕 넣고 개기 → 도라지 볶아 담은 그릇 옆에 놓아 찍어 먹기
	잡채	당면, 돼지고기, 쇠고기, 석이, 표고, 목이, 달걀, 잣, 소금, 설탕, 마늘, 숙 주, 전복, 해삼, 미나리, 파, 배, 실고추, 간장, 황 화채, 깨소금, 아지노모 토 (22)	재료는 손질하여 채를 썰어 기름에 볶기 → 고 기는 채썰어서 후추, 깨소금, 파, 기름, 간장을 넣어 볶기 → 당면은 펄펄 끓는 물에 넣어 속에 단단한 것이 없어지면 건져서 냉수에 식히기 → 배는 저미고 당면을 빼고 전부 섞어 간장으로 간 맞추기 → 당면을 넣고 설탕을 치고 아지노 모토를 넣어 잠깐 볶아 고명 얹기
생 채 류	도라지 생채	도라지, 기름, 고춧가루, 파, 실고추, 설탕, 소금, 초, 깨소금, 간장, 마늘, 아지노모토 (12)	도라지를 2~3일 동안 쓴 물이 없어지도록 물 에 우리기 → 가늘게 찢고 대가리와 속이 단단 한 것은 따로 찢기 → 가늘게 찢은 것은 고춧가 루를 넣고 무쳐 소금과 간장으로 간 맞추기 → 파, 실고추, 초, 깨소금, 설탕, 아지노모토를 넣 고 버무리고 간이 맞도록 해서 실고추와 깨소금 뿌리기
찜 류	외찜 (오이찜)	오이, 고기, 표고, 석이, 달걀, 아지노모토, 파, 꿀, 깨소금, 후추, 밀가 루, 간장 (12)	어리고 모양 좋은 오이를 잘라 속을 파내기 → 고기완자를 만들어 오이 속 채우기 → 대가리 벤 자리에 밀가루와 달걀을 묻혀 지지기 → 맑 은 장국을 끓이고 밀가루를 풀어 걸쭉하게 끓인 후 아지노모토 치기 → 함이나 대접에 담고 알 고명 채친 것을 색스럽게 뿌리기
찜 류	애호박찜	애호박, 고기, 표고, 석 이, 두부, 아지노모토, 파, 깨소금, 후추, 밀가루 (10)	애호박은 여리고 얇은 것을 고르기(만드는 법 은 외찜과 같음.)
	가지찜	가지, 고기, 표고, 버섯, 석이, 두부, 파, 깨소금, 후추, 밀가루 (10)	외찜과 같음.
	송이찜	송이, 고기, 표고, 석이, 밀가루, 두부, 아지노모 토, 파, 후추, 깨소금, 잣, 달걀 (12)	송이는 2~4등분하고 고기완자를 만들어서 송 이에 붙이고 또 한 조각을 맞붙여서 밀가루와 달걀을 씌워 지지기 → 맑은 장국을 끓이고 지 져놓은 송이를 국에 넣고 밀가루와 버섯 넣고 끓이기 → 물이 거의 줄어갈 때 아지노모토를 치고 알고명 부친 것을 채쳐 얹기

음식 분류	음식명 (현대)	재료(가짓수)	조리법
전류	풋고초 전유어 (풋고추 전)	풋고추, 밀가루, 깨소금, 고기, 아지노모토, 후추, 기름, 두부, 간장, 파 (10)	풋고추를 데쳐 씨를 빼고 가르기 → 고기와 파를 이기고 두부와 갖은양념을 잘 섞기 → 고추 모양대로 넣기 → 밀가루와 달걀을 씌워 기름에 지지기
전류	채소 전유어 (채소전)	배추, 간장, 기름, 달걀, 아지노모토, 후추, 고기, 밀가루, 깨소금 (9)	무슨 채소든지 끓는 물에 잠깐 데쳐 물기가 남아 있도록 짜기 → 간장, 깨소금, 후추, 파, 아지노모토를 넣어 잘 섞기 → 밀가루와 달걀 씌워 얇게 지지기
적류	미나리 초대	미나리, 밀가루, 기름, 아지노모토, 달걀, 소금 (6)	미나리를 다듬어 소금 뿌려두기 → 꼭 짜서 밀가루와 달걀을 풀어 아지노모토 섞기 → 기름 바르고 얇게 부치기
적류	누름적	고기, 도라지, 배추, 파, 달걀, 기름, 아지노모토, 간장, 깨소금, 후추, 밀가루, 꼬챙이 (12)	도라지를 삶아서 냉수에 담가 쓴맛 우려내기 → 배추를 삶고 고기 저미기 → 간장, 깨소금, 후추, 아지노모토를 넣고 잘 섞기 → 꼬챙이에 한 가지씩 꿰어 밀가루와 달걀을 씌워 기름에 지지기
볶음류	송이 볶음	송이, 고기, 깨소금, 양파, 후추, 간장, 아지노모토 (7)	송이를 씻어 얇게 저미고 물에 담가 씁쓸한 맛 빼기 → 양파를 썰고 고기는 저며 간장으로 간 맞추기 → 물을 약간 넣어서 볶기 → 아지노모토 쳐서 먹기
쌈류	깻잎쌈 (깻잎쌈)	깻잎, 간장, 기름, 마늘, 고기, 깨소금, 파, 아지노모토 (8)	연한 깻잎을 데쳐 냉수에 담가 식힌 후 물기 짜고 냄비에 담기 → 고기를 잘게 이기고 간장, 깨소금, 기름, 파를 넣고 잘 섞기 → 모두 냄비에 넣고 물을 조금 치고 볶은 후 아지노모토 치기
쌈류	호박잎 쌈	호박잎, 호박, 고추장, 된장, 아지노모토 (5)	연하고 깨끗한 호박 속잎을 골라 줄기에서부터 힘줄을 제쳐 떼어내기 → 호박잎을 손질해 밥솥에 찌기 → 된장과 고추장을 섞어 끓여 아지노모토를 치고 쌈을 싸 먹기
쌈류	피마자 잎쌈	파마자 잎, 고기, 간장, 마늘, 깨소금, 기름, 파, 아지노모토(8)	연한 피마자 잎사귀를 삶고 하루쯤 우려내 물 꼭 짜내기 → 고기, 깨소금, 기름, 간장, 파, 마늘, 아지노모토를 넣고 버무리기 → 물을 조금 넣고 볶아 먹기

《할팽연구割烹研究》[35]는 1939년에 경성여자사범학교에서 낸 일본어 조리 교재다. 할팽割烹은 갓포かっぽう라는 일본어의 한자로, 썰고 삶아서 음식을 조리하는 것과 완성된 요리를 뜻하는 단어다. 이 책은 한 쪽에 한 가지 음식을 넣고 음식명, 시간, 기구 그리고 완성 그림을 소개하는데, 재료 칸에는 실제 수업 때 필요한 분량을 6인 실습대 1대 분량과 1학급 8대 50인 분량이 각각 정확하게 적혀 있어 교재의 기능에 충실하다. 여기에 소개된 채소음식으로 '무침' 항목에 오이생채, 가지나물, 무나물, 콩나물무침, 미나리강회, 잡채가 나오고, 따로 나물 항목은 등장하지 않는다. 이정규가 쓰고 경성명저보급회에서 1939년 발간한 《가정주부필독》[36]에도 오이찜과 애호박찜이 나올 뿐 나물은 보이지 않는다.

[표 3.18] 《할팽연구》에 기록된 채소 조리법

음식 분류 (원문)	음식명(현대)	재료(가짓수)	조리법
무침류 (和へ物類)	胡瓜生菜 (오이생채)	오이, 간장, 식초, 파, 실고추 (5)	오이 씻기 → 잘라서 소금 뿌려 두기 → 파는 잘게 썰기 → 오이 물기 제거 후 양념하기
	茄子酢和へ (가지나물)	가지, 간장, 파, 식초, 마늘, 후추 (6)	가지 씻기 → 찌기 → 찢어서 씨 제거 → 양념하기
	大根熟菜 (무나물)	무, 파, 마늘, 생강, 실고추, 간장, 소금, 깨, 참기름 (9)	무 채썰기 → 삶기 → 파, 마늘, 생강 다지기 → 재료 전부 섞기
	豆もやし菜 (콩나물무침)	콩나물, 간장, 참기름, 마늘, 생강, 파, 실고추, 깨 (8)	콩나물 다듬어 씻기 → 콩나물 삶기 → 파, 마늘, 생강 다지기 → 양념하기

음식 분류 (원문)	음식명(현대)	재료(가짓수)	조리법
무침류 (和ㅅ物類)	せり卷 (미나리강회)	미나리, 잣, 고추장, 간장, 식초, 설탕 (6)	미나리 손질하기 → 삶기 → 미나리에 잣을 끼워 말기 → 양념 섞기
	雜菜 (잡채)	쇠고기, 당면, 달걀, 목이버섯, 석이버섯, 표고버섯, 미나리, 파, 원추리, 배, 전복, 해삼, 간장, 깨, 참기름, 후추, 설탕 (17)	쇠고기는 잘게 썰어 양념하기 → 당면, 돼지고기 각각 삶기 → 지단 부치기 → 버섯류 불려서 볶기 → 미나리 데치기 → 원추리 볶기 → 전복, 해삼 채썰기 → 석이, 달걀을 제외한 모든 재료 같이 볶기
전류 (煎物類)	南瓜衣揚 (호박전)	호박, 밀가루, 달걀, 참기름, 소금, 간장, 식초 (7)	호박 썰기 → 밀가루 묻히기 → 달걀옷 입히기 → 굽기 → 간장 곁들이기

같은 해인 1939년에 나온 조자호의 《조선요리법》은 각 가정별로 전승되어온 조리 비법을 공개하고 있다. 저자인 조자호는 조선의 마지막 왕비 순정효황후 윤씨의 사촌으로, 궁중음식과 서울 반가음식의 대가다. 전통 병과점 '호원당'을 설립할 정도로 떡과 과자 솜씨가 뛰어났다. 이 책에서는 서울 반가음식의 채소 음식을 보여준다.

[표 3.19] 《조선요리법》[37]에 기록된 채소 조리법

분류		원문명 (현대)	재료(가짓수)	조리법
음식 분류	원문 분류			
나물류	나물하는법	물쑥나물	물쑥, 미나리, 숙주, 편육, 참기름, 깨소금, 설탕, 초, 파, 마늘, 고춧가루, 배 (12)	물쑥 삶기 → 찬물에 헹군 후 껍질 벗기기 → 미나리, 숙주도 헹궈놓기 → 편육에 양념하기 → 재료 섞기 → 깨 뿌리기

분류		원문명 (현대)	재료(가짓수)	조리법
음식 분류	원문 분류			
나물류	나물 하는 법	게묵 나물 1 (거여목 나물)	거여목, 겨자즙, 설탕, 초, 소금, 참기름 (6)	거여목 삶아 준비하기 → 겨자즙 뿌리기 → 양념과 함께 무치기
		게묵 나물 2	거여목, 고추장, 초, 설탕, 깨소금, 참기름, 파, 마늘 (8)	거여목 삶아 준비하기 → 여러 양념과 함께 무치기
		오이나물	애오이, 소금, 간장, 파, 마늘, 참기름, 깨소금, 고춧가루, 정육 (9)	오이 절이기 → 고기를 다져 양념해 볶기 → 모든 재료를 섞어 볶기
		두릅나물	두릅, 고추장, 간장, 초, 설탕, 깨소금, 참기름, 파 (8)	두릅 삶기 → 갖은양념과 무치기
		호박나물	애호박, 소금, 파, 마늘, 깨소금, 참기름, 고춧가루, 간장 (8)	1) 호박 소금에 절이기 → 여러 양념과 함께 무치기 2) 호박 익히기 → 초장에 재우기
		가지나물	가지, 초, 파, 간장, 참기름, 깨소금, 풋고추(붉은 고추) (7)	가지 찐 후 껍질 벗기기 → 가늘게 찢기 → 갖은양념에 무치기
		숙주나물	숙주, 파, 나물, 깨소금, 참기름, 간장, 고춧가루 (7)	숙주 삶기 → 찬물에 헹구기 → 갖은양념에 무치기
		콩나물	콩나물, 소금, 간장, 파, 마늘, 참기름, 깨소금, 고춧가루, 다진 고기 (9)	소금 넣은 물에 콩나물 넣고 삶기 → 양념 넣고 무치기 → 고기 다져넣기(생략 가능)
		무나물	무, 간장, 생강, 참기름, 깨소금, 파, 마늘 (7)	무 채썰기 → 양념하기 → 볶기
		시금치 나물	시금치, 고추장, 간장, 깨소금, 설탕, 초, 참기름, 설탕, 파, 마늘, 돼지고기 (11)	시금치 삶은 후 찬물에 헹구기 → 돼지고기 잘게 썰어 양념해 볶기 → 시금치와 섞기 → 갖은양념에 무치기
		고비나물	고비, 참기름, 간장, 파, 마늘, 깨소금 (6)	고비를 한나절 동안 쌀뜨물에 담가놓기 → 삶기 → 갖은양념과 볶기

분류 음식 분류	원문 분류	원문명 (현대)	재료(가짓수)	조리법
나물류	나물 하는 법	도라지 나물	도라지, 기름, 파, 마늘, 간장, 깨소금 (6)	도라지 쓴물 빼기 → 손질하기 → 기름에 볶기 → 양념을 넣어 다시 볶기
		쑥갓나물	쑥갓, 파, 마늘, 간장, 초, 깨소금, 참기름, 설탕 (8)	쑥갓 삶기 → 갖은양념 후 무치기
		미나리 나물	미나리, 파, 깨소금, 간장, 참기름, 고춧가루 (6)	미나리 삶아 헹구기 → 양념 후 무치기
		풋나물	풋나물, 간장, 고추장, 참기름, 깨소금, 파, 마늘, 초, 설탕 (9)	풋나물 삶기 → 양념 후 무치기
채/구절판	잡채류	잡채 1	고기, 도라지, 당면, 미나리, 숙주, 목이, 느타리, 표고, 송이, 달걀, 파, 마늘, 설탕, 간장, 참기름, 깨소금, 황화채 (17)	도라지를 삶아 찬물을 부어 쓴맛 빼기 → 고기 채쳐 양념해 볶기 → 버섯류 양념해 볶기 → 숙주 데쳐 볶기 → 당면 삶아놓기 → 한데 섞기 → 그릇에 담기 → 달걀고명 올리기
		잡채 2	고기, 죽순, 홍무, 양파, 표고, 송이, 느타리, 오이, 전복, 우설, 배, 소금, 겨자, 돼지고기, 설탕, 초, 참기름 (17)	고기, 양파, 전복을 썰어 기름에 볶기 → 홍무는 살짝 쪄서 썰기 → 오이 절여 썰어서 기름에 볶기 → 죽순 채치기 → 모든 재료 섞기 → 겨자즙, 소금, 설탕으로 간을 맞추기
조림류	조림류	풋고추 조림 1	풋고추, 멸치, 참기름, 파, 마늘, 설탕, 깨소금, 진간장 (8)	풋고추 반으로 가르기 → 멸치에 갖은양념 하기 → 모든 재료와 진간장을 넣어 조리기
		풋고추 조림 2	풋고추, 더덕, 북어, 참기름, 파, 마늘, 설탕, 깨소금, 진간장 (9)	1과 같음(재료의 차이)
생채류	생채류	무생채	무, 소금, 설탕, 간장, 초, 파, 마늘, 깨소금, 미나리, 실고추, 참기름 (11)	무 잘게 썰기 → 소금에 주물러 담기 → 나머지 재료 준비하기 → 재료 한데 넣어 무치기
생채류	생채류	도라지 생채	도라지, 설탕, 깨소금, 파, 고춧가루, 간장, 파, 마늘, 참기름 (9)	도라지 불리기 → 잘게 찢기 → 고춧가루 물들이기 → 갖은양념 후 무치기

분류		원문명 (현대)	재료(가짓수)	조리법
음식 분류	원문 분류			
생채류	생채류	숙주 초나물	숙주, 차돌박이, 배, 미나리, 간장, 설탕, 초, 깨소금, 참기름, 마늘, 고춧가루 (11)	재료 손질하기 → 데치기 → 갖은양념과 나머지 재료를 넣고 무치기 → 참기름 넣기 → 먹기 직전에 배 넣기
		미나리 초나물	미나리, 간장, 파, 마늘, 초, 깨소금, 고춧가루, 참기름, 홍무, 정육 (10)	미나리 살짝 데치기 → 나머지 재료 준비하기 → 갖은양념 후 섞기 → 배 맨 나중에 넣기
		더덕생채	더덕, 고춧가루, 간장, 참기름, 초, 설탕, 마늘, 파, 깨소금 (9)	더덕 저미기 → 잘게 찢기 → 갖은양념 → 무치기
		오이생채	애오이, 설탕, 깨소금, 간장, 소금, 파, 마늘, 참기름, 초, 고춧가루(10)	풋오이 속은 버리기 → 오이 물 빼기 → 갖은양념과 참기름 넣기
		늙은 오이생채	노각, 소금, 파, 마늘, 고춧가루, 설탕, 초, 깨소금, 고추장, 참기름 (10)	노각 얇게 썰기 → 소금에 주무르기 → 갖은양념과 참기름 넣기
		갓채	갓뿌리, 표고, 석이, 배, 실고추, 파, 마늘, 설탕 (8)	갓뿌리 소금에 절이기 → 석이 끓는 물에 데치기 → 표고 불리기 → 모든 재료 채치기 → 갖은양념 후 무치기
전류	갈랍류	자충이 전유어 (쪽파전)	자충이(쪽파 뿌리), 편육, 달걀, 밀가루, 소금, 참기름, 깨소금 (7)	파 쪽을 까서 곱게 다지기 → 갖은양념 → 밀가루, 달걀 섞기 → 기름 두르고 부치기
		고추전 유어(풋고추전)	풋고추, 정육, 달걀, 밀가루, 깨소금, 간장, 설탕, 참기름, 파, 후추 (10)	고추 가르고 씨 털어내기 → 모든 재료 다져서 소 만들기 → 고추 속에 소 넣기 → 밀가루와 달걀 입혀 부치기
		두릅전 유어 (두릅전)	두릅, 고기, 밀가루, 참기름, 설탕, 깨소금, 달걀, 소금, 간장 (9)	두릅 익히기 → 손질 후 저미기 → 고기 다진 후 양념하기 → 두릅 한 쪽 면에 고기 올리기 → 밀가루와 달걀을 입혀 부치기

분류		원문명 (현대)	재료(가짓수)	조리법
음식 분류	원문 분류			
전류	갈랍류	동아 누르미 (동아전)	동아, 고기, 표고, 석이, 파, 마늘, 달걀, 밀가루, 참기름, 깨소금, 설탕, 후추, 대꼬챙이, 잣 (14)	동아 손질 후 얇게 저미기 → 무르지 않게 삶기 → 나머지 재료에 갖은양념 후 채쳐서 볶기 → 동아 안에 고명 넣어 돌돌 말기 → 대꼬챙이에 대여섯 개씩 꿰기 → 밀가루와 달걀을 씌워 부치기
		박누르미 (박전)	박, 고기, 표고, 달걀, 밀가루, 석이, 잣, 참기름, 간장, 설탕, 깨소금, 소금, 대꼬챙이 (13)	박 손질하기 → 얇게 저미기 → 삶기 → 찬물에 건져놓기 → 고기 다져 양념하기 → 나머지 재료를 채쳐서 양념한 후 기름에 볶기 → 섞어 양념하기 → 박 위에 올리기 → 잣 올리기 → 말기 → 대꼬창이에 꿰기 → 밀가루와 달걀을 씌워 부치기
		항누르미 (도라지전)	도라지, 정육, 파, 느타리, 깨소금, 간장, 참기름, 설탕, 후추, 꼬챙이 (10)	도라지 삶아 쓴물 빼기 → 모든 재료에 갖은양념 후 볶기 → 대꼬챙이에 꿰기 → 깨소금 뿌리기
		누름적	정육, 양, 대창, 표고, 전복, 홍무, 도라지, 간장, 깨소금, 참기름, 후추, 설탕, 달걀, 밀가루, 대꼬챙이 (15)	모든 재료 삶기 → 같은 크기로 손질하기 → 갖은양념 → 대꼬챙이에 꿰기 → 밀가루와 달걀을 씌워 부치기
채/ 구절판	잡채류	탄평채 (탕평채)	흰 묵, 미나리, 편육, 정육, 김, 고춧가루, 깨소금, 진간장, 설탕, 초, 참기름, 파, 마늘 (13)	고기 다지기 → 갖은양념 → 편육 채치기 → 미나리 줄기만 사용 → 김은 바싹 굽기 → 묵 얇게 썰기 → 양념하기
		구절판	메밀가루, 천엽, 무, 콩팥, 숙주, 미나리, 표고, 석이, 간장, 깨소금, 파, 마늘, 설탕, 참기름, 후추 (15)	메밀가루로 작게 전병 부치기 → 나머지 재료를 삶아 채치기 → 구절판에 담기 → 초장 준비
강회 / 선류	회류	미나리 강회	미나리, 돼지고기, 쇠고기, 실고추, 달걀, 잣 (6)	미나리 손질 → 쇠고기, 돼지고기 채치기 → 달걀 흰자 노른자 각각 부쳐 채치기 → 실고추 썰기 → 미나리로 채친 재료 감기

분류		원문명 (현대)	재료(가짓수)	조리법
음식 분류	원문 분류			
강회 / 선류	회류	오이선	어린 오이, 정육 조금, 녹말, 깨소금, 간장, 설탕, 후춧가루, 겨자즙, 참기름, 파 (10)	오이 소금에 절여 씻기 → 고기 다지기 → 갖은양념 → 오이에 양념 넣기 → 녹말가루를 뿌린 다음 찌기 → 찬물에 헹궈 겨자즙 끼얹기
		호박선	애호박, 정육, 표고, 석이 (대), 잣, 녹말, 간장, 후춧가루, 참기름, 깨소금, 지단채 (11)	호박을 반으로 가르기 → 찌기 → 고기 다진 후 양념하기 → 표고 채쳐 볶기 → 고기와 표고 양념하기 → 호박 사이에 끼우기 → 녹말가루 씌운 후 찌기 → 겨자 준비
	잡채류	겨자선	양배추, 우설, 돼지고기, 표고, 해삼, 전복, 오이, 홍무, 감자, 숙주, 우유, 겨자즙, 설탕, 초, 소금 (15)	감자와 홍무 삶기 → 오이는 둥글게 썰어 소금에 살짝 절이기 → 호박, 표고 볶기 → 배추 살짝 절이기 → 묵 채썰기 → 해삼 삶아 채쳐 볶기 → 전복 불려서 얇게 썰어 볶기 → 숙주 볶기 → 배추 찬물에 헹구기 → 재료 섞기 → 겨자즙, 설탕, 소금, 우유를 넣고 버무리기 → 채소 잎을 깔고 담기
구이류	구이류	더덕구이 1	더덕, 정육, 진간장, 깨소금, 후춧가루, 설탕, 파, 마늘, 참기름 (9)	더덕 쓴맛 우려내기 → 망치로 두들겨 보들보들하게 만들기 → 갖은양념 → 고기 양념해 더덕 한쪽에 붙이기 → 굽기
		더덕구이 2	더덕, 진간장, 고추장, 깨소금, 설탕, 파, 마늘, 참기름 (8)	더덕 쓴맛 우려내기 → 망치로 두들기기 → 고추장과 진간장으로 갖은양념 → 굽기
		송이구이	송이, 간장, 설탕, 참기름 (4)	송이 소금물에 담갔다 씻기 → 얇게 썰기 → 양념하기 → 굽기
찜류	구자와 찜류	배추찜	배추 속대, 양, 사태, 곤자소니, 대창, 정육, 파, 마늘, 후춧가루, 깨소금, 참기름, 간장 (12)	양, 사태, 곤자소니, 대창 등 고아서 썰기 → 고기를 채쳐서 갖은양념 해 끓이기 → 배추 속대만 데쳐서 찢어놓기 → 잣 넣어 끓이기 → 달걀 지단 채쳐서 얹기
병과류	정과류	산사정과	산사(토종사과), 설탕이나 꿀 (2)	산사 솥에 찌기 → 으깨기 → 설탕이나 꿀 넣기

분류 음식 분류	분류 원문 분류	원문명 (현대)	재료(가짓수)	조리법
병과류	정과류	생정과 (생강정과)	설탕물, 생강 (2)	생강 얇게 저미기 → 물 넣고 끓이기 → 물 따라 버리기 → 설탕 넣고 조리기
		문동과	문동과, 설탕물 (2)	문동과에 설탕을 넣어 조리기
		연근정과	연근, 설탕물 (2)	연근 손질하기 → 알맞게 썰기 → 설탕물 끓여 조리기
	생실과 웃기	생편	생강, 녹말가루, 설탕, 꿀, 잣가루 (5)	생강 얇게 저미기 → 끓이기 → 다지기 → 녹말가루 넣기 → 설탕, 꿀 넣기 → 냄비에 넣고 익히기 → 생강 모양내기 → 꿀 바르고 잣가루 묻히기
쌈류	쌈류	곰취쌈	곰취, 고기, 갖은양념, 고추장 (4)	1) 날로 먹어도 됨. 2) 말린 것은 삶아서 양념. 3) 취를 펴서 양념한 고기를 올린 후 솥에서 쪄낸다.
		깻잎쌈	들깻잎, 갖은양념, 고기, 고추장 (4)	들깻잎 손질하기 → 갖은양념 → 고기 다져서 양념하기 → 한 켜씩 번갈아가며 올려서 솥에서 찌기

1940년에 나온 홍선표의 《조선요리학》은 한국음식 재료와 식사법, 유래 등을 판매하는 적은 책이다. 홍선표는 서울에서 굴비, 젓갈, 장아찌 등을 판매하는 반찬가게를 하면서 한국 고유의 반찬에 관해 신문 연재를 했는데, 이를 바탕으로 펴낸 책이다. 거와(상추), 과온(오이), 뉴르미(누르미), 구절판 등의 채소 요리가 등장한다. 조리법만 소개한 것이 아니라 채소의 효능 등을 함께 밝혀놓은 것이 특징이다.

[표 3.20] 《조선요리학》[38]에 기록된 채소 조리법

음식 분류 (원문)	음식/ 식재료명 (현대)	용도	특이성	효능	선택 요령 · 조리법
채소류 (野菜 類)	상치 (상추)	반찬, 쌈채소 등	사시사철. 먹는 시기로는 삼복 안에 먹는 것이 보통이고, 가장 좋은 때는 복중	비타민A, B, C, E 함유, 빈혈증 · 신경과민 · 불증에 효과	수확한 지 오래되지 않은 신선한 것이 상등 품질
	오이	오이창국, 무침, 장아찌, 오이소박이, 김치, 오이지, 오이채나물, 통김치	여름	빈혈에 효과, 혈관의 화를 막음, 혈액 정화	구부러지지 않고 빳빳하며 가운데가 가늘고 초록색이 돌고 광택이 있는 것이 상등 품질
구절판 (宮中 料理)	구절판	(재료) 고기, 미나리, 표고, 양, 달걀, 숙주, 무, 천엽, 밀가루, 갖은양념 (10)	-	-	고기 채썰어 양념해 볶기 → 미나리 잘라 볶기 → 표고 채쳐 양념해 볶기 → 양 벗겨 가늘게 채썰어 볶기 → 황백 지단 부치기 → 숙주 거두절미해 데쳐 양념하기 → 무나물 가늘게 썰어 볶기 → 밀가루즙 만들기 → 밀전병 지지기 → 구절판 그릇에 담기 → 초장 만들기

1945년 이화여전 가사과 교수였던 해리엇 모리스Harriot Morris가 미국에서 영어로 낸 한국음식책이 《Korean Recipe조선요리법》다. 이 책에는 콩나물, 무나물, 시금치나물, 초나물, 상치나물, 당근나물, 무생채, 오이찜, 호박찜 송이찜, 무숙장아찌, 비빔밥, 장김치와 오이김치 같은 채소음식이 소개되어 있다.

[표 3.21] 《**Korean Recipe**조선요리법》[39]에 기록된 채소 조리법

음식 분류 (원문)	음식명(원문)	재료(가짓수)	조리법
나물류 (Vegetables)	시금치나물 SPINACH (See-kum-chee na-mool)	spinach, beef, speck red pepper, green onion, garlic, prepared sesame seed, soy sauce, oil, sugar, salt (10)	시금치 손질하고 씻기 → 살짝 데치기 → 다진 고기, 고춧가루, 다진 양파, 다진 마늘, 깨소금, 간장, 기름, 설탕을 넣고 섞기 → 고기 익히기 → 시금치와 섞으면서 소금간 하기
	콩나물 BEAN SPROUTS (Khong na-mool)	bean sprout, soy sauce, prepared sesame seed, oil, green onion, speck red pepper, salt (7)	콩나물 씻고 손질하기 → 뚜껑 덮고 데치기 → 간장, 깨소금, 기름, 다진 양파, 고춧가루 넣고 끓이기 → 자른 양파를 콩나물 위에 올려 볶고 소금간 하기
	잡채 MEAT AND VEGETABLES WITH VERMICELLI (Chop-chai)	chopped beef, soy sauce, green onion, garlic, prepared sesame seed, salt, bean sprouts or celery cabbage, mushroom, vermicelli, sugar, egg, firm pear, pine nuts (13)	다진 고기, 간장, 다진 양파, 다진 마늘, 깨소금, 후추, 기름을 섞고 고기가 익을 때까지 볶기 → 배추나 콩나물 씻고 썰기 → 소금에 절이기 → 물에 헹구기 → 기름에 볶기 → 조리된 돼지고기 채썰기 → 손질한 콩나물 데치기 → 버섯을 채썰어 볶고 소금간 하기 → 당면 삶고 썰기 → 달걀 분리해서 지단 부치기 → 배 씻고 손질해서 길게 채썰기 → 돼지고기, 배추와 콩나물, 버섯, 각종 양념과 함께 버무리기 → 당면, 배를 넣고 버무리기 → 소금간 하기
	비트나물 BEETS IN SOY SAUCE(Beets na-mool)	beet, soy sauce, prepared sesame seed, oil, vinegar, sugar, salt (7)	씻고 손질하기 → 익히기 → 썰기 → 간장, 깨소금, 기름, 식초, 소금, 설탕 넣고 무치기
	초나물 CABBAGE-CARROT-CELERY SALAD(Cho na-mool)	shredded celery cabbage, shredded carrot, shredded celery, salt, oil, sugar, vinegar (7)	양배추 길게 썰기 → 당근 썰기 → 소금물에 데치기 → 배추 썰고 소금에 절이기 → 배추 헹구기 → 기름에 볶기 → 채소를 각종 양념과 함께 버무리기

음식 분류 (원문)	음식명(원문)	재료(가짓수)	조리법
나물류 (Vegetables)	상추나물 LETTUCE (Sang-chee na-mool)	bunches leaf lettuce, soy sauce, prepared sesame seed, speck red pepper, oil (5)	씻고 손질하기 → 간장, 다진 양 파, 깨소금, 고춧가루, 기름과 함 께 섞기 → 접시에 놓기 → 다른 하나는 간장에 버무려서 놓기
전류 (Vegetables)	가지전 FRIED EGG PLANT(Kah-ri juhn)	egg plant, flour, oil, salt, egg (5)	가지 손질하고 썰기 → 밀가루, 달걀 순으로 묻히고 기름에 부치기
	호박전 FRIED SQUASH (Ho-pahk juhn)	squash, flour, oil, salt, egg (5)	호박 손질하고 썰기 → 밀가루, 달걀 순으로 묻히고 기름에 부치기
	양파전 FRIED ONIONS (Ok-chong juhn)	onion, flour, oil, salt, egg(5)	양파 손질하고 썰기 → 밀가루, 달걀 순으로 묻히고 기름에 부치기
	고추전 FRIED GREEN PEPPERS (Ko-chooh juhn)	small pepper, beef, prepared sesame seed, speck pepper, soy sauce, garlic, flour, oil, egg (9)	고추 손질하고 가르기 → 고추 씨 빼기 → 고기와 각종 양념 섞어서 고추 속 채우기 → 밀가루, 달걀 순으로 묻히고 기름에 부치기
	시금치전 FRIED SPINACH (See-kum- chee juhn)	spinach, flour, oil, salt, egg (5)	시금치 손질하기 → 살짝 데치기 → 찬물에 헹구기 → 썰기 → 밀 가루, 달걀 순으로 묻히고 기름에 부치기
	채소전 FRIED PETATO, ONION AND CARROT (Cho-soh juhn)	potato, onion, carrot, egg, flour, water, salt, oil (8)	달걀, 돼지고기, 밀가루, 소금, 물을 넣고 다지기 → 채소 섞기 → 기름에 부치기
	감자전 FRIED WHITE POTATOES (Kam-ja juhn)	potato, egg, flour, oil, salt (5)	감자 손질하고 썰기 → 소금물에 삶기 → 밀가루, 달걀 순으로 묻 히고 기름에 부치기

음식 분류 (원문)	음식명(원문)	재료(가짓수)	조리법
찜류 (Vegetables)	호박찜 SQUASH WITH BEEF (Ho-pahk jim)	squash, beef, speck pepper, soy sauce, prepared sesame seed, green onion, garlic, oil, chile pepper, egg, salt (11)	호박 씻고 손질하기 → 썰기 → 다진 고기와 각종 양념 섞기 → 호박 안에 고기 속 채워 넣기 → 달걀을 분리해서 지단 부치기 → 고기 다지기 → 호박 위에 올리기 → 간장, 물, 소금을 섞어 약불에 졸이기
	송이찜 MUSHROOMS WITH BEEF (Song-i jim)	beef, soy sauce, green onion, garlic, speck red pepper, speck black pepper, prepared sesame seed, sliced mushroom, flour, egg, oil (11)	다진 고기, 간장, 다진 양파, 다진 마늘, 홍고추, 후추, 깨소금 섞기 → 버섯 사이에 같은 두께의 고기와 버섯 넣기 → 밀가루, 달걀 묻혀서 기름에 부치기 → 물, 간장을 넣고 부드러워질 때까지 찌기
	오이찜 CUCUMBER WITH BEEF (O-i jim)	cucumber, salt, oil, beef, soy sauce, prepared sesame seed, speck black pepper, garlic, pine nuts, egg (10)	오이 씻고 썰기 → 소금에 절이기 → 물에 헹구기 → 기름에 살짝 부치기 → 다진 고기, 간장, 깨소금, 고추, 다진 마늘 섞기 → 오이 속 채우기 → 채썬 청양고추 올리기 → 달걀을 분리해서 지단 부치기 → 오이 위에 올리기 → 고기가 익을 때까지 뒤집어주며 약불로 익히기
생채류 (Vegetables)	무생채 CARROT- TURNIP SALAD(Moo sang-cha)	turnip, carrot, salt, vinegar, sugar, speck red pepper (6)	씻고 손질하기 → 길게 썰어서 소금, 식초, 설탕, 고춧가루 넣고 버무리기
적류(Meat- Poultry-Fish Shell Fish)	양파산적 BEEF AND ONIONS ON SKEWERS (Pah sahn- juhk)	beef, tender green onion, soy sauce, prepared sesame seed, speck pepper, garlic, sugar, oil, flour, egg (10)	고기, 양파 썰기 → 간장, 깨소금, 후추, 다진 마늘, 설탕, 기름과 함께 섞기 → 숙성 → 꼬치에 고기, 양파를 번갈아가면서 꿰기 → 밀가루, 달걀 입혀서 기름에 부치기

음식 분류 (원문)	음식명(원문)	재료(가짓수)	조리법
적류(Meat-Poultry-Fish Shell Fish)	송이산적 BEEF AND MUSHRROMS ON SKEWERS (Song-i sahn-juhk)	beef, mushroom, soy sauce, prepared sesame seed, green onion, garlic, sugar, oil, flour, egg (10)	버섯과 고기 같은 크기로 썰기 → 간장, 깨소금, 후추, 다진 양파, 다진 마늘, 설탕, 기름과 함께 섞기 → 숙성 → 꼬치에 번갈아가면서 꿰고 밀가루, 달걀 입혀서 기름에 부치기
볶음류(Meat-Poultry-Fish Shell Fish)	송이볶음 MUSHROOMS AND BEEF (Song-i pok-kum)	beef, mushroom, soy sauce, green onion, garlic, speck pepper, prepared sesame seed, oil, candied ginger, salt egg (11)	고기 다지기 → 버섯 얇게 썰기 → 간장, 다진 양파, 다진 마늘, 후추, 깨소금, 기름, 다진 생강을 고기, 버섯과 함께 섞기볶기 → 소금간 하고 물 넣고 다시 가열하기
적류(Meat-Poultry-Fish Shell Fish)	콩나물밥 RICE AND BEAN SPROUTS	rice, bean sprout, salt (3)	씻은 쌀에 콩나물을 얹고 밥하기 → 30분간 뜸들이기젓지 않기
	비빔밥 RICE AND VEGETABLES	rice, beef, onion, garlic, seasame seed, oil, soy sauce, celery, salt, carrot, cucumber, sprout, egg, firm pear (14)	밥하기 → 고기, 채소를 잘게 썰어 볶기 → 황백지단 부치기 → 밥을 볼에 담고, 배, 달걀, 오이, 당근 장식하기
	송이밥 RICE AND MUSHROOMS	rice, sliced mushroom, sliced onion, chopped lean beef, soy sauce, oil, sesame seed, water, salt, speck pepper (10)	버섯, 양파, 쇠고기를 얇게 썰기 → [전략] 간장, 후추, 기름, 참깨 넣고 혼합하기 → 쌀과 양념된 쇠고기를 섞어서 밥하기

경성여자사범학교 교장을 지낸 손정규가 1948년에 쓴 《우리음식》에도 다양한 채소요리가 나온다. 이 책은 원래 일제강점기에 일본어로 쓴 《조선요리》를 해방 후 한글로 번역한 것이다.

[표 3.22]《우리음식》[40]에 기록된 채소 조리법

음식 분류 (원문)	원문명(현대)	재료(가짓수)	조리법
나물류 (菜蔬類) (特別料理)	시금치나물	시금치, 간장, 파, 마늘, 기름, 깨소금, 후춧가루, 고춧가루 (8)	시금치 데치기 → 간장, 파, 마늘, 기름, 깨소금, 후추, 고춧가루에 무치기
	오이나물	오이, 쇠고기, 소금, 후춧가루, 고춧가루, 참기름 (6)	오이 채썰기 → 소금에 절이기 → 기름에 오이, 고기 볶기
	박나물 (호박나물)	애호박, 새우젓, 참기름, 고추, 후춧가루, 깨소금 (6)	호박 썰기 → 기름 치고 볶기 → 새우젓 다져 넣기
	가지나물	가지, 파, 간장, 기름, 깨소금, 후추, 고춧가루 (7)	가지 다듬기 → 파, 간장, 기름, 깨소금, 후추, 고춧가루에 무치기
	고추잎 나물 (고춧잎나물)	고춧잎, 고기, 간장, 갖은양념 (4)	고춧잎 삶기 → 고기 다져 간장과 갖은양념 하기 → 무치기
	깨잎나물 (깻잎나물)	깻잎, 고기 (2)	깻잎 삶기 → 고기 양념해 같이 볶기
	도라지나물	도라지, 간장, 갖은양념 (3)	도라지 찢기 → 간장, 갖은양념 하기 → 볶기
	우엉나물	우엉, 간장, 양념 (3)	우엉 채치기 → 볶기 → 간장과 양념해 볶기
	고사리나물	고사리, 갖은양념 (2)	고사리 삶아 물에 우리기 → 갖은양념 해 볶기
	고비나물	고사리 (1)	고사리와 마찬가지
	파마주 잎 나물(피마자 잎나물)	파마자 잎 (1)	-
	씀바귀나물	씀바귀, 초고추장 (2)	삶기 → 초고추장에 무치기
	잡채	당면, 말린 애호박, 쇠고기, 홍무, 황화채, 참기름, 편육, 숙주, 파, 돼지고기, 미나리, 마늘, 목이, 설탕, 표고, 깨소금, 도라지, 후춧가루, 느타리, 달걀, 석이, 실고추, 간장, 잣 (24)	당면 삶기 → 고기 썰고 양념해 삶기 → 재료 잘게 썰어 기름에 볶기

음식 분류 (원문)	원문명(현대)	재료(가짓수)	조리법
찜류 (菜蔬類)	배추찜	배추, 돼지고기, 쇠고기, 홍무, 목이, 석이, 표고, 달걀, 잣, 실고추, 간장, 기타 양념 (12)	배추 씻기 → 고기 잘게 썰기 → 홍무 채치기 → 배춧잎 사이에 양념 넣기 → 찌기 → 실고추, 잣 올리기
	양파통찜	양파, 쇠고기나 제육, 간장, 소금, 후춧가루 (5)	양파 순 파내기 → 다진 고기, 소금, 후추 무치기 → 양파 속에 넣기 → 간장, 물 넣고 끓이기
	호박찜	애호박 (1)	호박 썰기 → 찌기
	풋고추찜	풋고추, 밀가루, 간장 (3)	풋고추 다듬기 → 밀가루 묻히기 → 찌기 → 간장에 양념해 무치기
생채류 (菜蔬類)	무생채	무, 파, 생강, 설탕, 초, 후춧가루, 고춧가루, 소금 (8)	무 채치기 → 다진 파, 생강, 여러 양념, 고춧가루에 무치기
	오이생채 1	오이, 소금, 갖은양념, 초 (4)	오이 썰기 → 절이기 → 갖은양념과 초를 넣어 부치기
	오이생채 2	오이, 소금, 간장, 기름, 후춧가루, 고춧가루 (6)	늙은 오이 채치기 → 소금에 절이기 → 간장, 기름, 후춧가루, 고춧가루, 초와 무치기
	도라지생채	도라지, 소금, 초, 설탕, 겨자 (5)	소금, 초, 설탕, 겨자에 무치기
선류 (菜蔬類)	오이선	오이, 쇠고기, 소금, 조미료 (4)	오이 칼집내기 → 소금에 절이기 → 볶기 → 고기 볶기 → 오이 속에 넣기
	호박선	애호박, 고기, 양파, 갖은양념, 달걀, 녹말, 초장 (7)	호박 속 파내기 → 고기 양파 다져 갖은양념 하기 → 달걀이나 녹말 섞어 호박 속에 넣기 → 찌기
	가지선	가지, 쇠고기, 간장, 파, 갖은양념 (5)	가지 칼집 넣어 찌기 → 고기 다져 양념하여 볶기 → 가지 속에 넣기
전류 (菜蔬類)	호박전	호박, 밀가루, 달걀, 소금, 기름 (5)	호박 썰기 → 밀가루, 달걀 입혀 기름에 부치기
	가지전	가지, 밀가루, 달걀 (3)	가지 썰기 → 밀가루와 달걀 입혀 부치기

음식 분류 (원문)	원문명(현대)	재료(가짓수)	조리법
전류 (菜蔬類)	풋고추전	풋고추, 쇠고기, 달걀, 밀가루, 기름, 소금, 후춧가루 (7)	풋고추 씨 빼기 → 고기 다져 양념하여 속으로 넣기 → 밀가루, 달걀 입혀 기름에 부치기
볶음류 (菜蔬類)	콩나물 볶이 (콩나물볶음)	콩나물, 기름, 파, 깨소금, 고춧가루, 후춧가루 (6)	콩나물 다듬기 → 기름, 다진 파, 깨소금, 고춧가루, 후춧가루 넣고 볶기
	고추볶음	풋고추, 기름, 소금 (3)	풋고추 말리기 → 기름에 튀겨 소금 뿌리기
회류 (菜蔬類)	미나리강회	미나리, 편육, 실고추, 석이, 잣, 초고추장 (6)	미나리 데치기 → 편육 썰기 → 실고추와 석이, 잣 싸서 미나리로 감기
	파강회	파, 편육 (2)	파 데치기 → 편육에 싸서 미나리강회와 같이 만들기
조림류 (菜蔬類)	풋고추조림	풋고추, 북어, 간장, 설탕, 기름, 깨소금, 후춧가루 (7)	북어 뼈 빼고 토막 치기 → 풋고추, 북어 볶기 → 간장 쳐 익히기 → 양념 넣어 볶기
구이류 (菜蔬類)	더덕구이	더덕, 고추장, 기름 (3)	더덕 다듬기 → 말리기 → 고추장에 담그기 → 기름에 무치기
쌈류 (菜蔬類) (特別料理)	호박잎쌈	호박, 된장, 풋고추 (3)	호박잎 다듬기 → 된장, 풋고추 넣고 찌기
	취쌈	갖은양념, 취 잎, 고기 (3)	삶기 → 양념하기 → 볶기
	밀쌈	밀가루, 죽순, 쇠고기, 돼지고기, 표고, 미나리, 호박, 오이, 홍무, 갖은양념 (10)	고기와 숙주, 홍무, 죽순, 표고, 가늘게 썰기 → 양념에 볶기
적류 (菜蔬類)	도라지적	도라지, 쇠고기, 느타리, 파, 밀가루, 달걀, 갖은양념 (7)	도라지, 고기, 느타리 썰기 → 양념하기 → 꼬챙이에 꿰기 → 밀가루와 달걀 입혀 부치기
구절판 (特別料理)	구절판	쇠고기, 양, 천엽, 표고, 죽순, 생전복, 날새우, 달걀, 오이, 찹쌀가루, 조미료, 소금, 장, 잣, 참기름, 설탕, 후추, 깨소금, 겨자 (19)	재료 준비하기 → 중앙에 쌀전병 포개기 → 여덟 칸에 색 맞추어 담기

음식 분류 (원문)	원문명(현대)	재료(가짓수)	조리법
밥류 (飯類)	비빔밥	쌀, 쇠고기, 콩나물, 숙주, 고사리, 오이 또는 미나리, 장, 참기름, 깨소금, 후춧가 루, 설탕, 다진 파, 다진 마 늘, 고춧가루 (14)	-

이상 12종의 근대 조리서를 검토한 결과, 다양한 채소를 활용한 조리법이 예로부터 있었음을 알 수 있다. 근대 조리서의 채소 음식에는 나물이라는 이름이 붙어 있으며 그 밖의 다양한 명칭의 채소요리도 있다. 고조리서에 제시된 채소음식과 다른 점이라면, 설탕과 아지노모토 같은 양념이 추가된 것과 고기가 부재료로 적극 활용된 것을 들 수 있다. 그러나 주재료인 채소의 종류는 크게 다르지 않음을 알 수 있다.

북한의 채소요리

　지금 우리 한식의 모습은 과거에 비해 많이 바뀌었다. 한식의 원형을 찾기 위한 고조리서 연구는 많이 이루어지고 있지만, 고조리서가 가지는 한계로 인해 한식의 원형을 추정하기에는 어려움이 따른다. 사실 고조리서에 소개된 음식이 우리 조상들이 일상에서 즐기던 것이라고 보기는 힘들기 때문이다. 우리 한식의 모습은 근대기까지 그다지 변화하지 않다가 그 이후 현대를 거치면서 많이 변화했다. 한편, 북한음식은 근현대의 영향을 비교적 덜 받았다고 추측된다. 폐쇄적인 환경으로 인해 외국음식의 영향과 산업화로 인한 변화가 덜하리라 보기 때문이다. 따라서 북한음식을 통해 한식의 원형을 추측해보는 것도 의미 있는 작업이 될 것이다. 여기서는 북한의 조리서[41]에 나오는 채소음식을 살펴보고자 한다.

　북한음식 속의 채소음식을 살펴보면, 우선 그들은 채소라는 단어를 전혀 쓰지 않고 '남새'라는 표현을 쓰고 있음을 알 수 있다. 남새는 재배 채소를 가리킨다. 반면 산과 들에 절로 나서 자란 것들은 산나물 혹은 푸새라고 부르고 있다. 북한에서는 채소나 소채가 한자어라고 보고 순 한글 용어를 사용하는 것으로 추측된다. 배추, 가두배추(양배추), 무우(무), 시금치, 홍당무, 부루(상추), 갓, 미나리, 오이, 호박, 가지, 도마도(토마토), 감자, 고구마, 부추 등은 남새음식감으로 분류하고 있다. 반면, 참나물, 고사리, 고비, 두릅, 더덕, 도라지, 취, 머위, 삽주, 게루기(모시대), 달래, 산마늘, 쑥, 냉이, 길짱구(질경이), 송이버섯, 돌버섯, 느타리버섯, 표고버섯 등은 산나물류로 분류하고 있다.

　남새음식에 등장하는 재료는 〈표 3.23〉과 같은데, 채소 한 가지로 다양한 종류의 음식을 만드는 방법이 발달했음을 확인할 수 있다. 순 한글 단어인 남새를 고집하는 것처럼 우리와는 다르게 부르는 채소의 이름도 많다. 서양에서 들어온 배추라는 뜻의 양배추는 가두배추로, 양파는 둥글파로 부르고 있다. 상추도 옛 이름인 부루로 부르고 있다. 정치적인 이념이 식생활에도 영향을 미친 결과라고 본다면 과장일까? 앞으로 남북한의 음식은 점점 달라질 것이고 젊은 세대에서는 그 소통이 쉽지는 않을 것 같다.

[표 3.23] 북한의 남새요리

남새 종류	남새음식 이름
배추	통배추김치, 평양백김치, 보쌈김치, 석박김치, 비늘김치, 장김치, 겨자김치, 풋배추김치, 풋절이김치, 통배추국, 풋배추국, 풋배추젓국지찌개, 김치지기개, 배추생절이, 배추돼지고기남비탕, 배추찜, 배추쌈
무우(무)	동치미, 깍두기, 나박김치, 무우짠지, 삶은 무우김치, 열무김치, 무우국, 무우새우젓국, 무우맑은장국, 무우생나물, 무우나물, 무우젓국지찌개, 무우까나리조림, 무우오가리볶음, 무우오가리달래부침, 무우잎볶음, 무우말랭이장아찌, 생무우장아찌, 무우전
붉은 봄무우	붉은봄무우김치, 붉은봄무우생나물, 붉은봄무우장아찌
시금치	시금치김치, 시금치국, 시금치조개국, 시금치나물, 시금치볶음, 시금치회
가두배추(양배추)	가두배추통김치, 가두배추석박김치, 가두배추보쌈김치, 가두배추국, 가두배추찜, 가두배추생나물, 가두배추나물, 가두배추말이찜, 가두배추쌈
부루(상추)	부루쌈, 부루국, 부루찬국, 부루생나물, 부루나물
미나리	미나리김치, 미나리생나물, 미나리볶음나물, 미나리초침, 미나리장아찌, 미나리감은회, 미나리초대
쑥갓	쑥갓, 쑥갓찬국, 쑥갓생나물, 쑥갓나물, 쑥갓초대
갓	갓짠지, 갓김치, 갓뿌리생나물
근대	근대국, 근대나물, 근대줄거리볶음
오이	오이찬국, 오이소박이, 오이생나물, 오이나물, 오이냉채, 오이볶음, 오이장아찌, 오이소박이장아찌, 오이초절임, 오이선, 오이절임
호박	호박김치, 호박국, 애호박고기국, 호박나물, 호박오가리나물, 호박고추장지지개, 호박젓국지찌개, 단호박조림, 애호박찜, 호박전
감자	감자국, 감자고기국, 감자소젓국, 감자나물, 감자볶음, 감자지지개, 감자조림, 감자돼지고기조림, 감자전, 감자맨튀기, 감자튀기, 감자튀기즙
가지	가지소박이, 가지짠지, 가지찬국, 가지나물, 가지된장볶음, 가지찜, 가지전, 가지튀기, 가지장아찌, 가지절임, 가지구이, 가지감자튀기볶음

풋고추	풋고추나물, 사자고추나물, 풋고추된장볶음, 풋고추된장찌개, 풋고추쇠고기장조림, 풋고추까나리조림, 풋고추찜, 사자고추찜, 풋고추전, 풋고추튀기, 풋고추장아찌, 풋고추젓장아찌, 풋고추절임, 풋고추된장절임, 고추잎나물, 고추잎장아찌
파	파국, 파찬국, 파나물, 파된장찌개, 움파꼬치구이, 파튀기, 파장아찌, 파감은회, 파데친회
마늘	마늘종볶음, 마늘장아찌, 마늘절임, 마늘초절임
둥글파(양파)	둥글파장아찌, 둥글파전
부추	부추김치, 부추짠지, 부추찬국, 부추나물, 부추장아찌, 부추초대, 부추감은회
도마도(토마토)	도마도장아찌, 도마도절임
들깨잎(들깻잎)	들깨잎나물, 들깨잎튀기, 들깨잎찜, 들깨잎장아찌, 들깨잎장절임, 들깨잎절임
콩나물, 녹두나물	콩나물국, 콩나물무침, 콩나물볶음, 콩나물김치, 녹두나물무침, 녹두나물볶음
기타 남새음식	잡채, 더운 잡채, 과일잡채, 겨자잡채
고사리	햇고사리국, 고사리나물, 고사리장찌개, 고비나물
도라지	도라지생나물, 도라지나물
참나물	참나물김치, 참나물국, 참나물무침, 참나물감은회, 참나물소금절임
더덕	더덕생나물, 더덕회, 더덕장아찌, 더덕장절임, 더덕구이
두릅	두릅김치, 두릅나물, 두릅뿌리절임, 두릅튀기, 두릅찜, 두릅회
산마늘	산마늘젓김치, 산나물장아찌, 산마늘장절임
삽주	삽주싹김치, 삽주국
게루기(모시대)	게루기싹볶음, 게루기뿌리생나물, 곰취나물, 원추리장아찌, 머위나물, 방아나물
쑥	애탕국, 쑥국, 물쑥국, 물쑥초나물, 물쑥뿌리국
달래	달래젓김치, 달래볶음, 달래장아찌, 달래초절임, 냉이국, 소리쟁이국
길짱구(질경이)	길짱구국, 길짱구볶음, 돌나물김치
버섯	생버섯국, 바른버섯국, 버섯나물, 송이볶음, 송이조림, 송이된장찌개, 송이찜, 송이전, 송이장아찌, 버섯튀기, 송이구이

12장

세계의 채소음식

세계인들은 채소를 어떻게 조리해 먹고 있을까? 우리는 채소를 가장 많이 먹으며, 나물이라는 독특한 조리법을 보유한 민족이라고 자부한다. 그러나 다른 국가도 그들 자연환경에 알맞은 음식문화에 기반한 채소 조리법을 가지고 있다. 여기서는 다른 나라의 채소 조리법의 특징을 살펴보자.

아시아의 채소음식

일본은 우리와 비슷하게 주부식이 뚜렷한 식생활 구조로, 채소를 많이 먹는 특성을 가지고 있다. 1950년대 초까지 일본의 서민은 음식에 관한 한 매우 궁핍한 생활을 해왔고, 그 결과 다

쿠앙(단무지), 우메보시(매실절임), 나라즈케(외절임) 등의 반찬거리가 발달했다. 우메보시는 매실을 소금에 절였다가 수일 동안 햇볕에 말린 후 다시 시소蘇葉(차조기)를 넣고 식초에 절인 반찬이다. 일본인은 이런 종류의 채소절임을 매끼 먹는다. 일본에서 많이 나는 채소는 무, 당근, 연근, 우엉, 죽순, 콩, 구약나물*, 표고 등이다.

[표 3.24] **일본의 채소음식**

분류	음식명	재료	특징
무침류	오히타시 (おひたし)	시금치, 다시국물, 간장, 설탕	양념한 가쓰오부시 국물에 데친 채소를 넣고 맛이 배어들게 해서 먹는 음식
	고마아에 (ごまあえ)	아스파라거스, 흰 깨, 설탕, 간장	된장, 식초, 간 깨 등으로 양념하여 무친 음식
	스노모노 (すのもの)	오이, 새우, 물, 소금, 설탕 식초	식초와 설탕의 새콤달콤한 맛을 살린 음식
볶음	고야찬푸르(ゴーヤ チャンプル)	고야, 두부, 돼지고기, 달걀, 식용유, 간장, 소 금, 후추	고야의 쓴맛을 중화하기 위해 두부 등과 함께 볶아서 먹는 음식
	긴피라(金平)	당근, 홍고추, 간장, 설 탕, 식용유	당근, 우엉 등을 채썰어 간장을 넣고 볶아 먹는 음식
절임류	우메보시 (梅干し)	매실, 시소 잎, 소금	매실을 소금에 절이고 시소 잎으로 붉은 물을 들이는 쓰케모노의 한 종류
	누카즈케 (ぬか漬け)	쌀겨, 소금, 각종 채소	쌀겨와 소금, 물을 섞어서 반죽해 그 안에 잘 씻은 채소를 파묻어서 절여 먹는 음식

---

* 천남성목 천남성과의 여러해살이풀. 곤약이라고도 한다. 이 식물의 알줄기(땅속줄기)에서 추출한 다당체(글루코만난)로 곤약을 만든다.

분류	음식명	재료	특징
절임류	락교 (らっきょう)	염교(락교), 식초, 설탕, 소금, 물	염교를 식초에 절인 음식으로 초밥 이나 회에 곁들여 먹는다.
조림류	야사이노후쿠메니 (やさいのふくめに)	고구마, 연근, 표고버 섯, 강낭콩, 다시마, 간 장, 설탕, 소금	각종 채소를 조미액에 조린 음식
	토란·닭고기소보 로카라(サトイモチ キンそぼろから)	토란, 다진 닭고기, 생강, 식용유, 설탕, 간 장 녹말가루	다진 닭고기를 수분이 졸아들 때까 지 볶아서 익힌 음식
	기리보시다이콘노 니모노(切法師台今 野煮物)	무말랭이, 당근, 식용유, 설탕, 소금, 조 미액	무말랭이를 볶은 뒤 조미액에 조려 부드러운 식감을 주는 음식
	야키비타시 (焼きびたし)	가지, 청고추, 단호박, 간장, 다시국물, 설탕, 식용유	가지, 고추, 단호박을 통으로 썰어 구운 뒤 조미액에 절여 먹는 음식
조림류	지쿠젠니 (ちくぜんに)	닭다릿살, 당근, 말린 표고버섯, 강낭콩, 설탕, 간장, 식용유	채소와 고기를 균형 있게 먹을 수 있 는 음식으로, 학교급식 메뉴로 자주 쓰인다.
찜류	채소교자 (野菜餃子)	양배추, 부추, 생강, 마 늘, 소금, 간장, 참기름, 밀가루	고기를 넣지 않은 교자(만두)
	롤 캐비지 (ロールキャベツ)	양배추, 다진 닭고기, 양파, 빵가루, 우유, 소 금, 후추, 밀가루, 고형 육수, 소금, 후추	양배추 찜과 수프를 함께 먹는 음식
구이류	야키나스 (焼きナス)	가지, 생강, 간장	석쇠에 가지를 껍질째로 구운 뒤 껍 질을 벗겨내고 생강, 간장을 곁들여 먹는 음식
	오코노미야키 (おこのみやき)	오징어, 양배추, 달걀, 밀가루, 소금, 후 추, 간장, 식용유	밀가루에 고기, 채소 등을 넣고 지 진 음식

다음으로 중국의 채소요리를 살펴보자. 중국은 먹는 것을 매
우 중시하는 나라다. 중국의 고전에는 '食'에 관한 내용이 많이

나오는데 《예기》에는 "예禮는 음식에서 시작된다."라고 했으며 《서경書經》에서도 나라를 다스리는 데 필요한 정사인 팔정八政에서 첫 번째로 '食'을 꼽고 있다. 또한 《맹자》의 '고자告子 편'에서도 "食과 色은 性이다."라고 하며, 음식을 구하고 성을 중시하는 것은 인간의 본성이라고 보았다. 그래서인지 중국음식은 재료의 선택이 자유롭고 광범위하다. 일반적인 식료품 거의 모두를 재료로 이용할 뿐 아니라 제비집, 상어지느러미 등 온갖 산해진미의 식재료가 특징이다.

중국음식 중 채소류로는 죽순을 많이 쓰고 표고, 송이, 목이, 차오쿠(草菇, 풀버섯) 등 버섯류를 다양하게 사용한다. 채소는 주로 삶거나 센 불로 단 시간에 볶아내는 조리법을 사용한다. 재료로 쓰이는 채소가 다양한 데 비해 그 조리법은 그리 다양하지는 않다. 그러나 중국은 워낙 넓은 나라라 다양한 소수민족이 살고 있으며 이들 각각의 채소요리가 있을 것으로 추측된다. 일례로, 윈난성의 백족은 쌀을 주로 먹고 부식으로 열무침채, 청각침채, 무장아찌 같은 채소절임 식품을 많이 먹는다. 중국과 인접한 국가인 몽골은 주로 육류를 섭취하며 거의 채소를 먹지 않는다. 대신 차를 많이 마셔서 부족한 비타민C를 보충하고 있다.

[표 3.25] 중국의 채소음식

분류	음식명	재료	특징
무침류	파이황과 (拍黃瓜)	오이, 통마늘, 소금, 설탕, 식초	오이를 칼로 두들긴 다음 적당한 길이로 썰어 소금과 식초, 잘게 썬 파에 무친 음식

분류	음식명	재료	특징
볶음류	샹구요우차이 (香菇油菜)	표고버섯, 유채(겉절이 배추)	두 채소를 기름에 볶은 음식
	샹구차이신 (香菇菜心)	표고버섯, 채소 고갱이 혹은 청경채, 파, 다진 생강, 소금, 닭고기 국 물, 조미료, 전분 등의 각종 양념	표고버섯의 깊은 맛과 채소 고갱이의 상쾌한 맛을 동시에 즐기는 볶음음식
	젠자오투더우쓰 (尖椒土豆丝)	채썬 감자, 풋고추, 산 초, 파, 다진 생강, 소금, 조미료	감자를 살짝 볶아 아삭아삭한 맛을 즐 기는 음식
	위샹러우쓰 (鱼香肉丝)	돼지고기, 죽순, 목이버 섯, 잘게 썬 파, 생강 등 각종 채소, 고추, 식초, 소금, 간장, 설탕 전분 물, 육수	여러 식재료를 볶아 짭짤하고 달고 맵 고 약간 신맛이 나는 소스를 끼얹어 먹 는 음식
	위샹체즈 (鱼香茄子)	가지, 된장, 파, 생강, 으 깬 마늘, 식초, 설탕, 간 장, 소금, 녹말	한국의 가지볶음과 비슷한 음식
	시홍스차오지단 (西红-炒鸡蛋)	토마토, 달걀, 설탕, 소 금, 녹말	중국의 일반적인 가정식
	차오보차이 (炒菠菜)	시금치, 파, 생강, 설탕, 소금, 조미료	시금치를 아삭하게 볶는 음식으로, 면 류음식과 함께 곁들여 먹는다.
	진볜바이차이 (金边白菜)	배추 고갱이, 마른 고추, 파, 생강, 식초, 간장, 소 금, 전분	부드러운 배추 고갱이를 사용한 음식 으로, 매콤새콤하며 바삭바삭 씹히는 맛이 특징이다.
	마라샹궈 (麻辣香锅)	팽이버섯, 목이버섯, 청 경채, 배추, 생강 등 각 종 채소, 중국식 당면, 매운 고추, 해산물이나 고기	얼얼한 맛, 매운맛, 향신료의 향이 어우 러진 음식
	후피지엔쟈오 (虎皮尖椒)	청고추, 간장, 식초, 다 진 마늘, 다진 파, 참기 름, 설탕	푸른 고추를 모양 그대로 센 불에 볶 은 음식. 고추를 볶을 때 노르스름한 반 점이 생기는데, 이것이 호랑이 가죽과 비슷하다고 해서 호피라는 이름이 붙 었다.

분류	음식명	재료	특징
볶음류	차오더우야 (炒豆芽)	파, 채썬 생강, 콩나물, 식초, 간장, 조미료, 소금 등 각종 양념	콩나물을 센 불에서 살짝 볶는 음식
	가지두부냄비	가지, 두부, 다진 돼지고기, 다진 파, 청양고추, 고춧가루, 고추기름, 전분 등	가지의 식감을 살려 두부와 함께 볶아낸 음식
튀김류	바쓰산야오 (拔丝山药)	고구마, 달걀, 밀가루, 녹말가루, 식용유, 설탕	고구마를 튀겨서 설탕을 녹인 엿에 버무려 먹는 음식. 젓가락으로 집으면 엿이 실처럼 늘어나는 데서 붙은 이름이다.
조림류	너우미어우 (糯米藕)	연근, 찹쌀	연근의 구멍에 찹쌀을 채워 넣고 찜통에 찐 음식

아시아의 대국인 인도의 음식문화는 많은 인종과 종교가 섞여 있고 중동과 서양문화의 영향을 두루 받아 매우 다양하다. 그러나 일반적으로는 종교 때문에 쇠고기와 돼지고기를 먹지 않으므로 채식 위주의 식사가 그 특징이라 할 수 있다. 인도는 국민의 약 80퍼센트가 힌두교도와 불교도이며 이들은 모두 채식주의자이므로 인도 사람들은 단백질을 주로 우유, 요구르트, 버터 등에서 얻는다. 쌀이 힌두음식의 주식이지만 보리, 콩, 밀 등도 많이 먹고, 수프를 만들 때 채소를 넣고 끓이는 방법을 쓴다. 또한 힌두교도는 마늘을 악귀 제거를 위해 현관에 매달고 전염병이 유행할 때는 어린이 목에 걸어주기도 하지만 음식에 마늘과 양파를 쓰는 것은 금지한다.

커리Curry가 인도의 대표적인 요리로, 그 종류는 수십 종에 달하고 계피cinnamon, 정향clove, 육두구nutmeg, 파프리카paprika 등

15~16종의 향신료를 사용하는 것이 특징이다. 어떤 식재료를 쓰느냐에 따라 사용하는 향신료 종류가 다르므로 각 가정마다 독특한 맛이 있다. 다양한 향신료는 식욕 증진, 소화 건위, 방부 등의 효능이 있고 비타민류도 다양 함유되어 있다. 파프리카나 후추는 비타민C가 풍부하고 미용에도 효과가 있다고 한다.

[표 3.26] **인도의 채소음식**

분류	음식명	재료	특징
샐러드/ 무침류	오이땅콩샐러드 (Cucumber nut salad)	오이, 커리가루, 땅콩, 레몬즙, 설탕, 고수	커리가루와 땅콩을 넣어 버무린 샐러드
볶음류	가지 라이타 (Aubergine raita)	가지, 양파, 생강, 요구르트, 코리앤더(고수씨)파우더, 소금	구운 가지 속을 파내어 다시 볶아 요구르트와 함께 섞어 먹는 음식
	가지볶음 (Hilao batem)	가지, 식용유, 양파, 토마토, 고춧가루, 소금, 후추, 고수	난빵이나 로티빵에 곁들여 먹는 음식

유럽의 채소음식

서양에서 샐러드Salad 또는 살라다Salada는 생채소에 소스를 쳐서 먹는 채소요리를 의미한다. 근래에는 이들 채소의 종류가 다양해지고 과일도 같이 넣어 먹고 있지만, 이들 여러 나라의 채소 조리법은 극히 간단하다. 토마토나 감자를 삶거나 구워서 익혀 먹는 방법도 개발되고 있지만 이것을 발효시켜 먹는 일은 드물다. 독일의 사우어크라우트나 오이피클 정도만 볼 수 있다.

채소를 주로 삶거나 국에 넣거나 또는 볶아 먹는 것이 일반적인 아시아 다른 국가들에 비해 우리나라에서는 거의 연중 생채소를 먹는다. 그러나 서양과는 달리 생채소를 먹는 방법이 매우 다양하다. 우리는 숙채뿐 아니라 생채를 먹을 때에도 된장, 간장, 고추장 또는 액젓으로 간을 맞추어 먹는다. 특히 채소로 밥을 싸 먹는 방식은 아마도 다른 민족에서는 찾아보기 힘들 것이다. 그런데 채소의 잎으로 밥을 싸 먹는 방식은 중동 지역에도 있다. 레바논 사람들은 연한 포도나무의 잎을 삶아 볶은 밥을 싸서 먹는다. 그러나 밥을 생채소로 싸 먹는 일은 거의 없다.

유럽에서 발달한 요리는 오랜 기간 중동 및 사하라 이북 아랍 제국의 요리, 중국과 인도 등의 아시아요리, 몽골의 침입으로 전파된 중앙아시아의 요리, 그리고 콜럼버스의 아메리카 대륙 발견 이후 전래된 아메리카 원산 식물의 영향을 받으면서 복합적으로 발달한 식문화다. 인도에서 전래된 후추를 중심으로 한 향신료문화, 아프리카에서 아랍을 통해 도입된 커피, 중국 및 일본에서 도입한 도자기와 뒤따라 들어간 차문화 그리고 아메리카 대륙에서 도입한 감자를 중심으로 한 매시드 포테이토, 프렌치 프라이, 포테이토칩, 옥수수를 이용한 콘칩 등이 오히려 서양음식으로 이해되고 있다.

여기서는 비교적 풍부한 채소음식을 갖고 있는 프랑스, 스페인, 이탈리아를 살펴볼 것이다. 유럽의 채소음식은 주요리의 영역에 있지는 않고, 보조재료로 제공되거나 샐러드 형태로 먹고 있다. 프랑스의 경우 지중해와 대서양에 면하고 있어서 기후가 온화하고 농·축·수산물이 모두 풍부해 요리에 좋은 재료를 제공하고 있다. 그래서 프랑스요리의 특징은 식재료의 개성을 충분히 살리고, 합리적이고 고도의 기술을 구사해 섬세한 맛을 내며, 포도주, 향신료, 소스로 맛을 낸다는 점이다. 향신료는 파슬리 줄기, 후추, 로리에(월계수), 셀러리, 육두구, 사프란 등을 쓰는데, 이를 두서너 가지씩 합하여 사용함으로써 특유의 맛을 만들어낸다. 프랑스 고전전인 요리를 보면, 레큄legume(콩)이라 불리는 채소요리가 들어간다. 그 종류로 레터스lettuce(양상추), 엔디브endiv(네덜란드의 꽃상추), 캐비지cabbage(양배추), 오이, 토마토, 셀러리 등은 날것으로 사용하고 감자 등은 익히며, 마요네즈 계통과 비네그레트 계통의 드레싱을 사용한다.

[표 3.27] 프랑스의 채소음식

분류	음식명	재료	특징
샐러드류	살라드 드 베라베 오 셰르 (Salade de Betteraver au cherre)	고트 치즈(염소젖 치즈), 각종 샐러드용 채소, 비트, 호두, 올리브유, 레드와인식초, 머스터드, 다진 마늘, 꿀, 소금, 후추	달달한 비트와 부드러운 고트 치즈가 함께 어우러져 독특한 맛을 낸다.
		토마토, 각종 샐러드용 채소, 올리브유, 레드와인 식초, 머스터드, 다진 마늘, 꿀, 소금, 후추	토마토를 샐러드에 넣어 새콤달콤한 풍미를 느낄 수 있다.
	알자시앙 포타토 살라드 (Alsatian Potato Salad)	감자, 완두콩, 양파, 다진 마늘, 화이트와인 식초, 포도씨유, 소금, 후추	알자스 지방의 따뜻한 감자샐러드
	살라드 니수아즈 (Salade nicoise)	토마토, 니스 올리브, 엔초비, 삶은 달걀, 껍질콩	프랑스 남부 도시 니스에서 유래한 샐러드. 취향에 따라 삶은 감자나 양상추를 넣는다.

분류	음식명	재료	특징
샐러드류	살라드 베르트 (Salade verte)	각종 샐러드용 채소, 크랜베리, 올리브유, 식초, 레몬즙, 다진 양파, 설탕, 파슬리, 소금, 후추, 프렌치드레싱	프렌치드레싱을 하면 느끼한 맛이 덜하며 신선한 맛을 느낄 수 있다.
볶음류	셀러리악 카르보나라 (Celeriac carbonara)	셀러리악, 달걀 노른자, 파마산 치즈, 버터, 소금, 후추	프랑스 프로방스 지역의 음식
	폼므 파르망티에 (Pomme par mentier)	감자, 버터, 올리브유, 소금, 후추	깍둑썰기한 감자볶음
	라 프라카세 드 세프 (La fricassee de cepes)	버섯, 올리브유, 파슬리, 마늘, 소금, 후추	프랑스식 버섯볶음
구이류	라타투이 (Ratatouille)	가지, 호박, 토마토, 마늘, 양파, 파프리카, 올리브, 허브 가루, 후추	프랑스를 대표하는 채소음식
	그라탕 랑귀도시앙 (Gratin languedocien)	가지, 단호박, 소금, 후추, 모차렐라 치즈, 올리브유, 다진 마늘, 양파, 토마토, 바질페스토, 바질	익힌 가지 특유의 식감과 함께 단호박의 단맛을 느낄 수 있는 음식
	주키니 그라탕 (Zucchini gratin)	주키니호박, 양파, 견과류, 버터, 우유, 버터, 그뤼에르 치즈, 소금, 후추	주키니와 함께 그뤼에르 치즈 특유의 풍부한 풍미를 느낄 수 있는 음식
	레 토마트 콩피트 오 푸흐(Les tomates confites au four)	토마토, 올리브, 백리향, 소금, 후추, 설탕	절인 토마토를 오븐에 구운 음식
	라 쿠르제트 파르시 오 샹피뇽 (La courgette farcies aux champignons)	애호박, 양송이버섯, 생크림, 레몬즙, 다진 마늘, 머스터드, 올리브유, 실파, 소금, 추	버섯으로 속을 채운 호박음식

스페인은 지중해 연안에 위치한 비교적 더운 지역으로, 토마토, 올리브, 과일 등이 풍부하다. 콜럼버스가 신대륙을 발견한 후 신대륙에서 많은 산물을 가져와 식생활의 다양화가 이루어

졌다. 주로 사용하는 채소는 양배추, 콜리플라워, 아티초크, 호박, 오이, 가지, 토마토, 고추 등인데, 이런 채소를 샐러드나 전채 음식으로 많이 이용한다. 주로 사용하는 조미료는 올리브유, 사프란, 파프리카, 월계수 잎, 마늘, 양파, 파슬리 등이다.

[표 3.28] 스페인의 채소음식

분류	음식명	재료	특징
샐러드류	에스칼리바다 (Escalivada)	감자, 소금	재료 본연의 맛을 중요시하는 스페인 지중해식 그릴 채소 샐러드
	엔살라다 트라디시오날(Ensalda tradicional)	각종 샐러드용 채소, 발사믹 식초, 올리브유, 소금	가장 기본적인 샐러드
볶음류	툼베트 (Tumbet)	감자, 해바라기유, 올리브유, 가지, 붉은 피망	마요르카 지역의 전통적인 채소음식
	파타타스 브라바 (Patatas bravas)	감자, 해바라기유, 올리브유, 토마토, 파프리카 가루, 소금	튀긴 감자에 브라바 소스를 곁들여 먹는 음식으로, 매콤한 맛이 특징이다.
	세타스 살테아다스 콘 하몽 (Setas salteadas con jamon)	버섯, 마늘, 하몽, 올리브유, 살사베르데 소스, 소금, 후추	스페인 북부 지방 사람들이 즐겨 먹는 버섯음식. 감칠맛과 부드러운 맛이 특징으로, 레드와인과 곁들여 먹으면 짠맛을 중화시켜준다.
구이류	파파스 아루가다스 (Papas arrugadas)	감자, 소금	카나리아 제도에서 전통적으로 먹는 감자음식. 작은 크기의 감자를 소금물에 삶아 모호(mojo)라는 소스를 뿌려 먹거나 고기음식에 곁들여서 먹는다.

이탈리아는 지중해로 뻗어 있는 반도국가로, 날씨가 좋아 식재료가 다양하고 풍부한 음식의 나라다. 이탈리아음식에는 기름과 향료가 많이 쓰이고 채소로는 토마토와 양파 등이 많이 사

용된다. 농업이 발달한 남부에서는 올리브유를 많이 쓰지만, 축산이 발달한 북부에서는 버터를 많이 쓴다. 향신료로 마늘을 많이 쓰고 풍부하게 생산되는 토마토를 이용한 요리가 많은 것이 특징이다.

[표 3.29] 이탈리아의 채소음식

분류	음식명	재료	특징
샐러드류	인살라타 미스타 (Insalata mista)	각종 샐러드용 채소, 토마토, 땅콩, 땅콩버터, 마요네즈, 우유, 식초, 소금, 후추	토마토를 곁들인 채소 샐러드
	인살라타 알라 카프레제(Insalata alla caprese)	토마토, 모차렐라 치즈, 바질	상큼한 토마토와 부드러운 모차렐라 치즈, 지중해의 향긋한 바질이 색과 맛의 조화를 이룬 음식
	판자넬라 (Panzanella)	빵, 토마토, 붉은 양파, 오이, 바질, 올리브유, 발사믹 식초, 소금, 후추	빵이 들어간 토스카나식 샐러드. 판몰레(panmolle)라고도 한다.
볶음류	카포나타 (Caponata)	가지, 셀러리, 올리브유, 토마토, 양파, 케이퍼	튀긴 가지에 각종 채소, 새콤달콤한 소스를 곁들이는 채소음식.
절임류	올리브 소타세토 (Olive sottaceto)	올리브, 발사믹 식초, 당근, 양파, 오이, 소금, 설탕, 후추, 물	올리브를 곁들인 이탈리아식 피클
구이류	파르미지아나 (Parmigiana)	가지, 모차렐라 치즈, 토마토, 마늘, 바질, 파마산 치즈 가루, 올리브유, 소금	가지와 토마토, 모차렐라 치즈, 파르산 치즈를 켜켜이 쌓아 오븐에 굽는 음식
	파타테 알 포르노 (Patate al forno)	로즈마리, 올리브유, 감자, 버터, 다진 양파, 다진 마늘, 소금, 후추	로즈마리와 올리브유를 뿌려 굽는 감자 음식
쌈류	주키니 롤라티니 (Zucchini Rollatini)	주키니호박, 프로슈토, 크림치즈, 후추, 부추	대표적인 전채요리로, 주로 여름에 먹는다.

대문호의 샐러드

서양의 대표적인 채소요리인 샐러드. 서양에서는 이 간단해 보이는 샐러드 만드는 방법만큼 많은 논쟁을 불러일으킨 것이 없다고 한다.[42] 소설가 알렉상드르 뒤마Alexandre Dumas(1802~1870)는 자신의 책《요리대사전Grand Dictionnaire de cuisine》(1873)[43]에서 샐러드가 인간에게 결코 자연스러운 음식이 아님을 증명하려 했다.

생채소를 분해하는 것은 산acid이 아니라 알칼리이기 때문에 생채소를 소화할 수 있는 위는 반추동물에 한해서다. 따라서 우리가 채소를 날것으로 먹게 된 것은 지나치게 발전한 문명의 결과다. 그리고 궁극적인 잘못은 굽는 요리에 샐러드를 첨가하는 것이다. 사슴의 다리와 허리 고기, 혹은 꿩과 산도요새 구이와 함께 샐러드를 먹는 것은 미식학의 이단이다. 한쪽이 다른 쪽을 망치기 때문이다.

지금 고기와 샐러드를 함께 먹는 것에 비추어보면 당시의 요리 상식이 재미있게 읽힌다. 뒤마는 또한 이렇게 생각했다.

샐러드를 하인에게 만들도록 시키는 것은 요리에 대한 대단한 모독행위다. 샐러드는 공복감을 4분의 3만큼 늘려주고 다음 요리에 대비해 식욕을 증진시키는 애피타이저가 필요하다고 말할 때 나오는 것이다. 그리고 그것에 첨가해 정성이 깃든 기교와 지성으로 준비하는 것, 그것이 하나의 샐러드가 되는 것이므로 집주인이나 여주인이 샐러드를 만드는 최상의 적임자다. 또한 샐러드는 식탁에 내기 한 시간 전에 만들어야 하며 식탁에 낼 때까지 3~4회 정도 뒤섞어야 한다.

뒤마는 이어서 샐러드 만드는 법을 소개한다.

샐러드는 여러 채소를 함께 써서 만드는데, 이 채소들에 후추 같은 향신료, 소금, 기름, 식초 그리고 가끔 겨자와 간장 등을 첨가해 맛을 정비한다. 향미채소에는 세 종류가 있는데 익혀 먹는 허브, 샐러드용 허브, 양념용 허브다. 익혀 먹는 허브는 수영sorrel, 양상추, 사탕무white beet, 들시금치, 시금치, 쇠비름 등이다. 샐러드용 허브는 파슬리, 타라곤, 처빌, 차이브, 파, 세이보리, 회향, 타임, 바질, 쑥국화 등이 있다. 양념용 허브로는 큰다닥냉이, 물냉이, 처빌, 타라곤, 샘파이어samphire, 바질, 쇠비름, 식물향유 등이 있다.

뒤마는 세간의 상식을 바로잡기도 했다.

소금과 후추는 보통 생각하고 있는 바와 달리 식초에는 녹지 않는다. 따라서 처음에 식초에다 소금, 후추를 섞어서 샐러드에 혼합하는 일반적인 방법은 잘못된 것이다. 우선 샐러드에 기름이 스며들게 하고 나서 소금과 후추를 뿌리고 그 위에 식초를 넣는 것이 올바른 방법이다.

뒤마는 매주 수요일 밤 11시부터 당대의 예술가, 작가들을 불러다가 화려한 만찬을 대접했다 한다. 무려 15가지 코스로 구성되는 만찬은 주로 주방장의 솜씨지만, 샐러드만은 반드시 집주인이 만들어야 한다는 지론에 따라 뒤마 자신이 만들었다 한다. 양상추, 사탕무를 얇게 썬 것, 으깬 셀러리, 버섯(트러플), 람피온, 삶은 감자가 뒤마 샐러드에 반드시 들어가야 하는 여섯 가지 재료인데, 그가 만드는 샐러드는 이러하다.

우선 샐러드 그릇으로부터 양상추를 꺼내 접시에 옮기고 두 사람당 한 개분의 비율로 완숙한 달걀 노른자를 넣고 기름을 첨가해 페이스트 상태로 혼합한다. 그 위에 처빌, 말린 다랑어 가루, 말린 앤초비 가루, 겨자, 대두기름 한 큰술, 잘게 다진 오이, 다진 달걀 흰자를 가한다. 그리고 이 모든 것을 합쳐 가장 좋은 식초를 뿌린다. 다음에 샐러드를 큰 용기에 옮겨 하인에게 버무리게 한다.

이렇듯 미식가란 가장 간단한 음식을 가장 까다롭게 먹는 사람을 이르는 듯하다.

4부

식치, 채소로
병을 다스리다

2008년 이후 한국 정부에서 공식적으로 진행한 '한식 세계화' 정책은 한식이 다른 나라 음식보다 우수하다는 식의 인식을 전제로 하고 있다. 그러나 음식이란 오랜 역사를 지닌 문화 양식이라는 점에서 볼 때, 어느 음식이 우수하다는 말은 성립하기 어렵다. 그보다는 한식의 자연성이 건강 면에서 세계인에게도 어필한다고 보는 것이 정확하다. 최근 서구에서 한식이 높은 인지도와 인기를 얻고 있는 것은 한식의 건강함이 기여한 바 크다.

한식은 일단 밥을 주식으로 하고 국과 반찬 같은 다양한 부식으로 구성되는 상차림이다. 서구 영양학에서 주장하는 건강 식단의 핵심은 바로 '균형성'과 '다양성'이다. 한식의 상차림에서, 한 끼 식단의 채식과 육식 비율은 대략 8:2가 된다. 채식에 기반한 균형성과 매끼 다양한 반찬을 활용하는 다양성을 실천하는 이상적인 자연건강식이다. 그래서 한식은 서양의 식사패턴에 비해 영양적으로 균형 있으며 비만과 만성질환 예방에 효과적이다.

이런 한식의 건강함은 주로 채소에서 비롯한다. 그런데 많은 이들이 채소가 건강에 좋다는 사실은 인정하면서도 왜 건강한지에 관한 과학적 이해는 부족하다. 이제는 채식이 왜 건강한지 과학적인 관점에서 따져보려고 한다.

13장

세계는 채소 전쟁 중

건강은 모든 사람의 관심사다. 시대와 사회를 막론하고 건강을 위한 다양한 방법이 제시되곤 했지만, 현재까지 가장 확실하게 입증된 방법은 채소를 충분히 먹는 것이다. 특히 '비만 제국'이라 불리는 미국의 국가건강영양정책의 핵심은 무엇보다 채소 먹기를 강조하는 식사지침이다.

미국 식사지침은 하루 식사의 반을 채소와 과일로 채우기

미국 정부는 식사지침diet guideline을 사회 변화에 따라 5년마다 개정해 발표하고 있는데, 가장 최근의 것은 2011년의 '마이 플레이트My Plate'다. '마이 플레이트'는 한 끼 식사를 올려놓

그림 18 미국인을 위한 식사지침 '마이 플레이트'

칼로리 균형 맞추기
- 음식을 즐기되, 양을 줄이기
- 양이 많은 음식(식당, 패스트푸드 등에서)을 피하기

더 섭취할 음식
- 한 끼의 반을 과일과 채소로 채우기
- 곡물 섭취의 최소한 반을 통곡물로 채우기
- 무지방 우유나 저지방 우유로 바꾸기

덜 섭취할 음식
- 수프, 빵, 냉동식품 등 음식의 나트륨 함량을 비교하고 낮은 것을 선택하기
- 단 음료 대신 물 마시기

출처: USDA. http://www.choosemyplate.gov. 2011. 6.

는 식판을 통해 하루에 섭취해야 하는 음식을 알려주는데, 최근 발표된 '마이 플레이트'에서는 과일과 채소가 식판의 반을 차지하도록 배치되어 있다. 기존의 식사지침인 '마이 피라미드My Piramid'에서보다 과일과 채소 섭취의 중요성을 더욱 강조하고 있다.

이 식사지침의 핵심은, 하루 동안 자기가 먹는 음식의 반을 채소와 과일로 채우라는 것이다. 비타민과 무기질 및 식물영양소가 풍부하게 함유되어 있는 과일과 채소가 심혈관계 질환 및 각종 암의 예방을 위하여 중요하지만, 미국인의 섭취량이 계속 줄어들고 있기 때문에 이를 늘리라는 것이 핵심이다.

미국에서 국민건강영양조사를 실시한 결과, 1988년에서 1994년까지 과일과 채소를 권장수준으로 하루에 5회 이상 먹은 성인은 과일은 27퍼센트, 채소는 35퍼센트였으며, 1999년에서 2002년의 조사에서는 과일과 채소 각각 성인의 28퍼센트와 32퍼센트만이 권장수준의 섭취를 한 것으로 나타났다. 그리고 과일과 채소를 모두 권장수준 이상으로 섭취한 비율은 11퍼센트에 불과했다.[44] 비교적 최근인 2003~2004년에 실시한 미국 국민건강영양조사에서는, 과일과 채소를 권장량 이상으로 먹는 미국인은 10명 중 1명도 안 된다고 한다.[45] 즉, 채소와 과일 섭취량이 심각하게 낮음을 알 수 있다. 그래서 채소 섭취의 중요성을 강조하는 이러한 식사지침을 만들어 국민에게 홍보하고 있는 것이다.

한국인의 채소 섭취량은?

우리는 아직 채소 섭취량이 높은 국가로 인식되고 있다. 그러나 그 실상을 들여다보면 꼭 그렇지도 않다. 과거에 비해 먹을 것이 풍족하다 못해 넘쳐나는 요즘, 서구화된 식습관과 육류 위주의 식단 등으로 인해 칼로리 섭취는 늘어난 반면, 영양소 섭취는 오히려 줄어들고 채소 섭취량도 충분하지 않다.

정부에서 광범위하게 조사하는 국민건강영양조사 6기(2013~15년 중 2014년) 자료를 살펴보면, 우리 국민의 1인당 채소 섭취량은 약 300그램 정도로 나타났다. 이는 세계보건기구WHO에서 권장하는 하루 섭취 기준인 400그램에 많이 못 미치는 양이다. 무엇보다 채소와 과일 1일 권장 섭취량을 모두 만족하는 인구 비율은 단지 7퍼센트에 불과해, 채소·과일 영양 섭취 합격점을 받은 국민은 10명 중 1명이 채 되지 않았다.[46]

14장

채소가 건강에 좋은 이유

아주 오래전부터 사람들은 배고픔을 해소하기 위해 채소를 먹어왔다. 최근에는 채소가 질병을 예방하거나 치료하는 데 효과적이라는 과학적 근거들이 나오면서 채소를 많이 먹으라고 권장하고 있다. 그 이유는 바로 채소 속에 생리활성 기능을 하는 파이토케미컬이 풍부하다는 것이다.

채소의 생리활성 물질, 파이토뉴트리언트[47]

'파이토케미컬phytochemicals'이라는 용어에서 '파이토phyto'는 그리스어로 식물을 뜻하고 '케미컬chemical'은 화학물질이라는 뜻이다. 최근에는 사람이 먹었을 때 건강과 영양에 유익한 생리활성 물질을 제공한다는 의미에서, 영양소nutrient라는 의미를 붙여 식물영양소, 즉 파이토뉴트리언트phytonutrients라고도 부른다. 이 파이토뉴트리언트는 사람의 생명을 유지하기 위해 반드시 섭취해야 하는 필수영양소는 아니다. 그러나 건강을 유지하고 질병에 대한 방어력을 갖는 데 필요하므로 비타민, 무기질과 함께 미량영양소로 분류하고, 탄수화물, 단백질, 지방, 물, 비타민, 무기질에 이어 '제7의 영양소'로 부르기도 한다. 또한, 파이토뉴트리언트는 특히 성인의 건강 유지에 유용해 '성인 필수영양소'로 주목받고 있다.

파이토케미컬은 대부분 식물의 2차 대사산물로, 원래 식물이 해충이나 주변의 동물 또는 자외선으로부터 스스로를 보호하기 위해 만든 방어물질이다. 이미 1970년대 중반에 미국 국립암연구소에서 이 용어를 사용하기 시작한 이래, 1980년대에는 여러 파이토케미컬의 발암억제 효능과 안전성이 평가되었고 이를 활용하기 위한 연구들이 활발히 이루어지고 있다.

또한, 최근 들어 인간의 질병이 식품과 깊은 관련이 있다고 밝혀지면서 영양만을 강조하던 과거와 달리, 식품이 인체에 끼치는 기능성이 중요하게 인식되고 있다. 최근 식품의 분석은 탄수화물, 지방, 단백질 같은 영양소의 양적인 정보뿐만 아니라, 플라보노이드나 리코펜, 카로티노이드, 안토시아닌 같은 물질의 생리활성 기능을 중요시하고 있다. 식품에서 생리활성을 가지는 기능성 물질은 생체방어계, 호르몬계, 신경계, 순환계 등의 인체 기능을 조절해 질병으로부터 예방과 회복을 가능케 한다.

암을 예방하는 채소들

한민족의 생명줄이었던 채소는 현재 대표적인 암 예방식품으로 인정받고 있다. 대한암예방학회와 한국영양학회가 선정한 '암을 이기는 음식 54가지'[48]를 살펴보면, 브로콜리와 토마토, 올리브유 같은 서양 식품도 있지만 대부분은 한국인이 전통적으로 먹어온 채소류다.

우리 선조들이 즐겨 먹었으나 식생활의 서구화로 점차 밀려나고 있는 식품들이 암을 예방하는 효과가 뛰어난 것으로 소개되고 있다.[49] 예를 들어, 포도주는 심혈관 질환 예방 효과로 널리 알려져 있는데, 머루는 그보다 덜 알려져 있지만 포도에 비해 더 뛰어난 항암 효과로 있는 식품이며, 머루주에는 포도주보다 항산화 물질인 폴리페놀계 물질이 2배, 그 일종인 레스베라트롤resveratrol이 5배나 많다. 작두콩은 대두보다 콩 크기가 크고 그 추출물은 농도가 낮아도 암세포를 죽이는 활성이 높아, 보다 다양한 콩류를 즐길 필요가 있다.

율무는 대장암 및 골육종에 항암 효과가 있으며, 곰취는 고기를 태울 때 나오는 발암 물질인 벤조피렌의 활성률을 60~80퍼센트까지 억제하는 것으로 나타났다. 부추도 항암 효과가 매우 큰 것으로 나타났고, 배추김치에는 배추를 비롯해 고추, 마늘, 부추, 생강, 양파 같은 항암식품들이 들어 있어 총체적인 항암 식품으로 인정받고 있다. 당뇨병 환자에게는 섭취 열량을 감소하고 적당량의 지방과 양질의 단백질을 섭취하고 채소와 해조류를 통해 식이섬유소를 섭취하라고 권장하는데, 우리에게는 다양한 채소와 해조류 조리법이 있으므로 충분히 충족할 수 있다.

한식의 건강함은 임상 연구에서도 그 효과가 입증되었다. 최근 한 대학에서 실시한 연구에서 비빔밥을 비롯한 한식을 서양식과 비교했을 때, 심혈관계 질환을 예방하는 효과를 보였다. 밥 중심의 한식이 비만뿐만 아니라 고지혈증 같은 생활습관병에도 도움이 되는 것이다. 또한 농촌진흥청이 미국 농무부와 함께 미국인에게 한식을 먹이는 임상실험을 진행했는데, 미국식에 비해 한식을 먹은 실험군에서 만성질병 예방에 더 효과적이라는 결과를 보였다. 2009년에 농촌진흥청이 진행한 연구에서도 밥과 김치를 동시에 섭취하는 경우 HDL 콜레스테롤이 증가하는 효과를 보여 암을 포함한 만성질환 예방과 조절에 효과적일 가능성이 있다고 결론지었다. 이 외에도 한식 세계화 정책 이후 이루어진 한식 기능성 연구에서 한식의 만성질환 예방 효과[50]가 속속 밝혀지고 있다.[51]

파이토뉴트리언트는 어떻게 만들어질까

모든 식물은 태양에너지와 이산화탄소, 물을 이용해 다양한 탄수화물을 생산하는 광합성 반응을 한다. 이 밖에도 단백질, 핵산, 지질 등 식물의 생존을 위해 기본적이고 필수적 역할을 담당하는 물질을 생산하는데, 이를 식물의 1차 대사산물이라 한다. 또한, 식물은 생존을 위해 미생물이나 외부 동물로부터 자신을 방어하거나 특별한 서식 환경에 대한 방어력을 부여하는 2차 대사산물을 합성한다. 즉, 식물은 살아남기 위해 돌연변이와 재조합을 통해 2차 대사물질을 생성한다.

인간이 등장하기 전부터 존재한 식물은, 오랜 기간에 걸쳐 종을 보호하기 위해 여러 방법을 동원해가며 진화했다. 예를 들어, 식물은 스스로의 맛을 떨어뜨려 곤충이나 초식동물의 먹이가 되지 않고 종을 보전하기 위해 파이토뉴트리언트 배당체glycoside를 만들어내거나 과다한 햇빛 노출 또는 적은 빛의 양으로부터 자신을 보호하기 위해 카로티노이드류의 파이토뉴트리언트를 합성한다. 물론 진화 과정에서 적응하지 못한 파이토뉴트리언트는 유전되지 못하고 사라진 것도 있다.

즉, 채소와 과일은 스스로 자외선이나 외부의 환경으로부터 자신을 보호하기 위해 파이토뉴트리언트라는 성분을 만들어 낸다. 이 물질은 강한 항산화력을 가졌으며 우리 몸 안의 다양한 활동에 기여한다. 인간은 이러한 식물이 가진 물질이 건강 증진에 매우 유용함을 알고 이를 이용하기 시작했다.

파이토뉴트리언트의 종류

식물이 합성하는 파이토뉴트리언트의 종류는 지금까지 알려진 것만으로도 8,000여 가지가 넘는다. 이를 화학구조에 따라 분류하면 폴리페놀류, 터핀terpene류, 바닐로이드vanilloid류, 황화물류로 나눌 수 있다. 그러나 실제 파이토뉴트리언트의 분류와 급원 식품을 일목요연하게 정리하기는 어렵다. 예를 들어, 오렌지에만 해도 카로티노이드, 리모노이드limonoid, 플라보노이드류의 파이토뉴트리언트가 다 들어 있다. 또, 고추에 주로 들어 있다고 알려진 캡사이신은 계피나 고수, 심황turmeric 등에도 들어 있다. 그래서 우리가 쉽게 이해하기는 어렵다. 그래서 이를 쉽게 컬러, 즉 색으로 설명한다. 파이토컬러phytocolor는 식물이 가진 고유의 색깔을 뜻한다. 다섯 가지 파이토컬러는 빨간색, 노란색/주황색, 초록색, 보라색/검정색, 흰색이다. 이와 같은 식물 고유의 색소에는 건강에 도움을 주는 중요한 항산화물질인 파이토뉴트리언트가 들어 있다.

몇 가지 예를 살펴보면, 빨간색 파이토컬러의 대표적인 식품은 토마토, 수박, 딸기, 체리 등이며, 붉은 색소 성분인 리코펜은 항산화력이 뛰어나 암 예방에 효과적이라고 잘 알려져 있다. 노란색의 대표주자인 귤의 헤스페리딘hesperidin은 혈관 건강에 도움을 주며, 초록색에서는 브로콜리의 인돌-3-카비놀이 여성 계통 질환에 좋고, 보라색에서는 포도의 폴리페놀이 항산화 효과로 잘 알려져 있다.

파이토뉴트리언트의 건강 증진 효과

동맥경화, 당뇨병, 악성종양, 관절염, 치매 등은 모든 사람이 무서워하는 만성 퇴행성 질환이다. 퇴행성 질환은 대개 노화와 함께 시작되므로, 사람들은 늙는 것을 두려워한다. 그렇다면, 사람은 왜 늙고 또 질병에 걸릴까? 이는 아직 인류가 해결하지 못한 숙제지만, 그래도 많은 것이 서서히 밝혀지고 있다. 지금까지의 연구 결과에 의하면, 이런 퇴행성 질환이나 노화는 유해 활성산소로부터 유도된 산화 스트레스와 관련이 깊다고 한다.

그렇다면, 대체 활성산소란 무엇일까? 활성산소는 세포막을 구성하는 지질의 과산화를 유도해 세포막을 파괴하고, 단백질 합성을 방해하고, 효소 활성을 억제하며, 또 DNA를 공격하여 돌연변이를 유발하여 암의 원인이 된다고 한다. 또, 우리가 자외선에 노출되면 발생하는 활성산소는 멜라닌 색소를 생기게 하여 기미와 주근깨의 원인이 되며, 피부를 구성하는 콜라겐 산화의 원인이 돼 피부가 탄력을 잃고 주름이 생긴다.

따라서 신체의 건강을 유지하기 위해서는 과도한 양의 활성산소의 체내 축적을 피해야 한다. 우리가 일상적으로 사용하는 식재료, 특히 채소, 과일, 견과류, 차, 향신료에는 항산화 물질이 널리 분포하고 있다. 이들을 충분히 섭취하는 것이 산화 스트레스로부터 우리 몸을 방어하는 지름길이고 결국 퇴행성 질환과 노화를 예방하는 방법이다.

많이 먹으면 채소도 독이 된다

식품영양학자로서 늘 고민하는 문제는, 매스컴 등에서 어떤 식품이 건강에 좋다고 소개하면 대중이 무조건적으로 이를 많이 먹는다는 점이다. 그래서 어떤 음식을 소개할 때면 꼭 아무리 좋은 식품도 지나치게 많이 먹는 것은 경계해야 한다고 덧붙인다. 채소도 마찬가지다. 채소가 어떤 식품보다 부작용이 적은 안전한 식품인 것은 오랜 세월 인류가 먹어오면서 증명된 사실이지만 그래도 지나치게 많이 먹는 것은 피해야 한다. 예를 들어, 영양이 부족한 사람이 채소를 너무 많이 먹으면 섬유소 양이 지나치게 많아져 배출이 과도하게 되고, 다른 영양소의 흡수를 방해한다. 몸이 아주 약하거나 영양소가 부족한 경우에는 생채소를 먹기보다 삶아 그 즙을 먹는 것이 바람직하다.

식품학계의 대가인 고 이성우 선생께서도 일찍이 쇠비름이 몸에 좋다고 사람들이 많이 먹자, 이를 경계한 실험을 한 적이 있다. 쇠비름의 약효는 쇠비름 속의 수은에서 나온다는 고문헌을 보고, 실제 실험을 통해 쇠비름 속에 수은이 얼마나 많은지 조목조목 생육 단계별로 입증한 것이다. 이처럼, 아무리 좋다고 알려진 것이라도 식품별 섭취 기준을 지켜서 먹어야 한다.

최근에는 파이토뉴트리언트와 이를 함유한 식물의 안전성을 확보하기 위한 독성에 관한 과학적 연구가 진행되고 있다.[52] 아직 이에 필요한 과학적 자료는 매우 부족하지만, 안전성에 문제가 있는 식물의 중독 사례가 기록되기 시작했다. 사실 식물은 안전성 평가가 매우 어렵다. 그럼에도 국제식품규격위원회CODEX 는 식품첨가물이나 유해물질뿐 아니라 영양소 및 파이토뉴트리언트에 관해서도 위해평가의 원칙을 적용해 하루 섭취 허용량 Acceptable Daily Intake, ADI을 결정하도록 권장하고 있다.

한편, 식물(추출물)에 함유된 파이토뉴트리언트는 우리 몸에서 음식물 흡수나 약물 작용pharmacodynamic에 영향을 끼칠 수도 있다. 약물은 주로 소장에서 흡수되는데, 소장에 존재하는 여러 능동적 운반체active transporter가 펩타이드, 유기 이온, 아미노산, 핵산 등의 작은 화합물을 비롯하여 비교적 큰 분자량을 가진 물질까지 수송하는 기전에 파이토뉴트리언트가 영향을 끼치는 것이다. 해독 작용에 관여하는 사이토크롬cytochrome P450이라는 운반체는 간과 소장에 모두 존재하는데, 작용하는 약물에 따라 다르게 유도된다. 예를 들어 자몽주스는 사이토크롬 P450의 억제제를 함유하고 있어서, 많이 먹으면 의약품의 체내 산화 과정에 영향을 끼칠 수 있다. 자몽 말고도 마늘, 녹차, 고추, 강황, 에키네시아, 은행잎 추출물, 감초, 성요한풀St. John's wort, 인삼, 후추, 소팔메토saw palmetto, 흰무늬엉겅퀴milk thistle, 서양쥐오줌풀valerian, 생강 등도 의약품의 체내 산화 과정에 영향을 끼칠

달래 백합과의 여러해살이 구근식물. 일본에서 몽골까지 동아시아에 넓게 분포한다. 원래 산나물로 봄을 알리는 나물이었지만 지금은 1년 내내 재배된다. 잎과 알뿌리(비늘줄기)를 생으로 무쳐 먹거나 된장국 등에 넣어 먹는다.

수 있으니, 건강에 좋다고 너무 많이 먹는 것은 해가 된다.

그리고 식물(추출물)에 대해 잠재적으로 민감한 집단을 찾아내는 일이 매우 중요하다. 예를 들어, 식물성 에스트로겐은 폐경기 이후의 여성에게는 효과적이지만 다른 연령군의 사람들에게는 위험할 수 있다. 노인의 경우, 소화와 대사 및 배설 능력이 약해져 이와 관련된 물질에 대해 잠재적 취약집단이 되므로, 신장이나 간을 통해 배설되거나 변형되는 식물(추출물)은 위험할 수 있다. 주로 노인에게 문제가 되는 골다공증이나 치매 발생 위험 감소를 위해 섭취되는 식물(추출물)에 대해서는 특히 노인에서의 소화, 흡수, 대사, 배설에 주의를 기울여야 한다.

어린이의 식물 섭취는 특별히 주의할 필요가 있다. 어린이는 신체에 비해 비교적 큰 간을 가지고 있어서 어떤 면에서는 유해물질의 해독이 효율적으로 이루어진다고 볼 수 있으나, 어린이의 중추신경과 면역 기능은 아직 완전하게 발달하지 않았기 때문에 식물(추출물)의 부작용에 더 민감할 수 있다. 특히 영유아의 경우 유해물질에 가장 취약한 집단이다. 예를 들어, 강력한 이뇨 물질을 함유하고 있는 일부 허브티는 심각한 탈수 현상과 전해질 불균형을 초래할 수 있으므로 피해야 한다.

또한, 어린이는 알레르기 반응에 더 민감할 수 있는데, 식물의 추출물은 알레르기 잠재력이 높기 때문에 주의해야 한다. 많은 식물(추출물)을 과학적인 지침 없이 어린이에게 먹이는 경우가 있는데, 이는 여러 다른 원료와 복합하여 많은 용량으로 (심한 경우 10그램 이상) 섭취되어 부작용의 우려가 높다. 그러나 추출액이 아닌 채소 자체로 먹거나, 그것도 물에 데쳐 헹군 다음 나물로 먹는 경우는 전혀 걱정할 필요가 없다. 너무 지나치게 먹지만 않으면 된다. 채소든 뭐든 약으로 먹지 말고 음식으로 골고루 먹으면 걱정할 필요가 없다는 것이다.

15장

한국인의 상용 채소가
건강한 이유

그렇다면, 한국인이 즐겨 먹는 상용 채소는 어떤 건강 기능성을 가지고 있을까? 서울대 장수노화연구소에서 장수식품을 찾는 연구의 일환으로, 총 71종 한국산 상용 식물의 효과 분석 실험[53]을 진행한 바 있다. 그 결과에 따르면, 우리가 자주 먹는 채소에는 돌연변이 억제 효과, 암세포 독성 억제 효과, 암 예방 효과, 항산화 효과, 면역 기능 증진 효과 등이 있다.

• 돌연변이 억제 효과 우수식품 : 메밀, 미나리, 쑥갓, 파래, 표고, 풋고추, 돌미나리, 영지, 쑥, 파슬리, 율무, 기장, 매실, 살구, 보리뚱씨, 솔잎, 생강, 톳

• 암세포 독성 억제 효과 우수식품 : 무 잎, 부추, 쑥갓, 생강, 정향, 계피, 후추, 메밀, 수수, 솔잎, 깻잎

- 암 예방 효과 우수식품 : 메밀, 생강, 솔잎
- 항산화 효과 우수식품 : 잣, 고들빼기, 근대, 부추, 우엉, 깻잎, 수수, 율무, 냉이, 돌나물, 무 잎, 미나리, 브로콜리, 취나물, 마, 영지, 딸기, 자몽, 바나나, 방울토마토, 매실, 망고, 자몽 껍질, 오렌지 껍질, 살구, 보리똥씨, 생강, 메밀, 돌미나리, 쑥, 쑥갓
- 면역 기능 증진 효과 우수식품 : 돌미나리, 고들빼기, 톳, 메밀, 생강, 수수, 깻잎, 잣, 율무

여기서는 우리가 채소를 먹는 용도별로 양념류, 나물류, 구황식물류로 나누어서 그 건강 기능성을 살펴보려 한다. 각각의 채소류에 관한 실험 논문을 중심으로 그 효과를 정리해보았는데, 좀 어렵고 복잡한 감이 있다. 그러나 식품영양학 연구자들이 우리 채소를 가지고 얼마나 많은 실험을 하고 연구하는지 알리고 싶어 실험 결과를 차용하려 한다.

양념류의 건강 기능성

한식의 중요한 특징 중 하나는 양념藥念을 중요하게 사용한다는 점이다. 양념을 한자로 살펴보면 '약 약(藥)'에 '생각할 념(念)'을 쓴다. 즉 약을 짓는다는 생각으로 양념을 한다. 우리가 가장 흔하게 사용하는 마늘은 대표적인 항암 식품으로 잘 알려져 있다. 여기서는 우리가 양념으로 많이 사용하는 채소류인 고추,

마늘, 생강, 양파, 파의 효능을 살펴보고자 한다.

- 고추는 매운맛을 좋아하는 우리 민족에게 선호되는 양념류다. 근래 들어 고추 속 캡사이신은 항산화 효과의 기능성을 갖는 것이 밝혀졌다. 고추 추출물과 캡사이신을 국소 비만 치료제로 사용할 수 있는지 알아본 연구[54]에 의하면, 비만의 중요한 기전인 지방전구세포의 분화를 억제하고 지방 분해를 촉진하는 것으로 드러났다. 이는 고추 추출물과 캡사이신이 향후 비만 치료에 유용하게 사용될 수 있음을 의미한다.
- 마늘은 항암 효과가 가장 큰 식품으로 선정된 바 있고 많은 실험이 이를 입증하고 있다. 최근 연구[55]에 의하면, 생마늘, 구운 마늘, 초절임마늘은 모두 조리 방법, 추출 용매에 상관없이 DNA 손상 억제 효과가 있는 것으로 나타났다. 한편, 활성산소인 H_2O_2에 대한 DNA 손상 억제 효과는 생마늘 메탄올 추출물에서, 과산화지질인 4-HNE4-Hydroxynonenal에 의한 DNA 손상 억제 효과는 구운 마늘 메탄올 추출물에서 높은 것으로 나타났다. 따라서 마늘의 항유전독성 효과는 한국인의 일반적인 마늘 섭취 형태인 생마늘, 구운 마늘, 초절임마늘에 상관없이 탁월한 것을 알 수 있다.
- 생강은 그 독특한 향으로 오랜 세월 양념으로 사용되었다. 면역 증진 기능을 갖는 천연 식품을 찾는 연구의 일환으로 생강의 면역 증강 효과를 살펴보았을 때, 인체에서도 생강

의 섭취를 통해 면역세포 분비량을 유도, 조절함으로써 체내 면역 기능을 증강시킬 가능성이 있을 것[56]이라는 결과가 나왔다.

- 양파는 서양에서 들어왔지만 2009년 이후 그 소비량이 배추 다음으로 많아진 채소다. 양파는 매우 다양한 형태로 소비되지만 강한 향 때문에 주로 양념으로 이용된다. 양파는 폴리페놀 성분이 많아 다양한 효능을 가지는 것으로 실험 결과 알려졌다. 양파 농축액이 흰쥐 동물모델에서 고지방 식이로 유도된 고지혈증에 어떤 영향을 끼치는지 조사한 연구[57] 결과, 6주 동안 고지방 식이로 유도된 실험동물의 고지혈증은 양파 농축액에 의해 개선되는 경향을 보였다. 이 실험 결과에 따르면, 양파 농축액이 혈액의 중성지방과 총 콜레스테롤을 감소시켜 고지혈증 개선에 효과가 있었다. 따라서 양파는 고지혈증을 완화하는 데 효과적인 식이 수단이 되리라 판단된다.

  최근에는 양파 껍질 속에 폴리페놀 성분인 퀘르세틴이 더 많이 있다고 알려졌다. 양파 껍질은 육질과 비교할 때 48배나 많은 플라보노이드를 함유하고 있음을 확인했다.[58] 따라서 양파는 껍질까지 먹는 게 좋다.

- 파는 오랫동안 우리의 중요한 양념채소였다. 그중 쪽파 추출물의 동물 실험 결과,[59] 쪽파 추출물 투여에 의하여 체중의 증가가 억제됨이 관찰되었고, 과당에 의해 유도된 혈압의 상승이 쪽파의 에탄올 추출물 투여에 의해 억제되는 것이 관

찰되었다. 과당 식이에 의하여 고중성지방혈증, 고콜레스테롤혈증, 고인슐린혈증이 유발되었지만 쪽파 추출물에 의해 유의성 있게 모두 억제된 것이다.

나물류의 건강 기능성

우리 민족이 먹고 있는 나물의 수는 헤아릴 수 없이 많지만, 여기서는 주로 실험 논문 위주로 고사리, 깻잎, 냉이, 도라지, 무, 미나리, 부추, 콩나물, 호박의 건강 기능성을 살펴보겠다.

- 고사리는 오랜 세월 우리 민족과 함께해온 나물로, 브라켄 톡신bracken toxin이라는 성분 때문에 기피되어왔으나 그 성분은 삶아서 물에 우려내는 과정에서 대부분 제거된다. 그러고 나서 물에 녹지 않는 성분들은 발암억제 효과를 나타낸다고 한다.[60]
- 깻잎은 생리 기능성이 높은 채소로 알려져 있다. 5월 시설재배 깻잎의 알코올 추출물은 8.2U의 혈전용해 활성을 보였고, 1월 시설재배 깻잎의 물 추출물에서는 안지오텐신 전환 효소angiotensin-converting enzyme, ACE 저해 활성이 64.5퍼센트로 높아, 고혈압 예방(치료) 제품 개발에 매우 유용할 것으로 예상된다.[61]
- 냉이는 간을 튼튼하게 하고 눈을 밝게 하고 기운을 돋우는 봄나물이다. 최근 연구에서, 냉이 생즙이 각종 변이성 물질에 대해 45~90퍼센트에 이르는 높은 억제활성을 가진다고

밝혀졌다. 또한 냉이의 천연 항균제로서의 사용 가능성을 검토하고자 한 연구[62]에서는 항균 활성이 높게 나타났다. 냉이의 메탄올, 에탄올 추출물은 천연 항균제로서의 사용 가능성이 높은 물질로 판단된다.

- 도라지는 한방에서 '길경'이라 불리고, 건위, 진정, 진통, 해열, 항궤양, 항히스타민, 항염증, 거담, 저혈압, 항부종, 이뇨, 강장, 호흡기능 개선 등에 효과가 있다고 알려져 있다. 도라지 분말의 항산화 효과와 산화질소nitric oxide, NO 생성 저해 효과를 실험한 연구[63]에서는, 도라지의 세포 내 활성산소 생성 억제 효과 및 NO 생성 저해 효과가 우수함을 알 수 있었다. 또한, 고지방을 섭취시킨 흰쥐의 혈장지질 성분에 끼치는 영향을 조사한 실험을 통해, 도라지 분말을 급여받은 흰쥐의 고지혈증 개선 및 동맥경화 예방에 뚜렷한 효과가 있음이 확인되었다.[64] 또한, 도라지 추출물은 골 대사와 관련한 뼈 대사 질환에 유효한 효과를 나타낼 것으로 연구되었다.[65] 폐경기 여성의 에스트로겐 부족으로 인한 골 손실에 도라지 추출물이 유익한 효과를 가지는 것으로 보이며, 이는 도라지에 함유된 식물성 에스트로겐 성분에 의한 것이라는 연구다.

- 무 역시 오랜 세월 우리 민족에게 중요한 채소였다. 한국산 무 및 그 종자단백질을 추출 및 분리하여 세포에 대한 항유전독성과 세포독성에 끼치는 영향과 항균활성을 검토한 결과, 효과가 있는 것으로 나타났다.[66]

- 미나리는 다른 식품에서 맛보지 못하는 독특한 향미가 있는 식물로, 우리나라 사람들이 좋아하는 대표적인 향채 중 하나다. 미나리는 한방에서 그 전초全草를 수근이라 하고 해열, 이뇨 효능이 있어 황달, 수종, 소변불리, 고혈압 등을 치료하는 데 달여 복용하기도 하며, 중국에서는 음주 후 숙취 제거에 사용한다. 항염증, 진통 작용도 있는 것으로 알려졌는데, 생쥐의 복강 내로 초산을 투여하여 유발된 초산유발 혈관 투과성 항진 모델에 대해 미나리 추출물의 모세혈관 투과성 항진 작용에서 억제 효과가 관찰되었다. 진통 작용에서도 미나리 추출물은 유의미한 진통 효과를 나타냈다.[67]

- 부추는 건위, 강장, 정장, 진통, 해열, 해독 효과가 있는 '간의 채소'라고 알려져 있고 마늘 같은 알리움allium속屬 식물로 다양한 생리적 유용성을 지닌 작물이다. 부추는 식이섬유와 엽록소가 풍부하고 베타-시토스테롤β-sitosterol, 퀘르세틴, 캠페롤kaempferol 등을 많이 함유하고 있어 강력한 항산화력을 가진다. 연구 결과, 부추 함황화합물含黃化合物로 암세포 사멸이 유도되는 것을 확인할 수 있었다.[68]

- 참나물은 고혈압과 중풍 예방 효과가 있다고 알려져 있는데, 또한 발암물질의 억제 활성이 강하게 나타나 관심을 끌고 있다. 참나물의 에탄올 추출물은 고콜레스테롤 식이로 증가된 총 콜레스테롤, 나쁜 콜레스테롤 및 중성지질 함량은 감소시키고, 좋은 콜레스테롤과 인지질 함량은 증가시킴으로써 지방간 및 동맥경화의 예방과 치료에 효과적일 것으

로 추측된다.[69]

- 콩나물은 콩에서 싹을 틔워 먹는, 주로 우리 민족이 먹는 나물이다. 콩의 싹을 틔우면 콩에는 없는 비타민C가 만들어진다. 콩나물에는 이소플라본이 풍부한데, 혈중지질 개선 효과가 대두 이소플라본 추출물의 효과와 유사하거나 더 높은 것으로 나타났다.[70]

- 호박도 폴리페놀 함량과 항산화활성이 높은 채소다. 호박은 한방에서 산모의 산후 회복에 효과적이라고 알려졌는데, 이를 입증하기 위한 연구가 진행된 바 있다. 호박을 주원료로 8가지 한방 생약재를 첨가하여 압출액을 만든 후 분만 직후의 산모 50명에게 21일간 복용시키고 혈액을 채취해 적혈구와 헤모글로빈을 복용 전과 비교한 결과, 산모의 적혈구 수치 및 헤모글로빈 회복에 효과적이었다.[71]

구황식품의 건강 기능성

산이 많은 지형적인 특수성으로, 우리나라에는 어느 다른 나라보다 다양하고 특수한 구황식품이 형성되어 있다. 조선시대에 발생한 2,125회의 재난 중 기근이 419회나 기록되어 있었으니, 이 기근을 이기기 위해 구황식품이 발달할 수밖에 없었을 테다.[72] 구황식품이란 원래 자연재해나 민란, 전란 등의 인위적 재해로 굶주릴 때 기존의 곡식 대용으로 먹는 것으로, 조선시대에는 백성을 구제하기 위해 다양한 방법으로 구황식품을 개발하고 이용할 수밖에 없었고, 그 방법을 기록으로 남겼다.

또한, 조선시대의 구황식품은 반드시 재해로 인한 기근이 들었을 때만 사용된 식품이라기보다는, 가난한 농민이 생존조차 위협받는 상황에서 살아남기 위해 산과 들에 있는 자연식품을 찾아나선 과정에서 찾아낸 것이기도 하다. 그리고 이 과정에서 찾아낸 식품들을 국가에서 구황서로 정리하여 출간했는데, 식물 유래 파이토케미컬 물질을 찾는 연구에도 조상들이 개발, 정리해놓은 구황식물 자료가 유용하게 쓰일 것이다.

《신간구황촬요》(1660), 《치생요람》(1691), 《산림경제》(1715), 《임원경제지》(1827) 4종의 자료에 등장하는 식품 수는 모두 341종이다.[73] 이 4종의 자료에 모두 기록된 식품은 소나무 잎[松葉], 느릅나무 껍질[楡皮], 콩[太], 밀랍[蠟] 대추[棗], 흑두黑豆, 생동쌀[靑粱米], 순무 씨[蔓菁子], 백복령白茯笭 및 차조[朮]였다. 이 중 가장 다양하게 조리, 가공된 것은 솔잎, 검은콩, 느릅나무 껍질이었다.

한편, 조선시대에 간행된 구황서적들에는 다음과 같은 구황식품이 등장한다.[74]

솔잎, 송진, 소나무 껍질, 느릅나무 껍질, 도토리, 칡뿌리, 메밀꽃, 콩깍지, 토란, 마, 삽주 뿌리, 메 뿌리, 둥굴레, 둑대 뿌리, 맥문동, 백복령, 백합, 새싹뿌리, 연근, 마름, 순무, 새삼 씨, 소루쟁이, 고염, 개암, 들깨, 팽나무 잎, 쑥, 두릅, 덩칠기, 우엉, 우엉줄기, 미나리, 참나물, 보리해둥이, 감 껍질, 밀, 풋보리, 아카시아꽃, 피나무 잎, 비지,

호박잎시래기, 다래 잎, 들깻잎, 엉겅퀴나물, 꽃다지, 곤드레, 조팝나무, 무릇, 쌀겨, 수수, 술지게미, 피감자, 은행, 다래, 번데기, 메뚜기, 개구리, 고구마 순, 더덕, 비름, 죽순, 버섯류, 파래, 모자반, 한천, 고들빼기, 민들레, 오디, 쇠뜨기, 까마중, 찔레순, 나문재, 지충이, 곰피, 쇠미역, 도박, 지누아리

이 밖에도 《증보산림경제》 구황조에는 콩잎, 천문동, 대추, 잣, 검은콩, 황정, 호두, 곶감, 밀납, 밤, 도라지 등이 구황식품으로 이용되었다고 기록되어 있다.

그런데 조선시대 문헌 속 구황식물류는 지금 우리가 상용하는 양념류나 나물류와 많이 중복된다. 따라서 여기서는 지금도 자주 먹고 있는 몇 가지 채소를 중심으로 살펴보고자 한다.

- 대추는 한방 약용자원으로도 사용된다. 항산화 물질의 대표격인 폴리페놀은 우리가 자주 먹는 건조 대추에 다량 함유되어 있을 뿐만 아니라 대추의 열수 및 에탄올 추출물의 항산화성도 우수하다. 따라서 대추는 천연 항산화제나 기능성 식품 등의 개발에 응용될 수 있을 것으로 보인다.[75]
- 더덕은 사포닌을 함유하고 있어 인삼과 비슷한 효능을 가지며, 무엇보다 폐 기능 개선과 해열에 특효가 있다. 더덕의 육질과 껍질 성분을 분석한 결과, 인삼의 페놀성 화합물 조성과 유사한 것으로 드러났다.[76] 또한, 더덕 육질과 껍질의 항산화 효과와 지질대사를 동물 실험을 통해 확인한 연구에서

는, 흰쥐에서 더덕 껍질이나 육질 첨가 식이의 항산화 효과와 지질 조성의 개선 효과를 볼 수 있었다. 따라서 더덕 육질은 물론 껍질까지 식품 내 첨가물이나 약용자원으로 활용할 수 있음을 확인했다.[77] 더덕의 돌연변이원성mutagenicity, 항돌연변이원성, 세포독성, 항종양 효과를 조사하기 위해 수행된 연구에서는, 더덕의 에틸아세테이트 분획물 최고농도에서 고형암 성장억제 효과를 나타냈고, 이는 여러 가지 추출물 및 분획물 중에서 가장 높은 억제율이었다.[78]

• 도토리는 오랜 세월 중요한 구황작물로 이용되었다. 도토리 가루의 성분, 항산화 활성을 조사한 결과, 일반 성분은 탄수화물이 87.29퍼센트, 수분 10.57퍼센트, 조지방 1.18퍼센트, 조단백 0.84퍼센트, 회분 0.12퍼센트 순으로 나타났다. 도토리 가루에 가장 많은 무기 성분으로는 칼륨 (40.68mg/100g), 인(8.95mg/100g), 칼슘(8.64mg/100g), 마그네슘(4.67mg/100g), 나트륨(3.94mg/100g), 철(1.41mg/100g) 순으로 나타났다. 물 추출물과 에탄올 추출물에서 항산화 효과가 측정되었다.[79]

• 소나무는 생명력이 강한 식물이다. 1660년에 발간된 《신간구황촬요》에는, 솔이 내장을 편안하게 하고 배가 고프지 않게 할 뿐 아니라 수명을 길게 하며 위장을 튼튼하게 한다고 기록되어 있다. 솔잎 증류액에 대한 실험 결과, 34종의 우수한 향기 성분이 분석되었으며 항돌연변이 실험에서도 85퍼센트의 억제 효과를 보였다. 암세포 성장억제 효과도 높아,

폐암세포에 대해서는 78.7퍼센트, 유방암세포에 대해서는 62.3퍼센트의 비교적 높은 성장억제 효과를 보였다. 특히 위암, 자궁암, 간암세포에 대해 90퍼센트 이상의 암세포 성장 억제 효과를 나타냈다.[80]

• 쑥의 약효는 예부터 잘 알려져 있다. 해열, 진통, 이뇨, 건위, 식욕증진에 효과가 있고, 고혈압, 간염, 위장병 치료에 다양하게 이용되었다. 최근에는 쑥즙의 발암물질 억제 활성이 강한 것으로 드러났다.[81]

• 조선시대 구황서에 가장 많이 등장하는 것이 유피, 즉 느릅나무 껍질이다. 느릅나무 근피 추출물은 인체 암세포 증식을 크게 억제하며 열탕 추출물에서도 항암 활성 효과를 보여 느릅나무 근피 유래 생리활성 물질은 열에 강한 것으로 여겨진다.[82]

• 칡뿌리를 씹으며 배고픔을 견뎌냈다는 기록이 많을 정도로 칡은 중요한 구황식물이었다. 칡뿌리 추출물은 강한 활성산소 소거 효과를 지닌 것으로 드러났으며, 비타민C와 칡뿌리 추출물은 인체 피부조직세포에서 활성조절 효과가 있는 것으로 드러났는데, 칡의 추출물이 지닌 활성산소 소거 활성 또는 환원력의 항산화 활성에 의한 것으로 추측된다.[83]

• 만주 지역은 일찍이 콩의 원산지였으며, 우리는 콩의 민족이라고 할 만큼 콩을 애용해왔다. 콩 사포닌은 담즙산과 결합해 콜레스테롤 축적을 저해하며, 이런 기작이 항암 효과와도 연관이 있으리라 추정된다. 항암 효과는 암세포의 독성

및 성장 저해 작용, 면역증진 작용 등을 콩 사포닌이 수행하기 때문인 것으로 보고되었다. 한편 사포닌은 비정상적인 세포 분열을 정상화하는 항암 기전도 지니고 있다. 또한, 콩 사포닌은 간 손상 억제, 알레르기 억제, 바이러스 억제 등의 생리활성도 지니고 있는 것으로 보고되었다.[84] 대두 이소플라본 추출물은 당뇨로 인한 합병증을 예방하고 개선하는 데 유용할 것으로 보여 향후 건강 기능성 물질로 개발함으로써 당뇨환자의 합병증 예방을 위해 활용될 가능성을 보여준다.[85]

• 검정콩 또한 중요한 구황식물로 이용돼왔다. 검정콩 안토시아닌의 항산화력과 항암 기능을 분석한 결과, 검정콩 안토시아닌은 여러 가지 생리활성 효과를 가지고 있었다.[86] 검정콩 추출물은 중성지질과 총 콜레스테롤 농도를 낮추는 효과가 있어, 혈중 지질 개선 효과가 어느 정도 있는 것으로 나타났다.[87]

고조리서와 의서에 제시된 채소의 건강 기능성

조선시대에 병을 치료하는 데 가장 많이 쓰인 재료가 바로 채소다. 한방에서 약재로 쓴 것의 대부분이 채소였고, 채소반찬은 약선藥膳의 의미로 쓰였다. 이는 약이 되는 먹을거리라는 뜻으로, 현대의 '기능성 식품' 또는 '건강식품'이라 할 수 있다. 많은 식재료가 고유의 성질과 효능을 가지고 있어 약선에 이용되지

엄나무 순 두릅나무과의 낙엽활엽교목. 한방에서는 나무 껍질을 약재로 사용하고 나물로 먹는 것은 어린 순이다. 두릅 순과 비슷하게 데쳐서 먹거나 장아찌를 담가 먹는다.

만, 가장 흔하게 이용되는 재료가 바로 채소다.

조선 전기부터 의학과 농업 연구가 이루어졌는데, 한반도의 기후와 토양 조건, 우리나라 사람의 체질을 고려한《향약채집월령》,《동의보감》같은 의서,《농사직설》,《금양잡록》,《산림경제》,《해동농서》같은 농서가 편찬되었다.[88] 즉, 채소 위주의 약이성 재료를 이용한 차, 술, 음료 같은 식품을 계절에 맞게 섭취함으로써 자연스럽게 질병을 예방하고 건강을 증진하고자 한 것이다.

조선시대 초기에는 식이요법의 중요성을 강조한 책이 나왔다.《식료찬요》는 1460년 세조의 명에 따라 어의 전순의가 편찬한 것으로, 일상생활에서 쉽게 구할 수 있는 음식으로 질병을 치료하는 방법을 기록한 책이다. 나는 대학에서 서구 영양학에 기초한 식사요법을 가르치는데, 이미 오래전에 우리의 식사요법서가 있었던 것을 알고 이《식료찬요》를 현대적으로 재해석한 질병 예방 식단 연구[89]를 한 바 있다. 나에게는 참 보물 같은 책이다. 조선시대에 편찬된, 한국에서 가장 오래된 식이요법서인《식료찬요》의 서문에서는 식품으로 치료하는 것이 우선되어야 함을 강조한다.[90]

고인古人이 처방을 내리는 데 "먼저 식품으로 치료하는[食療] 것을 우선하고 식품으로 치료가 되지 않으면 약으로 치료한다."라고 하였으며, 식품에서 얻는 힘이 약에서 얻는 힘에 비하여 절반 이상이 된다고 하였다. 또 말하기를 "병을 치료하는 데 당연히 오곡五穀, 오육五肉, 오과五果, 오채五菜로 다스려야지, 어찌 마른 풀과 죽은 나무의 뿌리에 치료 방법이 있을 수 있겠는가!" 하였으니, 이것으로 고인이 병을 치료하는 데 반드시 식품으로 치료하는 것을 우선하는 이유를 알 수 있다.

《식료찬요》에 나온 채소류의 효능을 살펴 정리한 내용이 〈표 4.1〉이다.

또한, 우리가 잘 아는《동의보감》은 1611년(광해군 3) 허준에 의해 편찬된 한방의서다. 그중 '탕액 편'은 조선 중기 이후 명의학과 향약방을 융합한 본초학으로 '채부菜部'에 총 55종(올방개, 아욱, 닭풀꽃, 쇠비름, 배추, 갓, 상추, 들상추, 씀바귀, 냉이, 파의 흰대, 달래, 부추, 염교, 형개, 차조기, 노야기, 박하, 미나리, 순채, 여뀌잎, 고수, 들깻잎, 까마종이, 고사리, 거여목, 양하, 삼백초, 유채, 시금치, 달개비, 두릅, 죽순, 머위, 물쑥, 생강, 토란, 순무, 무, 더덕, 게로기, 도라지, 마늘, 수박, 참외, 동아, 오이, 수세미, 가지, 단 박, 쓴 박, 목이, 송이, 미역, 홍촉규)의 채소류가 기록되어 있다.[91]

[표 4.1]《식료찬요》에 나타난 채소류의 효능

	질병 및 몸의 상태	식재료	조리법
제풍[諸風]	얼굴이 부은 증상	파	잘게 잘라 달여 먹거나 국이나 죽으로 복용
	말을 못하는 증상	부추	갈아 즙을 내 복용
	입과 눈이 떨리는 증상	우엉 뿌리	햇빛에 말린 후 절구에 찧어 분말로 만들어 백미와 혼합하여 수제비로 복용

질병 및 몸의 상태		식재료	조리법
상한[傷寒]	한열이 나고 골절이 부서지도록 아픈 증상	파	잘게 썰어 탕으로 끓여 먹거나 죽으로 복용
	열병에 구갈 증상	수박	
심복통/ 협통[心腹痛 /脇痛]	심통과 비통 그리고 골통 증상	부추	날로 갈아서 복용
	가슴과 배에 냉기가 뭉쳐 아프거나 찬 바람을 맞거나 생랭한 것을 먹어서 나타나는 증상	양강 (생강과 식물)	달여서 찌꺼기를 제거하고 쌀을 넣고 삶아 죽으로 복용
	심복졸통 증상	무	통째로 굽거나 삶아 복용
해수/천식 [咳嗽/喘息]	폐위로 인한 토혈 증상	무	통째로 굽거나 삶고 혹은 국으로 끓여 복용
	냉수 증상	건강 (말린 생강)	분말로 엿을 섞어 밥을 지어 볶아 복용
비위/반위 [脾胃/反胃]	하기와 담벽을 제거하고 밀가루 독을 제거하려면	무	통째로 굽거나 삶고 국을 끓여, 혹은 날로 씹어 복용
안목[眼目]	간장이 허할 때	파 씨	볶아 익힌 후 분말 복용
	정기를 도와주며 의지를 강하게 하고 눈과 귀를 밝아지게 하려면	계두실 (가시연꽃 씨 말린 것)	삶아 익혀 껍질 제거 후 기름과 같이 갈아, 멥쌀과 함께 죽으로 복용
	속을 보호하고 눈을 밝게 하려면	순무 씨	순무 씨를 찧고 갈아 쌀과 죽을 끓여 복용
	귀와 눈에 도움이 되며 속을 보호하려면	연밥	연밥을 익혀 멥쌀과 죽을 끓여 복용
인후/구설 [咽喉/口舌]	목구멍에 급한 독기로 후비가 있는 증상	생강	빻아 즙을 꿀과 함께 달여 복용
제서[諸暑]	중서(여름에 더위를 먹어서 생기는 증상)	생강	생으로 씹어 물과 함께 삼켜 복용
제열/불면 [諸熱/不眠]	번열(가슴이 답답하고 열이 나는 증상)	죽순	임의로 조리
	열병과 열독으로 부스럼이 얼굴과 몸에 나고 잠깐 사이 전신으로 퍼져나가 탕화창(높은 열에 의한 화상) 같고, 부스럼 위로 진물이 있는데, 없어졌다 생겼다 하는 증상	아욱	문드러지도록 삶고 마늘에 버무려 복용

	질병 및 몸의 상태	식재료	조리법
구토/해역· 비위[嘔吐/ 咳逆·脾胃]	위가 막혀 비만(명치 밑이 그득하고 답답한 증상)할 때	생강즙	꿀 한 숟가락을 넣고 달여 복용
곽란/전근 [霍亂/轉筋]	이질이 그치지 않고 전근(팔다리 근맥에 경련이 일어 뒤틀리는 것처럼 아픈 증상)이 배까지 진행되어 죽으려고 하는 것을 치료하려면 위기가 허해지고 건구(헛구역질)가 그치지 않는 것을 치료하려면	생강	찧어 술을 넣고 삶아서, 생강즙을 우유와 혼합하여 달여 복용
	다리에 전근이 날 때	통마늘	생으로 씹어 물과 삼킴
	복통과 토하고 설사하는 것을 치료하려면	양강	멥쌀 넣어 삶은 죽으로 복용
황달[黃疸]	소변을 잘 나오게 하려면	순무	임의로 조리
제갈[諸渴]	허리를 보하고 소갈(갈증이 나서 물을 많이 마셔도 갈증이 가시지 않는 증상)을 그치게 하려면	부추	볶거나 국으로 끓여 복용
	가슴의 번갈(가슴이 답답해 입이 마르고 갈증이 나는 증상)을 제거하고 갈증을 그치게 하려면	배추	삶아 국으로, 또는 김치로 복용
설사[泄瀉]	설사를 그치게 하려면	건강	분말을 미음으로 복용
술병[酒病]	설사를 다스리려면	청량미 (생동쌀)	밥으로 짓거나 삶은 물 복용
	수사(물 같은 설사)를 낫게 하려면	건강	분말을 미음으로 복용
제리[諸痢]	제리(여러 가지 이질)를 치료하려면	생강	차로 끓여 복용
제리[諸痢]	적백리(피가 섞여 나오는 이질)를 치료하려면	총백 (파의 흰대)	잘게 썰어 쌀에 넣고 삶아 죽으로 공복에 복용
	졸하리(갑작스런 이질), 수곡리를 치료하려면	부추	국이나 죽을 만들어 먹거나 데치거나 볶아 임의로 복용
	적리(피가 섞여 나오는 이질)를 치료하려면	칡가루	꿀과 물을 섞어 복용
	비위가 허약해졌을 때	산양(마)	마를 볶아 분말로 복용

	질병 및 몸의 상태	식재료	조리법
제림[諸淋]	소변삽소(소변이 시원하게 나가지 않으면서 적게 보는 것)와 경중통(음경이 아픈 것)을 치료하려면	아욱	총백과 쌀을 삶아 즙을 내고 쌀과 파를 넣은 후 삶아 익혀, 진한 된장국물을 넣어 공복에 복용
고독[蠱毒]	고독(맹독성 벌레인 고로 인한 독)	고수풀	열매가 터지지 않도록 삶은 후 식혀 즙으로 복용
대변불통 [大便不通]	장위가 막힌 것을 통하게 하고 가슴의 번열을 제거하려면	배추	삶아 국으로 복용
	대장과 소장이 잘 나가게 하려면	고수풀	임의대로 조리
소변불통 [小便不通]	속을 보하고 눈을 밝게 하여 소변을 잘 나가게 하려면	순무 씨	멥쌀과 찧어 물을 넣고 짜서 즙을 넣고 죽을 삶아 공복에 복용
제치/장풍 치루[諸痔/ 腸風 痔瘻]	5가지 야계병(치질을 달리 부른 말)을 치료하려면	고수풀	열매가 터지도록 삶은 후 식혀서 즙을 복용
영류/나력· 누창[癭瘤/ 瘰癧·漏瘡]	풍독으로 인한 나력을 치료하려면	우엉 씨	볶아 분말로 만들고 술로 담가 따뜻하게 복용
범견제견교· 호교·마독 [凡犬猘犬咬 /虎咬·馬毒]	개에게 물렸을 때	생강즙 부추즙	생강즙이나 부추즙을 1되 복용
	미친개에 물린 증상이 거듭 나타날 경우 치료하려면	순무 씨	갈아서 즙을 복용
임신제병 [妊娠諸病]	태동으로 인한 요통이 심장을 찌르듯이 아픈 것이나 하혈을 치료하고 태동 불안을 치료하려면	총백	진하게 삶은 즙을 복용
산후제질 [産後諸疾]	출산 후 오로가 없어지지 않고 배에 그득한 것을 치료하고 혈이 위로 솟구쳐 가슴에 몰리는 것을 치료하려면	생강	물을 넣고 삶아 그 즙을 복용
소아제병 [小兒諸病]	냉리(장이 허해 생기는 설사병)를 치료하려면	산초+건강	분말로 하여 식초를 넣고 밀가루에 반죽하여 만두로 만들어 삶은 후 공복에 죽과 같이 복용

질병 및 몸의 상태		식재료	조리법
소아제병 [小兒諸病]	풍열(열이 심하고 오한은 약하며 기침, 갈증 등이 나는 증상), 구토와 장열(열이 나는 기세가 매우 드센 병증), 두통, 경계(놀라 가슴이 두근거리고 불안한 병증), 야제(아기가 낮에는 멀쩡하다 밤이면 불안해 우는 증상)를 치료하려면	건갈 (말린 칡)	썰어 물과 함께 달여 찌꺼기를 제거하고 멥쌀을 넣어 죽으로 삶아 복용
	심장에 풍열이 있어 번조하고 정신이 황홀하며 피부에 부스럼이 나는 것을 치료하려면	우엉	갈아 즙을 취하여 백미와 삶아 익혀 섞어 복용
	혈리(피가 섞여 나오는 이질)가 차도가 없을 때 치료하려면	쇠비름	꿀과 좁쌀을 넣어 삶아 식전에 복용

자료: 전순의(1460), 김종덕 옮김, 《식료찬요》, 농촌진흥청

그리고 《임원경제지》는 1827년(순조 7) 실학자인 서유구가 저술한 한문 필사본으로, 이 중 '정조지'에 식품과 그 조리 방법이 9개 항목으로 세분화하여 서술되어 있다. 그중 '식감촬요'는 식재료에 관한 설명인데, '채류菜類'에 나오는 채소는 다음과 같다.

파, 달래, 부추, 염교, 유채, 갓, 배추, 쑥갓, 고수, 제비쑥, 나륵, 산갓, 시금치, 공심채, 근대, 냉이, 말냉이, 잔나물, 달기씨깨비, 거여목, 비름, 쇠비름, 고들빼기, 상추, 부루, 삼백초, 고사리, 고비, 자귀, 녹두잎, 명아주, 닥명아주, 소루쟁이, 아욱, 원추리, 순채, 마름, 부채, 죽순, 개구리밥, 개염꽃, 마늘, 생강, 순무, 무, 토란, 우엉, 가지, 고추, 박, 동아, 호박, 오이, 수세미, 쥐참외, 월과, 목이, 삼나무 버섯, 붉은 표고, 표고, 송이, 토균, 석이, 갈화채, 지이, 김, 우뭇가사리, 미역, 가사리, 다시마 등

《임원경제지》와 《동의보감》은 여러 식품의 성질을 열熱, 온溫, 량凉, 한寒, 평平의 오기五氣로 나누고, 식품의 맛을 단맛, 짠맛, 신맛, 쓴맛, 매운맛의 오미五味로 나누어 분류하고 있다. 또한, 여러 문헌에 기록된 식품의 성질과 효능을 비교하여 인체에 끼치는 작용과 경락에서의 효능으로 질병의 예방과 치료가 가능함을 알리고 있다. 조상들은 식품의 성질과 맛의 작용을 질병 치료에 응용했으며, 그 조리법을 개발하고 섭취하여 인체에 유효하게 활용해왔다. 《임원경제지》와 《동의보감》은 채소류가 오장 보호, 기력 증강, 열을 다스림, 곽란癨亂과 번열煩熱 진정 등의 효능을 가지고 있다고 소개했다. 또한, 이뇨와 배변 작용을 돕고 소화 작용을 도우며, 피부를 윤택하게 하고, 해독 작용을 하며, 시력을 향상시키는 등 다양한 효능을 지니고 있다고 했다.

이처럼 채소는 각각 효능을 가지고 있으므로 채소를 고루 섭취하는 것이 우리 몸에 매우 이롭다고 할 수 있겠다. 우리 조상들은 신체적 건강을 소망하면서 식품이나 약재를 통하여 생체의 기능 조절에 대한 노력을 기울이고 이런 식품을 섭취함으로써 건강 증진과 질병 예방을 꾀했다.

16장

장수인의 채소와 나물음식[92]

100세 시대를 바라보면서 장수인에 대한 관심이 매우 높아졌다. 그들의 장수 비결, 즉 어떻게 생활했을까에 대한 관심일 것이다. 재미있는 것은 세계적으로도, 우리나라를 보아도, 특별히 장수인의 비율이 높은 지역이 있다는 점이다. 장수 지역을 구분하는 기준이 명확히 설정되어 있지는 않지만, 장수도 (65세 이상 인구 중 85세 이상 인구 비율) 6.0퍼센트 이상 또는 인구 10만 명당 100세인 20명 이상을 기준으로 하는 것이 제안되고 있다.

우리나라에서는 최근 도시 지역의 100세 인구가 늘어났지만, 얼마 전까지는 전라남도의 담양군, 보성군, 장성군, 고흥군, 구례군, 광양군과 전라북도의 순창군, 남원군, 임실군, 장수군, 진안

군이 대표적인 장수 지역이었다. 이들 지역은 소백산맥과 지리산 언저리의 내륙산간 지역과 해안 지역으로 묶어볼 수 있는데, 특히 구례, 곡성, 순창, 담양은 지역적으로 붙어 있어 '장수 벨트'로 지정된 바도 있다.[93]

몇 년 전 이 지역 장수인들의 음식을 조사한 적이 있는데, 그때 그들의 장수 비결은 채소를 기반으로 한 소박한 식사라고 생각하게 되었다. 그래서 이 조사 결과를 토대로 장수인의 채소음식을 살펴보려 한다.

장수인의 채소밥상

장수인의 밥상은 밥과 국, 나물, 김치를 기본으로 하는 소박한 밥상이었다. 계절에 따라 비교적 다양한 식품을 섭취하고, 된장을 거의 매끼 섭취하는 것이 특징이었다. 겨울철에는 두부를 넣은 청국장을 자주 섭취했다. 계절채소는 주로 나물의 형태로, 시래기, 토란대, 말린 호박 등을 자주 섭취했다. 들깻가루를 많이 사용한 것도 특이했는데, 나물을 무칠 때 거의 들깻가루를 넣었다. 이는 채소 위주의 식사에 부족하기 쉬운 지방산 섭취를 도와주며 채소음식의 영양가를 높여주는 역할을 하는 것으로 보인다.

채소 저장음식도 특색 있었다. 이들은 멸치액젓을 많이 넣은 김치를 먹었다. 겨울철에는 대부분의 가정에서 동치미를 담갔는데 지역에서 많이 나는 배를 함께 넣어 달콤하고 상큼한 맛을 더했다. 그 밖에 매실, 무, 오이, 고추 같은 채소로 만든 장아찌도 자주 섭취하고 있었다. 여름철 보양음식으로는 삼계탕보다 들깻가루를 듬뿍 넣은 오리탕을 즐기고 있었다. 무엇보다 지역에서 나는 농산물을 많이 먹었는데, 예를 들어 대나무로 유명한 담양에서는 죽순 섭취량과 섭취 빈도가 매우 높았다.

텃밭을 이용한 신선한 채소 위주의 식생활

장수인들에게 "어떤 음식을 좋아하십니까?" 질문했을 때 가장 많이 나온 대답이 "난 채소가 좋아."였다. 조금 구체적으로 "채소음식 중에서 어떤 것을 좋아하시는데요?"라고 물으면 많은 분이 "응, 난 겉절이가 좋아."라고 대답했다. 장수마을 장수인의 거의 모든 집 마당이나 뒤뜰에는 텃밭이 있었다. 텃밭에는 싱싱해 보이는 상추, 깻잎, 아욱, 고추, 가지, 열무 등이 골고루 심어져 있었다.

채소는 오래전부터 곡식을 보완하는 주요한 먹거리로, 입맛을 돋우는 양념으로, 출출할 때 먹는 간식으로, 불편한 몸을 다스리는 약재로 널리 쓰였다. 특히 집 주변의 텃밭에서 유기농 채소를 가꾸면 바로 수확해 즉석에서 조리할 수 있어서 채소에 많이 들어 있는 비타민 등의 영양소 파괴를 최소화할 수 있고, 신선한 원재료를 사용하기 때문에 높은 질의 음식을 먹을 수 있다.

또한 텃밭은 가정에서 나오는 분뇨나 음식물쓰레기 등을 재활용하며, 상품으로 판매하는 것이 아니니 유통에 필요한 에너지나 화학재 포장재가 필요 없어 환경 보전을 위해서도 좋은 대안이다. 농촌에서만이 아니다. 요즘 도시에서 자투리 공간을 활용해 가꾸는 도시 텃밭은 도시 생태계를 유지하고 보호할 뿐 아니라 스스로 안전한 먹거리를 생산하는 매우 유용한 공간이다.

텃밭은 전통 농경사회의 잔재일지도 모른다. 하지만 장수를 희구하는 현대인이 장수인들의 삶의 방식에서 배워야 할 가장 위대한 유산일 수도 있다. 전통사회에서는 대부분 자급자족의 형태로 먹거리를 생산하고 소비했기 때문에 무엇보다도 안전하고 우수한 품질을 지닌 다양한 식재료를 확보할 수 있었다. 지역에서 재배되어 유통 거리가 짧은 먹거리는 신선하며, 신선한 식재료는 가장 좋은 맛과 높은 영양을 제공한다. 최근 농업 기술의 발달로 제철 식품에 대한 기존의 관념이 깨지고 많은 종류의 채소나 과일이 1년 내내 수확되고 판매된다. 필요한 식재료를 언제나 구입하여 먹을 수 있다는 장점이 있지만, 텃밭에서 직접 키워 즉석에서 조리해 먹던 전통사회의 음식 맛과 영양가는 무엇과도 비교할 수 없다.

물론 전통사회에서는 제철에 나오는 특정 식재료를 한 철 내내 먹어야 해서 식단이 단조로웠겠지만, 이제는 그 단조로움이 1년 내내 절대적으로 동일하고 균일한 음식을 먹어야 하는 미각의 단조로움으로 대체되었다. 1년 내내 풍성하게 먹을 수는 있게 되었으나, 제철 과일의 맛을 잃게 되었고 제철 음식이 나오기를 기대하는 즐거움도 사라져버린 것이다.

전통세대의 식생활 특성은 바로 음식의 생산 과정(재료 생산,

저장, 분배, 조리)을 대부분 가정에서 감당했다는 것이다. 가정 내에서의 음식 조리는 절대적인 중요성을 가지고 있었고 대체로 여성의 몫이었다. 전통세대는 농업을 생업으로 삼아 씨앗을 땅에 뿌려 계절에 맞게 수확하고, 수확한 먹거리를 건조, 발효, 염장 등을 하여 장기간 보관해 식량으로 사용했다. 대가족이 한군데 모여 살며 자급자족했던 당시는, 계절과 장소에 따라 잘 어울리는 농작물을 다양하게 심고 거두었다. 가족 중심의 노동집약적인 다품종 소량생산으로 자급자족했던 시절의 농촌은, 수많은 동식물이 어우러지는 건강한 생태계를 유지할 수 있었고, 이는 전통적인 채소 위주 식단의 원천이 되었다. 이때의 환경과 생태계는 지금보다 훨씬 건강했고, 우리의 밥상은 그만큼 자연친화적이었다.

지역 특산 식재료를 이용한 풍부한 양념류

장수음식의 또 다른 특성은 '복합적인 맛'이다. 이런 복합적인 맛의 원천은 여러 가지 양념류로, 갖가지 양념이 조화를 이루어 음식의 독특한 맛과 향미를 나타낸다. 호남의 장수 지역에서는 초피, 생강, 마늘, 고춧가루를 양념으로 많이 사용하는 것이 특징인데, 이런 양념류로부터 약의 효과까지 얻고 있는 것이 드러났다. 이 중 초피는 흔히 산초, 지역에 따라 제피라고도 불리는 것으로, 초피나무 열매다. 전라도, 경상도 같은 남쪽 지방에서 많이 즐기는 향신료인데, 추어탕에 넣어 독특한 향과 알싸한 맛을 내는 재료다.

이 지역의 상용 양념은 식품 단독으로의 영양적 의의도 크지만, 여러 음식의 양념으로 쓰일 때 각각의 성분이 배합되어 주요 식품의 영양적 의의를 높이는 데 큰 역할을 한다. 즉, 주재료에서 부족한 영양소를 성분상 보완하고 주재료에 함유된 영양소의 상호 상승작용을 이끌어내는 것이다.

사실 장수 지역의 상용 양념은 그 지역에만 한정된 것이 아니라 한국인의 상용 양념으로 쓰이고 있다. 이 양념이 단순히 맛과 향기의 도움을 주어 식욕 증진과 소화 작용만 할 뿐 아니라 그 영양적 의의도 큰데, 이를 장수인들의 식사에서 확인할 수 있다.

장수 지역의 다양한 나물류

호남 장수 지역의 80세 이상 노인들을 대상으로 음식에 관한 심층면접을 실시한 결과, 그들이 상당히 다양한 나물을 예전부터 먹었음을 알 수 있었다. 우리가 평상시에 먹고 있는 나물도 물론 많았지만, 처음 들어보는 나물들이 많아 놀라웠다. 우리가 아직은 다양한 나물을 먹고 있다는 사실과, 나물은 민족의 생명줄이라 할 만하다는 점을 다시 한 번 확인한 귀중한 연구였다. 이런 다양한 나물이 더 이상은 사라지지 않도록, 귀한 나물에 관한 연구가 앞으로 더 이루어져야 할 것이다. 이들과의 심층면접에서 나온 나물 이름을 열거하면 〈표 4.2〉와 같다.

[표 4.2] 호남 장수 지역에서 조사된 나물들

나물류				
밭나물	산나물	들나물	나무나물	미확인 사투리
구례	시금치, 고춧잎, 무, 배추, 숙주, 순무 순, 시래기, 유채, 콩나물, 고구마 순, 토란대	가새씀바귀(가세바칼), 게발딱주(단풍취), 뚱깔(뚝갈), 꾀침(고비), 고사리, 곤달비, 곰취, 달래, 더덕, 도라지, 명이, 분취, 샛갓나물(우산나물), 원추리, 잔대, 참나물, 청욱자옥(참취), 병풍대(병풍취)	고들빼기, 고수, 냉이, 달맞이꽃나물, 돌나물, 머위, 물구나물(무릇), 민들레, 박조가리(뽀리뱅이), 쇠비름나물, 쑥, 싸랑부리(씀바귀), 쑥부쟁이, 코딱지나물(꽃다지), 지칭개, 독새기풀(독새풀)	가시오가피, 가죽나무 잎, 다래 순, 대나무 열매(죽실), 두릅, 뽕잎, 산다래, 산뽕잎, 엄나무 순, 엉개나무 순, 제부나물(구기자), 피마자 잎, 합다리	옥동우, 간짓대나물, 꼬막나물, 매디쟁이
곡성	고춧잎, 감자대, 담배상추, 무청, 부추, 쑥갓, 숙주, 순무 순, 콩나물, 파, 팥잎, 호박잎, 고구마 순, 토란대, 토란잎	개미취, 게발딱주(단풍취), 고비, 고사리, 곤달비, 곰취, 달래, 더덕, 더덕 순, 도라지, 둥굴레 순, 뚱깔(뚝갈), 명이, 메밀나물, 물레나물, 샛갓쟁이(우산나물), 원추리, 참나물, 청욱자옥(참취), 병풍대(병풍취), 한거새(엉겅퀴)	고들빼기, 고수, 풍년초(개망초), 광두쟁이(광대나물), 냉이, 좁쌀쟁이(좁쌀냉이), 달맞이꽃, 물구나물(무릇), 돌태쟁이(돌나물), 불미나리(돌미나리), 머슴돌레(민들레), 빼뿌쟁이(질경이), (산)머위, 뽀리뱅이, 소금쟁이(소리쟁이), 싸랑부리(씀바귀), 쑥부쟁이, 익모초, 자운영, 코딱지나물(꽃다지), 활작나물(활나물)	가시오가피 순, 가죽 잎, 노린재나무 순, 느릅나무 순, 다래 순, 대나무 열매, 뽕잎, 산다래, 엉개나무 순, 제부나물(구기자), 젠피 잎(초피), 칡뿌리, 피마자 잎, 합다리	산돌가지, 서리빨, 섬모초, 양판재기, 제비추리, 학달
순창	가지, 고춧잎, 무, 미나리, 박, 배추, 보리 잎, 숙주, 시금치, 콩나물, 호박, 감자대, 고구마 순, 토란대, 토란잎	고사리, 달래, 도라지, 둥굴레, 뚝갈, 샛갓나물(우산나물), 원추리, 잔대, 취	광두쟁이(광대나물), 냉이, 좁쌀쟁이(좁쌀냉이), 돌나물, 머윗대, 물구나물(무릇), 민들레, 뽀리뱅이, 비름나물, 쇠비름나물, 싸랑부리(씀바귀), 쑥부쟁이, 양하, 익모추(익모초), 자운영, 지칭개	가죽나무 잎, 두릅, 뽕잎, 아주까리 잎, 옻나무 순, 죽순, 찔레 줄기	도리뱅이, 양판대기, 옥동나물

	나물류				
	밭나물	산나물	들나물	나무나물	미확인 사투리
담양	가지, 무, 미나리, 삼동파, 숙주, 시금치, 열무나물, 오이, 적양배추, 콩나물, 호박, 해초, 감자대, 토란대	고사리, 곰취, 달래, 도라지, 방아 잎, 밑마늘(민마늘, 산부추), 명이, 원추리, 참나물, 취	고수, 광대쟁이(광대나물), 냉이, 돌나물, 쑥부쟁이, 싸랑부리(씀바귀), 양하, 독새기풀(독새풀)	가죽나무 잎, 두릅, 제부나물(구기자), 죽순, 피마자 잎	금강초, 도리뱅이, 풋나물
임실	가지, 고추(잎), 상추, 시금치, 시래기, 쑥갓, 양배추, 열무숙주, 오이, 콩나물, 호박, 감자대, 고구마 순, 토란대(잎)	고사리, 구멍이(곤드레), 도라지, 달래, 마늘잎(명이), 분취, 뽕잎, 삽주, 잔대 잎, 삿갓나물(우산나물), 넘나물(원추리), 취, 나비나물	냉이, 돌나물, 머윗대, 미나리, 불미나리(돌미나리), 박조가리(뽀리뱅이), 씀바귀, 고수, 광대사리(광대나물), 망초대, 물구 잎, 머슴둘레(민들레), 싸랑부리(씀바귀), 양애나물(양하), 자운영, 지칭개	가죽나무 잎, 다래 순, 두릅, 아주까리 잎, 오가피 순, 엄나무 순, 옻나무 순, 제부나물(구기자), 죽순, 칡순, 합다리(삽다리) 순	구슬쟁이, 멜레초
진안	가지, 배추, 박, 무, 시래기, 고추(잎), 마늘종, 시금치, 쑥갓, 호박(고지), 호박(잎), 상추, 감자대, 고구마 순, 토란대(잎)	고사리, 고추뱅이(고추나물), 구멍이(곤드레), 도라지, 곰달루(곤달비), 달래, 더덕, 창출(삽주의 뿌리열매), 삿갓나물(우산나물), 넘나물(원추리), 잔대(딱주) 잎, 취, 참나물	고들빼기, 꽈리 순, 나숭개(냉이), 꽃다지(돌나물), 머윗대, 광대나물, 명아주, 망초대, 머슴둘레(민들레), 벌금자리(벼룩나물), 뽀리뱅이, 참비름, 쇠비름, 쑥, 쑥부쟁이, 싸랑부리(씀바귀), 지칭개, 자운영, 빠뿌쟁이(질경이), 장녹(자리공) 잎, 퍼드쟁이(벌개미취)	가죽나무 잎, 다래 순, 두릅, 아주까리 잎, 엄나무 순, 오가피 순, 홑잎나물(화살나무 순), 뽕나무 순, 제부나물(구기자)	가사뱅이, 구슬댕이, 국수댕이, 콩덥석이, 멜라추, 병감자리
장수	가지, 배추, 무, 시래기, 고추(잎), 마늘종, 시금치, 쑥갓, 호박(고지), 호박(잎), 상추, 깻잎, 팥잎, 감자대, 고구마 순(잎), 토란대(잎)	고사리, 괴춤(고비), 구멍이(곤드레), 도라지, 곰달루(곤달비), 달래, 더덕, 미나랑지(미나리아재비), 창출, 산비장이, 엉겅퀴, 삿갓나물(우산나물), 넘나물(원추리), 잔대(딱주) 잎, 취, 깸추(개미취), 참나물	고들빼기, 나숭개(냉이), 꽃나물(쥐오줌풀), 꽃다지(돌나물), 돌미나리, 머윗대, 코딱지나물/도리깨나물(광대나물), 명아주, 망초대, 모시 잎, 벼룩나물, 뽀리뱅이, 참비름, 쇠비름, 쑥, 쑥부쟁이, 싸랑부리(씀바귀), 지칭개, 자운영, 빠뿌쟁이(질경이)	가죽나무 잎, 다래 순, 두릅, 아주까리 잎, 엄나무 순, 뽕나무 순, 골담초, 두충나무 순, 칡 순, 제부나물(구기자)	젓가락나물, 구슬댕이, 시루편나물, 콩두벅지, 양푼쟁이

[표 4.3] 호남 장수 지역에서 조사된 채소음식

	전, 적류	찜, 선
구례	고추산적, 콩화전, 매생이전, 우엉전(우엉산적)	파만두
곡성		토란찜
순창	가지전, 깻잎전, 고구마전, 고사리전, 김치전, 두릅전, 맨드라미 잎전, 무전, 방아잎전, 버섯전, 배추전, 부추전, 죽순전, 파전, 토 란대전, 호박전	호박고지찜
담양	가지적, 고사리적, 된장적, 마늘잎전, 마늘종전, 메밀전, 맨드라 미잎전, 밀전, 방아잎전, 솔(부추)전, 산채나물전, 시금치전, 양하 전, 죽순적, 호박전	애호박전골, 깻잎 장아찌찜, 죽순찜
임실	호박전, 고구마전, 감자전, 가지전, 박잎전, 깻잎전, 맨드라미잎 전, 부추전, 고추개떡, 고추전, 두릅전, 동해전(동아전), 표고전, 무전, 파전, 방아잎전, 배추전, 미나리전, 파+감자대전, 토란대 전, 화양적, 김치오징어전	
진안	깻잎전, 고구마전, 감자전, 가지전, 배추전, 부추전, 시래기전, 무 전, 미나리전, 박잎전, 가죽잎전, 김치전, 호박전, 파전, 토란대 전, 김치전, 고추전, 깻잎전, 버섯전, 우엉전(튀김), 당근전, 물싸 리나무잎전, 녹두전, 화전, 두부전	
장수	깻잎전, 고구마전, 감자전, 가지전, 배추전, 부추전, 무전, 박잎 전, 김치전, 호박전, 파전, 토란대전, 김치전, 고추전, 깻잎전, 우 엉전(튀김), 당근전, 고구마대전, 수리취대전, 호박잎전, 머위잎 전, 맨드라미잎전, 버섯전, 장떡(취, 방아잎, 젠피잎)	

[표 4.4] 호남 장수 지역에서 조사된 부각, 튀각류 및 기타 마른반찬류

	부각, 튀각류	기타 마른반찬류
구례	가죽 잎, 김, 깻잎, 들깨꽃송이, 미역(다시마), 뽕잎(산뽕잎)	쑥부쟁이자반
곡성	가죽, 김, 깻잎, 들깨꽃송이, 방아 잎, 아카시 아 꽃, 젠피 잎	우엉볶음
순창	가죽 잎, 김, 깻잎, 들깨꽃송이, 취나물, 뽕잎	
담양	가죽, 김, 고추(잎), 깻잎, 나물(광대쟁이, 물 래쟁이, 도리뱅이, 냉이, 좁쌀나물)	

	부각, 튀각류	기타 마른반찬류
임실	김, 청태, 쑥나무 잎, 미역, 깨송이, 가죽 잎, 국화 잎, 쑥 잎, 고추튀김, 다시마, 옻나무 순	무말랭이, 고춧잎, 가지, 호박, 박, 가죽나무 잎, 콩자반, 자반무침
진안	김, 청태, 가죽 잎, 오동나무 잎, 생강나무 잎, 김, 고추튀김, 박 잎, 깻잎, 깨송이, 산동백 잎, 아카시아꽃, 국화 잎	미역자반, 김자반, 콩(검정콩)조림(콩자반), 말린 도토리묵무침, 표고버섯 기둥볶음
장수	김, 미역, 다시마, 청태, 가죽 잎, 오동나무 잎, 생강나무 잎, 고추튀김, 박잎, 깻잎, 깨송이, 국화 잎, 감잎, 두충나무 잎, 아주까리 잎, 민들레 잎	미역자반, 김자반, 콩(검정콩)조림(콩자반), 말린 도토리묵무침, 고추무름, 무말랭이고추잎무침

백용성 스님의 채소밥상

장수인들이 즐기는 채소음식을 주제로, 호남 지역의 특성을 물씬 살린 장수 밥상이 많이 개발되었다. 그 장수 밥상 중에서 특히 인상적이었던 것은 장수군의 유명 인물인 백용성 스님을 모델로 한 사찰음식 밥상이었다. 사찰음식이니만큼 당연히 채소로만 이루어진 밥상이었는데, 이 밥상의 특징은 이 지역의 스토리를 식재료와 결합하여 만든 점이다. 채소의 건강성을 강조한 이 장의 마지막 과제로 백용성 스님의 채소밥상을 소개하고자 한다.

전남 장수군에서는 사과, 배 같은 과일과 토마토, 파프리카, 고추, 쌈채소, 느타리, 표고, 인삼과 같은 특용작물이 많이 난다. 한편 1919년 3월 1일 독립선언 민족대표 33인 중 한 분이며 불교의 대중화에 앞장선 백용성 스님은 장수군을 상징할 수 있는 인물로 손색이 없다. 장수군 번암면 죽림리에는 '백용성 조사 탄

생성지 죽림정사'가 있다. 이런 자연 특산물과 문화적 상징성을 바탕으로 장수군을 대표할 수 있는 '백용성 스님의 사찰음식 밥상'을 개발한 것이다. 백용성 스님의 《용성어록》에 나오는 식재료를 기본으로 하여 메뉴를 선정했는데, 사찰음식이니만큼 오신채를 거의 사용하지 않았다.

백용성 스님의 사찰음식 밥상에는 표고연근죽, 연잎보리땅콩국수, 탕엽전골, 콩고기떡갈비, 시래기갓무침, 고사리두부무침, 장수사찰튀김, 칡잎장아찌, 박김치가 올려졌는데, 동물성 식재료는 전혀 쓰지 않았는데도 보기에 아름답고 영양적으로도 균형 잡힌 밥상이 만들어졌다. 대표적인 음식의 특징은 다음과 같다.

- 연잎보리땅콩국수 : 《용성어록》에 기록된 보리에, 사찰음식에 많이 쓰이는 연잎의 즙을 첨가하여 만든 면과 지방 섭취가 어려운 산지의 지리적 특성을 고려하여 견과류로 국물을 낸 음식이다. 또한, 연근과 연꽃, 연자를 이용한 튀김을 올려 지방 섭취를 도왔다.

- 탕엽전골 : 탕엽에 두부를 싼 음식으로, 탕엽은 두부를 만들기 위해 두유를 끓일 때 생기는 막, 우리말로 '두부껍질'이라 하는 것을 이용한 음식이다.

- 콩고기떡갈비 : 육류를 섭취할 수 없는 사찰에서 콩과 향신료를 이용하여 고기의 식감을 비슷하게 재현하여 떡갈비 형태로 만든 음식이다.

그림 19 전북 장수군의 '백용성 스님의 사찰음식 밥상'

장수 밥상

연잎보리국수

표고연근죽

콩고기떡갈비

탕엽전골

장수사찰튀김, 솔잎소스

고사리두부무침

시래기잣나물

칡잎장아찌

박김치

5부

나물, 지구의 미래
대안음식

지금까지 한국인의 채소와 나물문화를 살펴보았다. 나물문화는 그 역사와 뿌리가 얼마나 깊은지 짐작하기조차 어렵다. 그러나 나물이 앞으로도 계속 우리 한식의 기본으로 살아남을지는 자신하기 어렵다.

현재 전세계의 먹거리 문제는 말할 수 없이 복잡하고 해결의 길도 보이지 않는다. 비만과 영양 실조가 공존하고 있으며 각 민족의 고유한 음식은 점차 사라지고 패스트푸드 같은 획일화된 먹거리가 세계를 지배하고 있다. 이와 관련한 많은 먹거리 운동, 예를 들어 로컬푸드 운동, 슬로푸드 운동, 친환경 유기농 운동, 먹거리 공정무역 운동(페어푸드 트레이드) 등에 지구인의 관심도 높아지고 있다.

나는 무엇보다 서구 사회의 육식문화가 더 이상 세계적으로 확산되지 않기를 바란다. 지금의 비만 문제, 이로 인한 만성질환 증가, 더구나 동물 사육으로 인한 환경 문제와 식량 공급량 감소, 영양 결핍 등 많은 먹거리 문제의 핵심에 육식이 있기 때문이다.

나아가 우리의 나물문화가 앞으로 지구 먹거리 문제를 해결하기 위한 대안음식으로 인정받기를 희망한다. 나물은 채소를 맛있게 먹을 수 있도록 다양한 조리법으로 발전시킨 우리의 고유 음식이다. 그래서 이 책의 마지막 장에서 한국인의 나물문화를 앞으로 지구의 먹거리 문제를 해결할 미래 대안음식으로 다루어보고자 한다.

17장

오늘날의 먹거리,
무엇이 문제인가

먹거리 문제는 지금 인류가 당면한 최대의 과제다. 먹거리는 인간의 삶에 필수적이다. 우리 모두는 먹어야 하므로 먹거리는 모든 사람의 최우선 과제지만, 현실은 그렇지 않다. 전세계 7명 중 1명, 즉 거의 10억의 사람들이 굶주리고 있는 반면, 같은 수의 인구가 영양 과잉 및 비만으로 고통받고 있다. 과연 미래 인구를 먹이기에 충분한 식량을 생산할 수 있을지 우려도 커지고 있다.

기아와 비만, 세계 먹거리는 초비상

이미 유엔 식량농업기구FAO는 몇 년 전부터 세계 식량가격의 폭등을 경고해왔다. 꾸준한 식량 생산의 증가와 장기적인 식량 가격의 하락이라는 경향이 반전되는 것으로 보고 있다. 2008년의 식량가격 폭등 이후 꾸준히 상승해 2011년에 최고치를 갱신했으며, 이는 세계 수억 인구의 먹거리보장food security을 악화시킬 것이다. 2011년 2월 《이코노미스트Economist》는 먹거리의 미래에 대한 특별 보도를 했는데,[94] 이에 따르면, 세계는 먹거리체계의 위기에 직면해 있다. 식량 생산량이 2050년까지 70퍼센트 증가되어야 중국이나 인도 같은 국가의 식습관 변화와 개발도상국들의 초거대도시 팽창 등과 함께 90억으로 증가하는 세계 인구를 먹일 수 있다는 것이다.

그러나 식량 생산 증가는 과거보다 훨씬 어려운 상황 속에서 추진될 수밖에 없다. 미경작지는 줄어들었고, 수자원 역시 감소하고 있으며, 게다가 다수확 품종, 비료와 농약 조합 같은 것이 더 이상 활용되기 어렵기 때문이다. 이런 문제는 기후 변화와 생물 종 다양성 감소 때문에 더 악화된다. 이것이 우리가 먹거리 문제에 관심을 기울여야 하는 이유다.

또한, 먹거리를 둘러싼 위험과 불안도 커지고 있다. 패스트푸드 같은 획일화된 먹거리가 전세계적으로 소비되면서 식품위생의 안전성을 보장하기 어렵고, 기술 혁신으로 유전자변형 식품GMO 같은 변종 식품이 자연식품의 위치를 넘보고 있다. 뿐만 아니라, 현대의 먹거리체계는 고도로 전문화되고 산업화되었다. 상품화되고 세계화되어 있는 먹거리 유통에 의해 생산자와 소비자 사이가 멀어지고, 소비자는 먹거리의 안전에 의구심을 갖게 되어 불안해하고 심지어 공포를 느낀다.

따라서 먹거리 신뢰는 제도에 대한 믿음이 아니라 사람에 대한 믿음으로 확보될 수밖에 없다. 구조적 신뢰보다 관계적 신뢰, 대인 신뢰가 더 중요하다는 것이다.[95] 이제 생산자와 소비자가 직접 연결되는 먹거리체계를 복원하는 것이 먹거리 신뢰를 확보하는 길이다.

세계 각 민족의 전통음식은 오랜 역사적 산물로, 각 민족의 생태환경 내에서 오랫동안 먹어온 음식이며 역사 속에서 증명된 안전한 식품이다. 이를 전통적 먹거리체계라고 할 수 있으며, 우리의 경우는 바로 우리 민족이 5,000년간 먹어온 한식이다.

안전한 먹거리에서 지속 가능한 먹거리로

사람들의 미래는 어떤 먹거리를 선택하느냐에 따라 결정된다. 사람들에게 음식을 공급하는 것은 중요한 일이며, 그 무엇보다 인간의 삶과 지구에 큰 영향을 끼친다. 기후 변화, 에너지, 도시화, 기아 등 현대 문명이 처한 모든 문제의 핵심에 음식이 있기 때문이다. 지구의 미래는 지금 우리가 어떻게 먹느냐에 따라 달라질 수 있다. 따라서 먹거리 운동의 목표는 '안전한' 먹거리에서 '지속 가능한' 먹거리로 옮겨져야 한다. 지속 가능한 먹거리는 '안전'을 넘어 사회적·경제적·환경적 지속 가능성에 초점을 둔다. 그리고 그런 지속 가능성을 높이기 위해서는 생산자와 소비자의 관계, 먹거리 노동에서의 공정한 관계, 자연과의 지속 가능한 관계 등 여러 가지 차원의 '관계'가 중요해진다.

이는 후기산업사회 이후 세계화로 대변되는 변화와 관련이 있다. 세계화globalization는 이미 일상화된 사회경제 용어지만 먹거리체계food system에도 심각한 영향을 끼친다. 인류는 환경에 따라 각 민족 특유의 음식문화를 발전시키면서 살아왔다. 그런데 '음식 세계화'가 각 민족 고유의 전통음식의 지속성을 해체하고 있다. 민족 고유 음식이 아니라 세계적인 음식인 패스트푸드가 세계 먹거리 시장을 장악했다.

이런 패스트푸드에 대항해, 이탈리아의 슬로푸드 운동은 자국민의 음식문화를 보호하고자 시작되었다. '슬로푸드'는 말 그대로 세계적인 햄버거 체인 '맥도날드'로 대표되는 대량 생산되고 규격화한 음식에 대항해, 지역 특성, 수공업적 생산, 짧은 유통, 전통적인 맛과 문화를 살린 음식과 식생활 양식을 추구하는 운동이다. 이 운동은 현재 전세계로 확산되었고, 각국에서 지역 생태와 환경을 생각하는 모임들의 활동이 활발해지면서, 기존의 농민 운동, 로컬푸드 운동과 유기농 운동, 친환경 운동 등과 더불어 대안적인 먹거리 운동으로 자리 잡았다.

2015 밀라노 푸드엑스포 현장에서

2015년 6월부터 10월까지 슬로푸드 운동의 본고장 이탈리아에서 세계 푸드엑스포가 열렸다. 그전까지 세계 엑스포의 주제는 정보통신, 도시, 건축 같은 미래 과학기술이었다. 그러나

2015년 이탈리아 밀라노에서 열린 엑스포의 주제는 미식의 나라인 이탈리아답게 '음식food'이었다. 밀라노 푸드엑스포의 주제는 'Feeding the Planet, Energy for Life'로, '인류에게 질 좋고 건강에 유익한 먹거리를 안정적이고 지속적인 방식으로 보장하자', 다시 말해 현재 심각한 먹거리 문제를 세계인이 함께 모여 고민하고 그 해결책을 모색해보자는 것이었다.

엑스포에서는 세계가 직면한 세 가지 먹거리 문제에 대해 다음과 같은 방안이 제시되었다. 첫째, 양질의 충분한 먹거리를 지속 가능한 방식으로 보장하자. 둘째, 자원을 합리적으로 이용해 환경을 보전하자. 셋째, 인간과 자연의 공생을 모색하고 인류가 획득한 에너지를 자연에 되돌려주며 자연의 은혜에 감사하는 미래를 만들어보자. 따라서 엑스포의 관심은 이런 먹거리는 과연 무엇인가에 맞추어졌다.

1993년에 대전 엑스포를 성공적으로 개최한 우리나라도 참여 국가 중 아홉 번째로 넓은 면적을 가진 한국관을 설치하고 푸드엑스포에 참여했다. 나는 밀라노 푸드엑스포 한국관에 한식자문위원으로 참여했는데, 이를 통해 한식이란 무엇이고, 어떤 의미를 가진 음식이며, 우리는 앞으로 무엇을 해야 하는지에 관해 치열하게 고민하게 되었다. 농업기술, 콩문화, 미래식물자원 등 한국관의 주제를 놓고 참여자들은 많은 고민을 했지만, 결국 '한식Hansik'으로 모아졌다. 그리하여 한국관의 주제는 다음과 같이 정해졌다. 'Hansik, Food for the Future: You Are What You Eat', 즉 '한식, 미래를 향한 제안: 음식이 곧 생명이다'.

그동안 한식 전문가로서 한식을 잘 안다고 자부했지만, 실제로 세계 음식마당에서 한식을 알려야 한다는 과제에 봉착하자 기본에서부터 다시 생각해보지 않을 수 없었다. 그 과정에서 나는 깨달았다. 한식이 지구의 미래 대안음식으로서 가치를 가진다는 사실, 그리고 한식의 미래 대안적 가치는 바로 채식에 기반한 한국인의 밥상에서 나온다는 너무나 평범한 사실을 말이다.

한국음식의 자연성

한국인은 5,000년의 역사를 이어왔다. 긴 역사적 흐름 속에서 민족 고유의 전통문화를 깊이 간직하고 있다. 특히 식문화는 한국인의 모든 전통문화 중에서 가장 생명력이 길었고, 현재도 의식주 생활 중 전통이 가장 많이 남아 있는 분야다. 한국 음식문화는 5,000년의 역사 속에서 비교적 크게 변하지 않았다. 근현대를 거치면서 서구 및 일본 식생활의 영향을 받았지만 그럼에도 여전히 한국인은 주로 한식을 먹으며 살고 있다.

한국음식의 특징은 자연성에 있다. 땅에서 나는 오곡을 비롯한 곡류음식을 가장 귀하게 생각하고, 그중에서도 쌀을 주식으로 선택한 지혜는 훌륭하다. 쌀은 밀에 비해 단백질을 구성하는 아미노산들의 조성이 우수하기 때문이다. 물론 우리 조상이 쌀만 먹은 것은 아니다. 쌀과 함께 오곡밥 같은 잡곡을 즐겼을 뿐만 아니라, 땅에서 나는 온갖 종류의 채소를 나물로 활용해 먹거리로 이용했다. 뿐만 아니라, 자연의 식재료를 자연 상태에 가장 가깝게 유지한 채로 오래 저장해놓고 먹기 위해 발효음식을 발달시켰다. 대표적인 민족음식이 된 김치를 비롯해 영양가 높은 콩을 이용해 만든 된장, 고추장 등이 다 이런 예에 속한다. 그리고 우리 몸에 없어서는 안 되는 지방 성분을 식물성 종자로부터 얻은 참기름, 들기름에서 섭취한 지혜는 모두 자연을 닮아 있는 식사에서 비롯한 것이라고 할 수 있다.

아울러 철학적으로 해석해도 우리 음식에는 훌륭한 원리가 숨어 있다. 우리 음식의 맛과 색을 보자. 자연의 법칙을 그대로 따르고 있음을 알 수 있다. 우리 음식은 동물성 식품과 식품성 식품으로 음과 양의 조화를 꾀하고 있으며, 색깔에는 오색(적, 황, 청, 흑, 백)의 조화가 있고, 맛에서는 오미(단맛, 신맛, 짠맛, 매운맛, 쓴맛)의 조화로움을 추구하고 있다. 이렇게 우주의 근원적 원리에 맞는 음식이기 때문에 우리 음식을 가장 자연에 가깝다고 하는 것이다.

고사리 전세계에 퍼져 있는 여러해살이 식물. 갈색의 꼬불꼬불한 어린 잎을 나물로 먹는다. 생고사리는 3분 이상 데쳐서 아린 맛을 빼고, 말린 고사리는 오랫동안 푹 삶아서 부드러워지게 한다. 제상에 올리는 삼색나물 중 하나.

18장

채식에 기반한 한식의
지속 가능성

세계적으로 선진국들은 지금 심혈관계 질환, 당뇨, 암, 고혈압 같은 만성질환과 전쟁 중이다. 비만과의 혹독한 전쟁도 치르고 있다. 비만이 만병의 근원이라는 것은 잘 알려져 있다. 여기에는 여러 가지 원인이 있겠지만 중요한 것은 과도한 열량 및 지방 섭취다.

한마디로 식생활이 잘못된 것이다. 그들의 식사는 육류를 기본으로 하는 육식문화에 의거해 형성되었다. 이제 그들은 이런 식생활을 바꾸고 싶어하는데 그게 쉬운 일이 아니다. 한번 형성된 식습관은 그렇게 쉽게 바뀌지 않기 때문이다. 반면, 한식은 채식을 기반으로 하되 육식과의 조화를 꾀한 건강식이다. 어릴 때부터 이런 채식전통의 식습관을 익히면 비만의 문제로부터 비교적 자유로울 수 있다.

채식과 육식의 황금비율 8:2

보통의 한국음식은 기본적으로 채식에 근거한 식사다. 우리 조상들은 나물을 많이 먹었다. 물론 먹을 게 부족해 뭐든지 다 먹었다고도 볼 수 있지만, 그래서 더욱 식사에서 채소를 중요시했다. 그렇다고 한식이 채식만으로 구성되는 것은 아니다. 건강 면에서 유익한 채식에 기반하면서도 생선 등 적절한 양의 동물성 식품을 포함하는 한국의 전통음식은 영양학적으로도 우수하다. 즉, 식물성 식품과 동물성 식품의 비가 대략 8:2로 나타나는데, 이것은 건강성을 지향하는 식사가 추구하는 황금비율이다. 한국음식의 건강성은 바로 이 황금비율에서 나온다.

이 황금비율은 영양적인 면뿐 아니라 여러 면에서 한국음식을 다채롭게 만들었다. 한국음식이 지닌 아름다움과 특유한 맛도 채식과 소량의 동물성 식품의 조화로운 만남에서 온 것이다. 동물성 식품을 완전히 제한하고 채식에만 의존할 수는 없다. 그렇다고 원하는 대로 육식을 할 수도 없었다. 그런 제한을 오히려 다양한 음식문화를 만들어내는 조건으로 승화한 것이다. 다양한 재료를 사용해 다양한 맛을 추구하는 것은 음식문화 발달에는 기본이다. 소량의 동물성 식품을 다양하게 활용한 점은 바로 채소음식을 더 맛있게 만들어낸 비결이기도 했다.

한식이 채식과 육식의 황금비율을 지킬 수 있었던 가장 큰 공은 바로 콩으로 단백질을 섭취한 데 있다. 특히 콩을 가공한 간장, 된장, 고추장 같은 양념이 있어서 채소를 맛있게 먹을 수 있었다. 이 외에도 길고 혹독한 겨울 내내 채소를 먹을 수 있는 최상의 방법인 김장도 우리 한식을 지속 가능하게 했다.

미래의 대안음식, 나물의 지속 가능성

앞서 이야기한 대로, 지구의 미래는 지금 우리가 어떤 먹거리를 선택하고 어떻게 먹느냐에 따라 달라질 수 있다. 먹거리 문제는 현재 인류가 당면한 최대의 과제다. 건강과 굶주림뿐만 아니라 지구 환경의 지속 가능성의 중심에 먹거리 문제가 놓여 있다. 지속 가능한 먹거리가 인류를 굶주림에서 구할 수 있을 뿐 아니라, 먹거리가 지속 가능해야 지구와 인류가 지속될 수 있다. 그렇다면 먹거리의 지속 가능성을 위한, 지구의 미래를 책임질 대안음식으로 무엇을 생각해볼 수 있을까?

한국의 전통 식생활의 특징은 채식 위주의 환경 보전적 식생활이다. 채식 위주의 식생활은 지구의 생명체를 살린다. 채식 위주의 식단은 상당량의 수자원 낭비를 막아주고 지구온난화의 주범인 이산화탄소와 메탄가스 배출을 줄여준다. 동물성 식품인 6온스(약 170그램)의 쇠고기를 생산하는 데는 1컵(200그램)의 채소나 8온스(약 227그램)의 쌀을 생산할 때보다 16배의 화석연료가 필요하다. 또한, 육류를 생산할 때 생성되는 온실가스나 이산화탄소 배출량은 채소에 비해 24배에 달한다.[96]

그림 20 식품별 온실가스 배출량

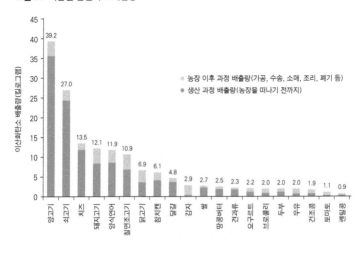

출처: http://www.ewg.org/meateatersguide/a-meat-eaters-guide-to-climate-change-health-what-you-eat-matters/climate-and-environmental-impacts/

현재 대다수 세계인이 고통받고 있는 만성질환의 주범으로 간주되는 육식 지향의 서구식 먹거리는 인간의 건강과 가축의 건강뿐 아니라 인류의 굶주림과 환경 문제를 발생시킨다. 그러니 채식에 기반을 둔 나물문화는 지구 대안음식의 성격을 가진다. 따라서 지속 가능한 먹거리체계를 위한 대안은 전통적인 한국 사회의 먹거리 방식에서 배워야 한다. 항상 음식을 나누어 먹으며 자신의 텃밭이나 인근 지역에서 안전하게 먹거리를 생산하고 자급자족하는 것을 중시했으며, 설사 자급자족하지 못하더라도 음식 생산자들에게 감사와 배려의 마음을 가지라고 가르쳤던 전통 식생활의 지혜가 있기 때문이다. 먹거리 위기상황에 처한 지구 현실에서, 우리 민족이 오랜 세대를 전승해온 나물문화를 과잉의 육식으로 고통받아온 지구의 대안 음식문화로 제안한다.

한국인의 문화유산, 나물문화의 가치

2013년 한국인의 김장문화Kimjang, Making the Kimchi가 유네스코 인류무형문화유산에 등재되었다. 우리 민족음식으로 자부심을 갖고 있는 김치가 등재되었다는 사실에 우리 모두 흥분했다. 그 내용을 들여다보면, 김치를 담가 겨울철의 비타민 부족에 대비하는 지혜와 공동체와 함께 나누는 생활 풍습, 즉 김장문화가 등재된 것이다. 이는 아래와 같이 유네스코 무형문화유산 보호조약이 정의하는 무형문화유산의 특성을 우리 김장문화가 갖고 있기 때문이다.

'무형문화유산'이라 함은 공동체·집단과 때로는 개인이 자신의 문화유산의 일부로 보는 관습, 표상, 표현, 지식, 기능 및 이와 관련된 도구, 물품, 공예품 및 문화공간을 말한다. 세대 간 전승되는 이러한 무형문화유산은 공동체 및 집단이 환경에 대응하고 자연 및 역사와 상호작용하면서 끊임없이 재창조되고 이들이 정체성 및 계속성을 갖도록 함으로써 문화적 다양성과 인류의 창조성에 대한 존중을 증진한다. (유네스코 무형문화유산 보호조약 제2조 1항)

무형문화유산이란 이렇게 인류의 삶의 방식, 정신 가치와 함께 전승되어온 문화유산이다. 그렇다면 무형문화유산은 궁극적으로 현대인의 삶 속에서 향유될 때 그 가치가 있다. 또한, 무형문화유산은 전통 시대의 삶의 방식이기도 하지만 전승되어 현대의 삶 그리고 미래의 삶에도 영향을 끼치는 것이어야 한다.

그동안 유네스코 인류무형문화유산에 등재된 음식 관련 문화유산은 프랑스의 미식문화, 멕시코 음식문화, 지중해음식 등이다. 빠르게 세계화되는 먹거리 현장에서 사라질 위기를 맞고 있지만, 아직까지는 현재 이 시대의 사람들이 먹고 즐기는 문화이면서 앞으로 새롭게 재창조될 수 있는 특성을 가진 문화유산이라 할 수 있다. 김장문화가 등재된 이후 우리의 한식문화도 등재되어야 한다는 의견이 많이 개진되었다. 이는 우리와 비슷한 시기에 일본은 자신의 화식문화和食文化 중 신년음식을 등재했기 때문이다.

우리의 한식문화 중 어떤 음식문화가 가장 경쟁력이 있을 것인가에 관한 논의가 활발해졌고 2015년에는 심포지엄[97]이 열려 이 자리에서 한국인의 장 담그기 문화, 한국인의 떡문화, 제례음식문화 그리고 나물문화가 등재 후보로 제시되었다. 나는 이 심포지엄에서 무형문화유산으로서 나물문화의 의미와 가치에 관해 발표했다. 한국인의 독특한 채소 조리법을 담은 나물문화는 지구의 미래 대안음식으로서 가능성을 가진다. 그렇다. 나물문화는 인류무형문화유산으로서 충분한 가치가 있다. 언젠가는 나물문화가 유네스코 인류무형문화유산에 등재될 것으로 믿는다.

세발나물 갯벌에서 염분을 품고 자라서 갯나물이라고도 한다. 전라남도에 분포. 이른 봄에 캔 순을 1분쯤 데쳐 소금이나 된장에 무쳐 먹는다. 나물 자체에 짠맛이 있으므로 간을 세게 하지 않아야한다.

우리 동네 채소 할머니

이 책에서 나는 채소의 중요성에 관해 무척 많은 말을 쏟아 냈다. 그렇지만 무엇보다 담고 싶었던 것은 우리가 채소를 많이, 그리고 잘 먹었으면 하는 소박한 소망이다. 그러면 어떻게 채소를 조달해 먹을 것인가? 최근에 텃밭을 일구고 스스로 채소를 가꾸어 먹는 사람이 많아졌지만, 아직까지는 채소를 손쉽게 사 먹을 수 있는 여건 조성이 매우 중요하다.

미국에는 '먹거리사막food desert'이라는 개념이 있다. 아무리 신선한 채소를 먹고 싶어도 채소를 파는 곳이 없으면 먹기 어렵다. 그리고 채소는 무엇보다 신선도가 중요하므로 오래 두고 팔기도 어려워 값도 싸지 않다. 따라서 저소득층 지역에서는 가공식품을 파는 곳은 많아도 신선한 채소나 과일을 파는 곳은 많지 않다. 이처럼 채소를 먹고 싶어도 공급이 되지 않아 구할 수 없는 지역을 일컬어 '먹거리사막'이라고 하는 것이다. 미국 정부는 먹거리사막 문제를 해결하기 위한 정책이나 사업, 프로그램들을 제시하고 있다. 거기에 비하면 우리나라는 채소천국이다. 전통시장이나 슈퍼마켓 그리고 대형 마트에서도 채소를 팔기 때문에 채소 구입에는 거의 어려움이 없는 나라다. 이 또한 고마워해야 한다.

나는 이 책을 쓰는 내내 채소를 아주 편하게 사 먹을 수 있었다. 나는 고층빌딩군의 상징인 여의도의 오래된 아파트에 30년째 살고 있다. 우리 아파트 바로 앞에는 그 30년 동안 온갖 종류의 채소를 노점에서 파는 할머니가 있다. 30년째 나의 채소 보급소이기도 하다. 그런데 이 채소 노점상은 우리 동네 할머니들이 모이는 집합소이기도 하다. 여기 모여 마늘도 함께 까고, 파도 다듬고, 고구마 순의 껍질도 벗기면서 대화하고 하루를 소일한다. 그래서 저 공간이 오래오래 지속되기를 늘 바란다. 나 또한 바쁜 퇴근길에 이 할머니에게서 채소를 사 들고 집에 들어가 채소음식을 만들어 먹으면서 30여 년의 직장생활을 건강하게 유지할 수 있었다. 또한, 바쁜 일상 속에서도 계절마다 바뀌어 팔리는 채소를 보면서 계절감각도 함께 느꼈다.

이 책을 쓰는 내내 할머니의 채소가 나와 가족에게 얼마나 고마웠는지 다시 한 번 느꼈다. 30여 년간 나에게 채소의 고마움을 일깨워주신 이 채소 할머니에게 마지막으로 감사를 전한다. 그래서 이 책은 수십 년간 우리 동네의 채소 공급처이자 할머니들의 수다 사랑방이 되어주셨던 채소 할머니에게 바치고 싶다.

출처 및 참고문헌

1   최남선 지음, 류시현 옮김, 《고사통》, 경인문화사, p. 45.

2   한치윤 지음, 한국학술정보 편집부 엮음, 《국역 옥유당 해동역사》(권26, 채류), 한국학술정보, 2012.

3   최치원 지음, 이상현 옮김, 《계원필경집》, 올재클래식스, 2013.

4   이성우 지음, 《고려 이전 한국식생활사 연구》, 향문사, 1978, pp. 347-348.

5   강인희 지음, 《한국식생활사》, 삼양사, 2000, p. 265.

6   한식재단 지음, 《조선 백성의 밥상》, 한림출판사, 2014, p. 29.

7   최완기 지음, 《한양, 그곳에서 살고 싶다》, 교학사, 2006.

8   정혜경·우나리야·김미혜, 〈소설 《혼불》 속 전통음식의 문화적 이해〉, 《한국식생활문화학회지》 25(4):415-417.

9   김미혜·정혜경, 〈소설 《토지》를 통한 구한말에서 일제강점기의 음식문화 연구〉, 《한국식생활문화학회지》 26(6):539-553; 김미혜·정혜경, 〈소설 《토지》에 나타난 경상남도 향토음식문화〉, 《한국식생활문화학회지》 26(6):583-598.

10 김미혜·정혜경, 〈소설 《미망》 속 19세기 말 개성의 음식문화〉, 《한국식생활문화학회지》 21(4):471-484.

11 농촌진흥청 인터러뱅, 2015.

12 김희영·길정하·박건영, 《한국식품영양과학회지》 42권 4호, 2013.

13 이성우 지음, 《한국식품문화사》, 교문사, 1997.

14 정경애·박찬성, 《한국식품저장유통학회지》 19(3), 2012.

15 방신영 지음, 《우리나라 음식 만드는 법》, 청구문화사, 1952.

16 가사협 지음, 윤서석 외 옮김, 《제민요술》, 민음사, 1993.

17 《거가필용사류전집》 목록(갑집-계집)은 위의 판본과 《북경도서관고적진본총간》 61책(書目文獻出版社, 1988, 베이징)에 수록된 판본을 바탕으로 했다.

18 이성우 지음,《한국고식문헌집성》, 수학사, 1992(한식재단 아카이브).

19 전순의 지음,《산가요록》, 농촌진흥청, 2004.

20 전순의 지음,《식료찬요》, 농촌진흥청, 2004.

21 김유 지음, 윤숙경 편역,《수운잡방·주찬》, 신광출판사, 1998.

22 백두현 주해(안동장씨 지음),《음식디미방 주해》, 글누림, 2006.

23 김유 지음, 윤숙경 편역,《수운잡방·주찬》, 신광출판사, 1998.

24 유중림 지음, 이강자·김을상·김성미·이영남·한복려·이영근·박혜원·이춘자·
한복진·허채옥·김귀영·이미숙·김복남·안빈 옮김,《국역 증보산림경제》, 신
광출판사, 2003.

25 빙허각 이씨 지음, 윤숙자 엮음,《규합총서》, 질시루, 2003.

26 서유구 지음, 이효지·조신호·정낙원·차경희 편역,《임원십육지 – 정조지》, 교
문사, 2007.

27 대전역사박물관 엮음,《조선 사대부가의 상차림 – 주식시의·우음제방》, 휴
먼컬처아리랑, 2015.

28 작자 미상, 이효지 외 엮음,《시의전서》, 신광출판사, 2004.

29 《북한연구자료선 16 – 자랑스런 민족음식, 북한의 요리》, 도서출판 한마당,
1989. 원본은《사회주의 생활문화백과 제1권 – 조선음식》, 근로단체출판
사, 1985, 평양.

30 빙허각 이씨 원찬,《부인필지》, 1915.

31 방신영 지음,《조선요리제법》, 광익서관, 1921.

32 이용기 지음,《조선무쌍신식요리제법》, 영창서관·한흥서림, 1924.

33 이석만 지음,《간편조선요리제법》, 삼문사, 1934.

34 영목상점 지음,《사계의 조선요리》, 味の素本舗鈴木商店内外料理出版部,
1935.

35 경성여자사범학교 가사연구회 지음,《할팽연구》, 선광인쇄주식회사, 1937.

36 이정규 지음,《가정주부필독》, 명저보급회, 1939.

37 조자호 지음,《조선요리법》, 광한서림, 1939.

38 홍선표 지음,《조선요리학》, 조광사, 1940.

39 Harriett Morris, *KOREAN RECIPES*, 1945, Wichita, Kansas.

40 손정규 지음,《우리음식》, 삼중당, 1948.

41 《북한연구자료선 16 – 자랑스런 민족음식, 북한의 요리》, 도서출판 한마당,

1989.

42 케이티 스튜어트 지음, 이성우 외 옮김, 《식과 요리의 세계사》, 동명사, 2007, p. 159.

43 알렉산드르 뒤마 지음, 홍문우 옮김, 《뒤마 요리사전》, 봄아필, 2014.

44 Casagrande SS, Wang Y, Anderson C, Gary TL. *Have Americans increased their fruit and vegetable intake? The trends between 1988 and 2002*, Am J Prev Med 32(4):257-263, 2007.

45 Kimmons J, Gillespie C, Seymour J, Serdula M, Blanck HM. *Fruit and Vegetable Intake Among Adolescents and Adults in the United States: Percentage Meeting Individualized Recommendations*, Medscape J Med 11:26, 2009.

46 한국영양학회, 《파이토뉴트리언트 영양학》, 라이프사이언스, 2011, p. 262.

47 이에 관한 내용은 본인이 연구책임자로 수행한 과제로 출판된 《파이토뉴트리언트 영양학》(한국영양학회, 라이프사이언스, 2011)을 토대로 한 것이다.

48 대한암협회·한국영양학회, 《항암 식탁 프로젝트》, 비타북스, 2009.

49 한국영양학회, 《파이토뉴트리언트 영양학》, 라이프사이언스, 2011.

50 농촌진흥청, 《한식과 건강》, 교문사, 2010.

51 이러한 한식우수성 검증 연구들은 농업기술기획평가원의 한식 세계화 지원 연구로서 수행된 결과들이다. www.ipet.or.kr에서 보고서를 확인할 수 있다.

52 한국영양학회, 《파이토뉴트리언트 영양학》, 원혜숙 외, '제1부, 파이토뉴리언트란'에서 정리 발췌했다.

53 박상철, 〈한국산 상용 식품을 이용한 노화 지연 및 노화 유관 질환 예방인자 검색 및 데이터베이스 개발〉, arpc 연구과제 보고서, 2005.

54 곡경승·권기록·임태진·김동희, 〈고추 추출물과 Capsaicin이 지방세포 대사에 미치는 영향〉, 《대한약침학회지》, 11(1):149-162, 2008.

55 김정미·전경임·박은주, 〈마늘의 조리방법에 따른 DNA 손상 보호 효과의 비교〉, 《한국식품영양과학회》, 39(6):805-812, 2010.

56 류혜숙, 〈생강 추출물 투여가 전구염증성 사이토카인 IFN-ɣ과 항염증성 사이토카인 IL-10 분비량에 미치는 영향〉, 《한국식품영양학회지》, 20(3):259-264, 2007.

57 김주연·서윤정·노상규·차용준, 〈흰쥐에서 양파 농축액의 고지혈 개선 작용〉, 《한국식품저장유통학회지》, 17(3):398-404, 2010.

58 장주리·임선영, 〈양파 육질 및 껍질의 화학성분과 항산화 및 항암 활성 비교〉, 《생명과학회지》, 19(11):1598-1604, 2009.

59 강대길·손은진·이안숙·이윤미·윤명호·노숙연·이호섭, 〈쪽파 에탄올 추출물이 과당-유도 고혈압 흰쥐에 미치는 영향〉, 《생약학회지》, 33(4):384-388, 2002.

60 신소림·이철희, 〈추출방법 및 용매에 따른 청나래 고사리의 항산화 활성〉, 《생명과학회지》, 21(1): 56-61, 2011.

61 현광욱·김재호·송기진·이종복·장정호·김영선·이종수, 〈깻잎에 함유되어 있는 생리기능성 물질의 탐색〉, 한국식품저장유통학회 제22차 학술발표회 학술발표자료, 2003.

62 임현아·윤순일, 〈냉이 추출물의 항균활성〉, 《한국식품저장유통학회지》, 16(4):562-566, 2009.

63 장주리·황성연·임선영, 〈도라지 부탄올 추출물의 항산화 및 nitric oxide 생성 저해 효과〉, 《한국식품저장유통학회지》, 18(1):65-71, 2011.

64 변부형·서부일, 〈고지방식이를 섭취시킨 흰쥐의 혈청 지질성분에 도라지가 미치는 영향〉, 《대한본초학회지》, 16(2):35-40, 2001.

65 김미향, 〈난소 절제한 흰쥐에서 도라지 추출물이 골 대사에 미치는 영향〉, 《동의생리병리학회지》, 22(1):183-188, 2008.

66 이상훈·황인국·이연리·정은미·정헌상·이희봉, 〈열처리 무 추출물의 이화학적 특성과 항산화 활성〉, 《한국식품영양과학회지》, 38(4):490-495, 2009.

67 박종철·허종문·박주권, 〈미나리科 식용식물의 생리활성과 이들의 기능성 플라보노이드 화합물〉, 《식품산업과 영양》, 7(2):30-34, 2002.

68 박순영·김재용·박경욱·강갑석·박기훈·서권일, 〈부추의 함황화합물이 인체 암세포 증식에 미치는 영향〉, 《한국식품영양과학회지》, 38(8):1003-1007, 2009.

69 이재준·추명희·이명렬, 〈참나물이 고콜레스테롤식이를 섭취한 흰쥐의 지질 대사에 미치는 영향〉, 《한국식품영양과학회지》, 35(9):1151-1158, 2006.

70 김연희·이지혜·구보경·이혜성, 〈고이소플라본 콩나물의 고지혈증 개선효과〉, 《한국식품영양과학회지》, 36(10):1248-1256, 2007.

71 장상문·이주백·안홍·김지향·박난영·한춘희·장경호, 〈호박 및 한방 생약재 추출물이 산모의 혈액성분에 미치는 영향〉,《식품산업과 영양》, 7(1):45-49, 2002.

72 이미순·이성우, 〈조선시대 구황식품의 문헌적 고찰〉,《동아시아식생활학회지》, 2(1):35-55, 1992.

73 앞의 책.

74 강인희 지음,《한국식생활사》, 삼영사, 1978.

75 홍주연·남학식·신승렬, 〈성숙도에 따른 대추Ziziphus jujube Miller 추출물의 항산화 활성의 변화〉,《한국식품저장유통학회지》, 17(5):712-719, 2010.

76 강윤한, 〈더덕 부위별 세포벽 물질의 페놀성 화합물과 항산화 활성〉,《한국식품과학회지》, 41(3):345-349, 2009.

77 원향례·오혜숙, 〈더덕 부위별 첨가수준이 실험쥐의 항산화 활성과 지질 조성에 미치는 효과〉,《한국식품영양과학회지》, 36(9):1128-1133, 2007.

78 김수현·최현진·정미자·최승필·함승시, 〈더덕 추출물의 항돌연변이 및 항종양 효과〉,《한국식품영양과학회지》, 38(10):1295-1301, 2009.

79 심태흠·김영선·사재훈·신인철·허성일·왕면현, 〈도토리 가루의 성분분석과 항산화능 평가〉,《한국식품과학회지》, 36(5):800-803, 2004.

80 최진호·김정화·김동우·김경석·이종수·백영호, 〈흰쥐의 생리활성에 미치는 송엽 추출물PNE의 영향 II. 뇌세포막의 산소라디칼 및 제거효소의 활성에 미치는 PNE의 투여효과〉,《생명과학회지》, 8(1):91-96, 1998.

81 서경순·윤경원, 〈인진茵蔯으로 쓰이는 사철쑥과 더위지기 추출물의 항미생물활성 및 total polyphenol 함량〉,《한국자원식물학회지》, 24(1):10-16, 2011.

82 임선영, 〈느릅나무 근피 추출물에 의한 인체 암세포 증식 및 DNA 합성 억제효과〉,《생명과학회지》, 17(9):1232-1236, 2007.

83 송희순·박연희·김승균·문원국·김동우·문기영, 〈겨우살이Viscum album와 칡뿌리Pueraria radix 추출물의 NF-κB활성 억제 및 항산화 효과〉,《한국식품영양과학회지》, 33(10):1594-1600, 2004.

84 김용호, 〈콩 Saponin의 생리활성 기능과 함량변이〉,《한국작물학회지》, 48:49-57, 2003.

85 이지혜,《대두 이소플라본 추출물 보충이 Streptozotocin 유도 당뇨쥐의

만성합병증 지표개선에 미치는 영향〉, 경북대학교 석사학위논문, 2008.

86 김용호·김동선·우성식·김현희·이영상·김희선·고광오·이석기, 〈검정콩 안토시 아닌의 항산화 및 암세포독성〉, 《한국작물학회지》, 53(4):407-412, 2008.

87 신미경·한성희, 〈검정콩phaseolus vulgaris 추출물이 고지방 및 콜레스테롤 식이 투여 흰쥐의 혈청 지질 농도에 미치는 영향〉, 《한국식품과학회지》, 33(1):113-116, 2011.

88 이성우, 《한국식경대전》, 향문사, 1981.

89 정혜경, 〈조선시대《식료찬요》속 전통음식을 활용한 건강 한식단 개발〉, 농림축산식품부 연구성과 보고서, 2013; 정혜경·김미혜·김행란·정혜정·우 나리야, 〈한식건강메뉴의 선정 및《식료찬요》를 통한 효능성 연구〉, 《한국 식품영양학회지》24권 1호, 2011; 김미혜·정혜경, 《《식료찬요》속 소갈식 치방 고찰과 이를 활용한 당뇨질환 예방식단 개발〉, 《한국식생활문화학회 지》, 28권 6호, 2013.

90 전순의 지음, 김종덕 옮김, 《식료찬요》, 농촌진흥청, 2005.

91 차경희·송윤진·이효지, 〈식료찬요 채소류의 기미론 연구〉, 《한국조리과학 회지》, 2006;22(5):140.

92 이는 2009년 7월에서 2010년 8월까지 실시한 전남 구례·곡성·순창·담양 군의 85세 이상 노인 120여 명에 대한 음식문화 조사(정혜경·김미혜)와 2011년 7월에서 2012년 8월까지 실시한 전남 구례·곡성·순창·담양과 전북 임실·장수·진안군에서 행한 85세 이상 노인을 대상의 음식문화 조사(김미 숙·곽충실·정혜경·김미혜) 중 채소음식을 살펴본 것이다. 이 연구는 농림축 산식품부 지원 〈호남 장수 지역의 우수 한식 발굴 및 한식 세계화를 위한 문화상품화 연구〉 연구과제(11-1543000-000118-01)의 일부다.

93 박상철, 《한국의 백세인》, 서울대학교출판부, 2002.

94 *Economist*, 2011. 2.

95 김선업·김흥주, 〈먹거리 위험성과 한국농업의 길〉, 2012 농촌사회학회, SSK 공동 심포지엄 자료집.

96 Godon Esher(Univ. of Chicago), *New York Times*, 2010.

97 농식품부 주최 '한식문화 유네스코 등재를 위한 심포지엄', 한식재단 개최, 2015. 11.